GÄRTEN *gestalten*

Wie aus Gartenwünschen Wunschgärten werden

HERTA SIMON

GÄRTEN *gestalten*

Inhalt

INHALT

148 GESTALTEN MIT PFLANZEN

PLANUNG UND GESTALTUNG

Der Wunschgarten

Ob groß oder klein, alt und eingewachsen oder neu angelegt, aus jedem Stück Land lässt sich ein schöner Garten, eine Wohlfühloase zum Entspannen und Genießen gestalten.

Welcher Haus- und Gartenbesitzer träumt nicht von einem einladenden Vorgarten, einem lauschigen Sitzplatz unter Bäumen und Sträuchern oder prächtigen Blumenrabatten? Doch wie kommt man von einer Brachfläche oder einem vorhandenen »Urwald« zu seinem Traumgarten?

GUTE PLANUNG – DAS A UND O

Jeder, der einen Garten anlegt oder verändert, hat ganz bestimmte Vorstellungen, wie das Endergebnis aussehen sollte. Diese Vorstellungen mit den Gegebenheiten des Grundstückes in Einklang zu bringen, ist nicht ganz einfach – aber auch nicht unmöglich. Grundvoraussetzungen sind eine gute Planung und das Wissen um die vorhandene Gartensituation.

★ Nehmen Sie sich ausreichend Zeit für die Planung, und lassen Sie Ihre Ideen reifen – Ihr Garten wird es Ihnen später danken.

★ Legen Sie zunächst eine Liste mit all Ihren Wünschen und Ideen an, und ordnen Sie diese dann nach Prioritäten.

★ Lernen Sie Ihr Grundstück kennen, und beobachten Sie es möglichst zu jeder Tages- und Jahreszeit, bevor Sie mit größeren Baumaßnahmen oder Pflanzungen beginnen. Nur so erkennen Sie, an welchen Standorten wann die Sonne scheint. Welche Grundstücksbereiche die meiste Zeit im Schatten liegen. Wo es am zugigsten ist und woher die störendsten Geräusche kommen.

★ Ein weiterer wichtiger Aspekt bei der Planung sind Klima und Bodenbeschaffenheit in Ihrem Garten, denn längst nicht alles wächst überall gleichermaßen gut. Machen Sie sich mit den Verhältnissen Ihres Grundstücks vertraut, und verwenden Sie nur solche Pflanzen, denen Sie auch den richtigen Standort bieten können. Die Auswahl geeigneter Gewächse ist oft groß – sammeln Sie überall Informationen.

★ Scheuen Sie sich nicht, die Pflanzung am Anfang als Experimentierfeld zu sehen. Mit der Zeit wird sich herauskristallisieren, welche Pflanze wo am besten gedeiht.

★ Lassen Sie sich bei der Umgestaltung des Gartens von Dingen, die schon vorhanden sind, inspirieren. Vielleicht muss gar nicht alles weichen? Welche Funktion kann ein alter Baum, eine Mauer, eine Pflasterfläche oder eine Hecke in Ihrem zukünftigen Garten übernehmen?

★ Beziehen Sie auch die nähere Umgebung Ihres Grundstücks in Ihre Planung mit ein, und erkundigen Sie sich vorab, ob es Gestaltungsrichtlinien in Ihrer Gemeinde gibt.

★ Wenn Sie sich zu unsicher sind, wie Sie vorgehen sollten, dann ziehen Sie bei Neuanlagen oder größeren Umgestaltungen einen Landschaftsarchitekten zurate. Er kann Sie entweder beraten, Entwürfe machen und Kosten kalkulieren oder die Neuanlage bzw. Umgestaltung bis zur Fertigstellung betreuen.

Es gibt viele Arten der Beschilderung – ein beschriebener Stein ist nur eine Möglichkeit.

Wunschvorstellung und Wirklichkeit

Bei der Planung zur Neu- oder Umgestaltung Ihres Grundstücks werden Sie bald feststellen, dass Wunsch und Wirklichkeit oft weit auseinanderliegen.

Wie sieht es eigentlich mit den Wünschen der anderen Familienmitglieder aus? Binden Sie die gesamte Familie in Ihre Planung mit ein, und nehmen Sie deren Ideen in Ihre Wunschliste auf. Besprechen Sie dann gemeinsam, was sich von der sicherlich sehr langen Liste realisieren lässt und was nicht. Denken Sie auch an die Zukunft, denn die familiären Verhältnisse wandeln sich ja im Laufe der Zeit. Manch spätere Nutzung – Sandkasten und Kinderspielecke eventuell in einen Teich verwandeln – lässt sich voraussehen und jetzt schon mit einbeziehen, aber sicher nicht alle.

Auch das Umfeld und die Nachbarn sind wichtige Faktoren bei der Planung und Anlage eines Gartens. Der nette Nachbar von nebenan kann wegziehen, und die neuen Nachbarn haben eine ganz andere Art, ihr Gartenleben zu gestalten. Vielleicht wird nun doch eine Sicht- und Lärmschutzhecke notwendig? Gibt es dafür aber dann noch ausreichend Platz?

Auf Boden- und Lichtverhältnisse können Sie zumindest teilweise Einfluss nehmen, wenn sie Ihnen bekannt sind.

Wahrscheinlich wünschen Sie sich auch ein möglichst großes Pflanzensortiment in Ihrem Garten, aber denken Sie daran: Aus kleinen Sträuchern und Bäumen werden bereits nach zehn Jahren stattliche Exemplare. Nach 20–30 Jahren kann ein Garten sein Bild völlig verändern, denn Schatten und Wurzeldruck verdrängen andere Gewächse. Auch zu viele und zu dicht stehende Gehölze oder Stauden werden mit zunehmendem Wachstum zum Problem. Halten Sie also von Anfang an die empfohlenen Pflanzabstände ein, und füllen Sie noch beste-

hende Lücken mit einfachen Blütensträuchern, Stauden und Sommerblumen aus.
Je besser Sie all diese Dinge bei der Planung berücksichtigen, umso harmonischer wird sich Ihr Garten in die Umgebung einfügen und umso besser wird sich die Pflanzung entwickeln.

VIEL ODER WENIG PFLEGE?

Ein schöner Garten, der keine Arbeit macht, den gibt es nicht! Denken Sie bei der Planung und bei der Gestaltung daher auch immer an den späteren Pflegeaufwand, und überlegen Sie, wie viel Zeit Sie im Lauf des Jahres in die Pflege des Gartens investieren können bzw. wollen.

★ Einen recht hohen Pflegeaufwand benötigen Prachtstaudenbeete und -rabatten, Gemüsebeete, Spalierobst, Rosen, Formgehölze und Schnitthecken, Rasen- und Wasserflächen, aber auch Liebhabergärten mit speziellen Pflanzkombinationen oder exotischen Pflanzen.

★ Geringeren Pflegeaufwand verursachen naturnahe Gärten mit Wildstauden, die sich ausbreiten dürfen, und Gehölzen, die nicht regelmäßig geschnitten werden müssen, mit Langgraswiesen, selbstklimmenden Kletterpflanzen, bodendeckenden Teppichpflanzungen und Gemüse in bunter Mischung mit Blumen und Obst. Lassen Sie sich auch nicht täuschen: Ein Kiesgarten ist nicht unbedingt pflegeleicht!

Rasenflächen, Staudenbeete und in Form geschnittene Hecken sind schön, benötigen aber auch viel Pflege.

Links: Eine klassisch schöne Gartensituation: Romantische Staudenrabatten rahmen einen perfekt geschnittenen Zierrasen.

GARTENRECHT

- Auskunft über Grenzabstände, Höhenvorschriften, Baumschutzverordnungen, Boden- und Wasserrecht erteilen Stadt- und Gemeindeverwaltungen (Bauaufsichtsbehörde). Informieren Sie sich unbedingt vor Baubeginn.
- Probleme, die sich mit den angrenzenden Nachbarn ergeben könnten, werden am einfachsten durch gegenseitige Absprache und Rücksichtnahme gelöst.
- Gartenrecht ist in erster Linie Nachbarschaftsrecht. Doch nur einige Fragen werden hier bundeseinheitlich im Bürgerlichen Gesetzbuch (BGB) gelöst.

Funkien und Farne verschönern halbschattige bis schattige Standorte.

Der passende Standort

Pflanzen im Garten gedeihen am besten, wenn sie den Platz erhalten, den sie aufgrund ihrer natürlichen Herkunft bevorzugen.

★ Das regionale Klima – Temperaturverlauf, Niederschlagsmenge, Luftfeuchte und die Anzahl der Sonnenstunden – ist für die richtige Pflanzenauswahl nicht unerheblich.

Neben den regionalen Klimaunterschieden gibt es auch Abweichungen zwischen Stadt und Land. Häuser speichern Wärme und schützen vor starken Winden. Schutz vor starken Winden ist gleichzeitig auch Frostschutz.

★ Auch das Kleinklima im Garten hat Auswirkungen auf die Pflanzen, und es kann innerhalb des Grundstücks mehrfach wechseln. Hinter einer Hecke oder Mauer ist das Klima anders als auf freier, dem Wind ausgesetzter Fläche. Diese Barrieren schützen nicht nur vor Wind, die Partien dahinter erhalten auch weniger Licht, und sie liegen im Regenschatten.

★ Bei den Lichtverhältnissen unterscheidet man ganz grob in sonnige, halbschattige und schattige Bereiche. Der größte Teil aller Blüten- und Nutzpflanzen bevorzugt einen sonnigen Platz. In einem Garten gibt es aber auch viele halbschattige und schattige Stellen unter Bäumen und Sträuchern, hinter Mauern und dichten Zäunen. Liegt der Garten auf der Nordseite des Hauses, dann wird er in großen Teilen wahrscheinlich vom Haus beschattet. Aber auch für schattige und halbschattige Bereiche gibt es eine große Auswahl schöner Pflanzen.

★ Die Grundlage – im wahrsten Sinne des Wortes – für gutes Pflanzenwachstum ist der geeignete Boden – ob flach- oder tiefgründig, mager oder nährstoffreich, sauer oder alkalisch, trocken oder feucht. Jede Bodenart hat ihre speziellen Eigenschaften, die sich in der Regel auch nur für ganz bestimmte Pflanzen eignen.

Am besten nehmen Sie an verschiedenen Stellen in Ihrem Garten Bodenproben und lassen diese in einem Fachlabor untersuchen. Hier erfahren Sie, um welche Bodenart es sich handelt, welchen pH-Wert der Boden hat und wie hoch sein Nährstoffgehalt ist. Mit diesen Angaben haben

Volle Sonne – volle Blütenpracht! Prärie- und Steppenpflanzen, die heute fast unverzichtbar für unsere Gärten geworden sind, lieben die Helligkeit und Wärme eines sonnigen Standortes.

Was der einen Pflanze schadet – zu viel Wasser –, das ist der anderen gerade recht. Die weißen und blauen Japanischen Sumpf-Schwertlilien (*Iris ensata*) bevorzugen einen feuchten Platz im Garten.

Sie auf jeden Fall schon einmal eine gute Grundlage für die Pflanzenauswahl oder die weitere Bearbeitung des Bodens. Wenn Sie alle Standorte in Ihrem Garten gut kennen und dementsprechend bepflanzen, wird sich die Vegetation dort auch zu voller Schönheit entwickeln.

Die richtige Pflanze am richtigen Standort

Bei der Gestaltung Ihres Gartens wollen Sie ja mit Hilfe verschiedener Pflanzen Räume und Bilder schaffen, die möglichst lange ihr Aussehen bewahren. Das bedeutet, dass Sie den Pflanzen den richtigen Standort anbieten und zueinander passende und miteinander verträgliche Arten und Sorten zu einer möglichst dauerhaften Gemeinschaft kombinieren sollten.
Pflanzen sind in der Regel äußerst tolerant und anpassungsfähig und wachsen auch noch unter ungünstigen Bedingungen – Blühwilligkeit und Wuchsverhalten leiden jedoch langfristig.
★ Mit Hilfe von guten Sortimentskatalogen oder Gartenbüchern können Sie in Ruhe studieren, welche Pflanzen im schattigen humosen Gehölzbereich, am sonnigen Gehölzrand, im oder am Wasser, in einer von Felsen, Steinen und warmen Mauern gekennzeichneten Anlage oder auf offenen freien Flächen zu Hause sind.
Welche dieser Lebensbereiche bzw. Standortbedingungen Ihr Garten wo zu bieten hat, haben Sie inzwischen ja schon herausgefunden.
★ Bedenken Sie auch, dass sich mit zunehmendem Alter Ihres Gartens die Licht- und Bodenverhältnisse ändern.
Beete am Gehölzrand werden immer stärker beschattet, die Wurzeln der Bäume und Sträucher breiten sich aus und entziehen bald auch dem Beet die wichtigen Lebensgrundlagen. Unterpflanzungen von Gehölzen müssen im Laufe der Zeit mit immer weniger Licht, Wasser und Nährstoffen auskommen und werden ihr Gesicht dementsprechend verändern – es sei denn, Sie greifen durch intensive Pflegemaßnahmen wie Gießen, Düngen und Auslichten in das natürliche Pflanzenwachstum ein.

Neuanlage oder Umgestaltung?

Ob Neuanlage eines Gartens auf völlig freiem Grund oder Umgestaltung eines alteingewachsenen Gartens – beide Aufgaben sind eine kreative Herausforderung für jeden.

DEN GARTEN NEU ANLEGEN

Einen Garten von Grund auf neu anzulegen und nach eigenen Vorstellungen zu gestalten, ist natürlich von besonderem Reiz. Es erfordert andererseits aber viel Geduld, denn bis die Pflanzen herangewachsen sind und der Zustand erreicht ist, den Sie vor Augen haben, vergehen mindestens zehn Jahre!

Ein Stück ‚Natur pur' hat sich hier breitgemacht – soll das der Umgestaltung weichen?

★ Oftmals wird nach dem Hausbau das Geld für die Anlage eines Gartens knapp. Beschränken Sie sich dann zunächst auf alle rahmen- und gerüstbildenden Elemente wie Bäume und Sträucher, die mehrere Jahre zum Einwachsen benötigen und daher zuerst gepflanzt werden sollten.

★ Bauliche Maßnahmen wie gepflasterte Wege und Plätze, Treppen oder Stützmauern sollten Sie in jedem Fall zuerst in Angriff nehmen, um spätere Bodenverdichtungen zu vermeiden.

★ Es ist manchmal sogar von Vorteil, wenn Sie sich Zeit lassen und nicht gleich die komplette Bepflanzung vornehmen. Viele schöne Details im Garten entstehen erst mit der Zeit oder durch Zufall. Sie sollten jedoch den Gesamtplan von Anfang an möglichst auf dem Papier haben, um die Pflanzungen sukzessive an den vorgesehenen Stellen zu ergänzen oder zu verändern.

★ Für ein bisher unbebautes Grundstück bietet sich zunächst einmal eine flächige Gründüngung mit blau blühendem Bienenfreund (*Phacelia tanacetifolia*), verschiedenfarbigen Lupinen und leuchtend gelben Sonnenblumen an. Das ist nicht nur farbenprächtig und lockt viele Insekten an, Sie tun damit gleichzeitig etwas für die Bodenfruchtbarkeit Ihres Gartens und halten das Aufkommen von Unkraut in Grenzen.

★ Sie können im ersten Jahr die kahlen Brachflächen auch schon in ein Blütenmeer verwandeln, wenn Sie Sommerblumen wie Kosmeen, Kapuzinerkresse (*Tropaeolum*), Ringelblume (*Calendula officinalis*) oder Schlafmützchen (*Eschscholtzia californica*), Wiesenblumen oder andere Saatgutmischungen direkt ins Freiland aussäen. Die einjährigen Sommerblumen blühen meist monatelang.

★ Sie können in der Anfangszeit auch sehr viel Farbe und Grün mit Kübel- und Topfpflanzen in den neuen Garten bringen.

DAS GERÜST DES GARTENS

Sie können die Zeitspanne, bis endlich die richtigen Proportionen und ein guter Sichtschutz nach außen im Garten erreicht sind, durch eine gezielte Pflanzenwahl jedoch etwas verkürzen oder zumindest die Übergangszeit mit einfachen Mitteln attraktiver gestalten:

★ Pflanzen Sie außer dem gewählten dauerhaften Gerüst aus Bäumen und Sträuchern zunächst einige einfache rasch wachsende Decksträucher und kleine Bäume wie Traubenkirsche (*Prunus padus*), Faulbaum (*Rhamnus frangula*), Steinweichsel (*Prunus mahaleb*), Liguster (*Ligustrum vulgare*), Heckenkirsche (*Lonicera tatarica*) oder Goldjohannisbeere (*Ribes aureum*), damit gleich von Anfang an schnell größer werdende

Hier herrschen Ordnung und Klarheit. Schnell wachsende Gräser und Stauden sorgen für fülliges Grün.

Gewächse dem Garten Form geben. Oder pflanzen Sie von preiswerten Sträuchern gleich mehrere etwas dichter als gewöhnlich, und nehmen Sie nach ein paar Jahren den einen oder anderen davon wieder heraus.

★ Einen Raumeindruck können Sie auch erreichen, wenn Sie Klettergerüste und Pergolen aus Stahl oder Holz errichten und mit Hilfe von rasch wachsenden Kletterpflanzen oder Einjährigen wie Glockenrebe (*Cobaea scandens*) oder Feuerbohne (*Phasaeolus coccineus*) begrünen, die Höhe und Raumwirkung, aber auch einen Sichtschutz schaffen.

DEN GARTEN UMGESTALTEN

Es gibt die verschiedensten Gründe, einen eingewachsenen Garten umzugestalten.

★ Der häufigste Grund: Der Garten wächst zu und verschattet. Natürlich schmerzt es, ältere Bäume, dichte Hecken und malerische Sträucher zu entfernen. Aber Sie werden überrascht sein, wenn plötzlich Sonne, Licht und Luft in Ihrem Gartenreich Einzug halten. Damit eröffnen Sie sich wieder neue Möglichkeiten, die Pflanzungen blütenreicher zu gestalten. Große Gehölze beschatten nicht nur, sie besitzen auch ein weit verzweigtes Wurzelwerk und lassen sich kaum mehr unterpflanzen. Beachten Sie aber auch: Ein alter Baum wirft auf der einen Seite viel Schatten, schafft andererseits aber mit seiner oftmals knorrigen Wuchsform auch eine besondere Atmosphäre im Garten. Vielleicht reicht ein Rückschnitt schon aus, um den Schattenwurf zu vermindern. Wägen Sie Vor- und Nachteile gut ab!

★ Einen weiteren Grund zur Umgestaltung liefern häufig auch die verwendeten Materialien. Mauern und Treppen verfallen, Plattenbeläge zerbrechen, viele Materialien aus den Nachkriegsjahren finden kaum mehr Gefallen – man denke nur an Waschbeton! Mode macht auch vor dem Garten nicht Halt.

Alte Bäume verzaubern bei Sonnenschein den Garten mit Licht- und Schattenspielen.

Denken Sie bitte bei Abriss an die vollständige Beseitigung aller Fundamente, damit Sie später bei der Neuanlage und bei Neupflanzungen nicht auf Hindernisse stoßen. Gehen Sie bei der Umgestaltung aber auch nicht zu radikal vor! Vielleicht lässt sich das eine oder andere bauliche Element doch in die neue Planung integrieren? Eine alte, moosbewachsene Steinmauer kann in dem neuen Garten zu einem besonders schönen Blickfang werden.

★ Eine Umgestaltung des Gartens wird oft auch notwendig, wenn der Hausbesitzer wechselt und neue Ideen einbringt. Auch Veränderungen, die nur am Haus vorgenommen werden, wie Wintergarten- oder Garagenanbau, können zur Veränderung im Gartenbereich führen. Oftmals halten auch die Dimensionen von Terrasse, Treppen, Stufen und Wegen den neuen Anforderungen nicht stand, sind zu klein, zu eng, zu steil oder unsicher. Vielleicht kann man ja auf Treppen ganz verzichten? Andererseits werden im Zuge einer modernen Umgestaltung Böschungen, auf denen bei alten Häusern häufig die Terrassen angelegt wurden, abgetragen, um den Höhenunterschied durch eine oder mehrere Terrassenstufen zu überbrücken.

★ Umgestalten kann aber auch bedeuten, den Garten pflegeleichter zu gestalten: Gehölze, die sehr viel Laubfall verursachen, werden durch Immergrüne ersetzt. Mähkanten aus Pflaster- oder Ziegelsteinen erleichtern die Rasenpflege. Hochbeete vereinfachen den Anbau und die Pflege von Gemüse und Kräutern. Eine automatische Bewässerung zu installieren oder installieren zu lassen, ist heute kein großer Luxus mehr, aber ein Riesenzeitgewinn, um den Garten besser genießen zu können. Breitere Wege mit rutschfestem Belag machen das Gehen vor allem für Ältere sicherer und einfacher.

★ Umgestaltet wird auch häufig, wenn die Kinder herangewachsen sind und die von ihnen genutzten Bereiche wie Sandkasten, Spielwiese oder Kletterbaum nicht mehr benötigt werden. Bei allen Bau- und Umbauarbeiten sollten Sie auch immer auf eine nachträgliche tiefgründige Lockerung des Gartenbodens achten!

Wenn Material und Farbe miteinander korrespondieren, dann wirkt das Ganze harmonisch. Stahlblau ist für diese leichte Konstruktion aus Metall genau die richtige Farbwahl.

Moderne Gärten zeichnen sich durch klare Strukturen aus, dies gilt für die Horizontale wie für die Vertikale, für Materialien wie für Pflanzen.
So passen die lanzenförmigen, straffen Blätter des Neuseeländischen Flachses (*Phormium tenax*) gut zu den großformatigen quadratischen Platten. Modern ist auch die Gartenmauer aus Natursteinen, die durch ein enges Drahtgeflecht (Gabionen) ihre Form erhält.

SELBER MACHEN ODER MACHEN LASSEN?

Ob Sie Ihren Garten in Eigenleistung neu anlegen oder umbauen oder die Arbeit einem Landschaftsgärtner übergeben, ist in erster Linie eine Frage der Kosten. Wenn Sie die Arbeiten selbst vornehmen wollen, dann sollten Sie sich noch folgende Fragen beantworten:

★ Kann ich diese nicht einfache Arbeit auch wirklich selbst durchführen? Gartenarbeit ist teilweise Schwerstarbeit. Wenn Sie nur eingeschränkt handwerkliches Talent besitzen und in harter körperlicher Arbeit nicht unbedingt Ihre Erfüllung sehen, kann die Aufgabe, den Garten selbst zu gestalten, rasch zur Qual werden.

★ Habe ich genügend Zeit für die anstehenden Neu- oder Umbauarbeiten? Da gut gemeint nicht gut gemacht ist, werden Sie als Laie viele Arbeiten vielleicht mehrfach in Angriff nehmen müssen. Das kostet natürlich Zeit, und schnell ist eine Vegetationsperiode um. Containerpflanzen können Sie zwar das ganze Jahr über einsetzen, sie haben aber auch ihren Preis!

WAS KOSTET DIE ANLAGE EINES GARTENS?

Wenn Sie den Garten anlegen lassen, dann entstehen sowohl Planungskosten als auch Kosten für den Bau. Die Höhe der Planungskosten regelt die Honorarordnung der Landschaftsarchitekten. Grundsätzlich gilt:
Die Höhe der Baukosten bestimmt die Höhe des Honorars. In der Regel liegen die Honorarkosten bei etwa 10 % der Bausumme. Bei kleinen Gärten ist die Vereinbarung des Honorars auf Stundenbasis üblich.
Bei einer Neuanlage können Sie mit durchschnittlich 100 € pro Quadratmeter für den Hausgarten rechnen.

Welcher Gartenstil soll es sein?

Die Geschichte der Gartenkunst kennt nur zwei grundsätzliche Gestaltungsprinzipien. Alle heutigen Gartenstile und Gartenformen gehen auf diese beiden Urmodelle zurück: den »formalen Garten« und den »Landschaftsgarten«. Der formale Garten entstand in den Wüstengebieten Vorderasiens – er schließt die Natur aus, Mauern schützen vor der feindlichen, unwirtlichen Natur. Sein Ordnungsprinzip und seine Formgebung resultieren aus rein geometrischen Figuren. Der Landschaftsgarten wurde ursprünglich in China entwickelt, von Menschen, die eine sehr enge Beziehung zwischen sich und der Natur suchen und empfinden. In ihren Gärten wird die Natur zum Vorbild.
Jeder Garten ist ganz individuell nach den Wünschen des Eigentümers gestaltet. Sie können bestimmte Gartenstile streng umsetzen oder nur einzelne Elemente daraus entnehmen. Es ist möglich, Ihren Garten nur in einem Stil zu verwirklichen oder in verschiedenen Bereichen unterschiedliche Stile einzusetzen. Oft empfiehlt die Lage eines Gartens schon den Einsatz ganz bestimmter Gestaltungsmittel. Wer ein Hanggrundstück besitzt, muss anders planen als der im Flachland. Große Gärten verlangen einen anderen Gestaltungsansatz als kleine.

★ Formale Gärten entsprechen meist dem Wunsch nach einem Stück geordneter, übersichtlicher Natur, symmetrisch angelegt, in klaren geometrischen Formen strukturiert und mit Mauern oder Hecken umrahmt, wie wir es schon von alten persischen Miniaturen und Teppichen oder aus Abbildungen unserer Klostergärten kennen. Die einzelnen Gartenräume sind klar gegliedert und voneinander getrennt. Die Gärten gewinnen ihre Schönheit aus der Harmonie, die durch die Verbindung von klassischer Strenge mit kunstvollem Schmuck entsteht. Dieser Gartenstil steht heute in der Zeit der kleinen Grundstücke wieder hoch im Kurs.

Konsequent: Von der Möblierung bis zur Bepflanzung bestimmen klare Linien den Garten.

★ Ein völlig anderes Verständnis von Natur liegt den landschaftlich gestalteten Gärten zugrunde, die in Ostasien entstanden und später – in Europa nach Renaissance und nach Barockzeit – mit ihren freien, organischen Formen zuerst in England zu einer »Gartenrevolution« führten. Sie folgen ganz den Gesetzen des natürlichen Wachsens, natürlicher Pflanzengemeinschaften und der natürlichen Bodenbewegung. Wesentliche Impulse erhielt dieser Gartenstil in Europa im 18. und 19. Jahrhundert durch die Aufklärung und die Romantik.

Gärten waren und sind heute für viele Menschen eine Bereicherung des Lebens, und die möglichen Gestaltungsformen sind ungezählt. Aber nach wie vor kann man sie alle auf die beiden ursprünglichen Grundprinzipien »formal« oder »landschaftlich« zurückführen.

Sie müssen sich nicht unbedingt für eine der beiden Möglichkeiten entscheiden. Sollte Ihr Grundstück groß genug sein, so spricht nichts dagegen, den einen Bereich im landschaftlichen Stil zu gestalten und den anderen ganz formal. Für bestimmte Gartentypen eignet sich die eine oder andere Gestaltungsform jedoch besser: Einen ländlich geprägten Bauerngarten können Sie hervorragend auf formal angelegten Beeten realisieren, von Mauern und Hecken eingegrenzt, wie es das Vorbild Klostergarten zeigt. Ein Teich kann besser natürlich angelegt werden, wenn das weitere Umfeld großzügig bemessen ist und ebenfalls natürlichen Charakter hat. In einem engen Stadtgarten dagegen ist eher eine rein architektonische Gestaltung angesagt.

Links: Für klare Linien im Garten eignen sich Eibe und Buchs hervorragend, denn sie lassen sich leicht in Form bringen.

FORMALE GÄRTEN

Den formal gestalteten Garten kennzeichnen Geometrie und Symmetrie und eine klare Gliederung in einzelne Bereiche.

★ Für die Flächengestaltung eines modernen architektonisch geprägten Gartens kommen Rechteck, Quadrat, Halbkreis und Kreisform, aber auch Ellipse und Dreieck infrage.

★ Das Gleiche gilt für die vertikale Gestaltung des Gartenraumes. Pyramiden, Kegel und Kugeln aus immergrünen Pflanzen wie Buchsbaum, Liguster oder Stechpalme bilden neben Figuren aus Holz und Stein wichtige Körper für

Eine schmale Blumenrabatte trennt Rasen und Weg. Der leicht geschwungene Weg und der ungleichmäßige Belag nehmen dem Ganzen die Strenge.

Der breite Kiesweg führt zwischen gepflegten Rasenflächen zu einer Bank unter einem Rosenbogen.

die Raumgestaltung. Die regelmäßige Verteilung dieser Elemente erzeugt die gewünschte Ruhe.

★ Weitere wichtige lineare Elemente in formalen Gärten sind Hecken als Raumabschluss, Wege, Blickachsen und niedrige Einfassungen. Blumenbeete und Wege können sowohl mit Pflanzen als auch mit unbelebten Materialien eingefasst werden.

★ Durch die Kombination der Elemente und ihre grafische Anordnung bekommt der formale Garten seinen typischen Charakter. Das kann zeitlos klassisch, verspielt oder modern sein.

★ Der Reiz streng formaler Gärten liegt in ihrer Ruhe und Ausgewogenheit. Kurzer Rasen, Platten- oder Kiesflächen bestimmen die Horizontale. Eingebettet darin oder seitlich angeordnet sind einzelne Beete von geometrischer Form. Die Bepflanzung beschränkt sich meist auf wenige, oft aber farbintensive Arten. Vertikale Strukturen werden durch geschnittene Hecken und Gehölze eingebracht. Auch Rosen-Hochstämmchen oder kronenbildende Pflanzen in Kübeln können die Wege säumen.

★ Wer Strenge mit Lebhaftigkeit und Vielfalt verbinden möchte, der bepflanzt die rasterförmigen Beete mit gemischten Stauden und/oder Sommerblumen und genießt den reizvollen Kontrast der sich überlagernden Linien. Die harten Kanten einer Einfassung können Sie mit überhängenden Pflanzen sehr leicht brechen.

★ Laube oder Pavillon, manchmal auch nur eine einzelne Bank, erhalten ihren Platz am Ende einer Blickachse. Häufig werden in einer architektonischen Anlage Wege zur wichtigen Achse. Durch einen Laubengang, etwa vom Eingangstor zum Haus oder als seitliche Verbindung vom Haus zum entfernt liegenden Sitzplatz, erhalten Wege eine noch stärkere Bedeutung.

★ In einem symmetrisch gestalteten Garten ist oftmals die Mitte durch ein Rondell, Oval oder Quadrat besonders betont.

Rechts: Der schmale gepflasterte Weg führt schwungvoll um einen Teich herum zum lauschigen Sitzplatz unter Bäumen.

★ Zu den klassischen Elementen, die gut zu einem formalen Garten passen, zählen auch leichte Gitterspaliere, die von Obstgehölzen oder Kletterpflanzen begrünt werden.

FREI GESTALTETE GÄRTEN

★ Bei der freien Gestaltung wird mit weichen fließenden Linien gearbeitet. Schmuckobjekte wie Solitärpflanzen, Skulpturen oder Steine sollen – im Gegensatz zum formalen Garten – keinen Kontrast erzeugen, sie werden eher behutsam in das Gartenkonzept integriert. Das gilt auch für Sitzplätze oder den Teich.

★ Natürlichkeit in Form, Farbe und Material hat Vorrang. Dies drückt sich auch in der Oberflächengestaltung aus: Ebene Flächen werden oftmals leicht modelliert, zum einen, um einen natürlicheren Charakter zu erzeugen, zum andern, um den Garten optisch zu vergrößern. Dies sollte jedoch auf die unmittelbare Umgebung des Gartens abgestimmt oder ein harmonischer Übergang in die Landschaft geschaffen werden. Das funktioniert nicht, wenn der Garten von Hecken und Mauern umschlossen ist.

★ Kleine schmale Reihenhausgärten lassen eine raumgreifende Planung kaum zu. Vielleicht können Sie an den seitlichen Fronten im hinteren Teil des Gartens aber eine gemeinsame Lösung mit den Nachbarn finden? Wenn auf einen Zaun nicht verzichtet werden kann, sollten Sie zumindest an einigen Stellen eine optische Transparenz erreichen. Auch niedrige Sträucher oder eine Blumenrabatte können den Garten einrahmen und abgrenzen.

★ Ein kleiner formaler Gartenraum ist meist mit einem Blick überschaubar, es sei denn, er ist durch Hecken oder andere Raumteiler gegliedert. Die gleiche Fläche in frei gestalteter Form kann wesentlich interessanter und auch größer erscheinen. Natürlichkeit wird erreicht durch schwungvolle und von Pflanzen teilweise umspielte Beetstrukturen und durch frei wachsende Hecken, Natursteine als Baumaterial für Wege, Mauern und Sitzplätze und lauschige Winkel und Eckchen.

Der moderne Garten

In modernen, architektonischen Gärten herrscht Klarheit. Die Formen von Plätzen, Wegen, Rasen- und Wasserflächen sind nicht verspielt, sondern folgen klaren Linien. Neben der Übereinstimmung von Haus und Freiraum erscheint der Mut zu ausdrucksvollen Formen und dominanten Farben charakteristisch. Ein moderner Garten kann in jedem Stil angelegt sein, wichtig ist die Klarheit des Konzepts, das sich in deutlicher Linienführung der baulichen Elemente und durch die grafischen Strukturen interessanter Pflanzen ausdrückt.
In modernen Gärten wird der formalen Gestaltung häufig der Vorzug gegeben, weil sie sich mit den heute stark beschränkten Grundstücksverhältnissen am besten vereinbaren lässt. Es kostet mehr Platz, den Gartenzaun hinter einem lockeren Gehölzgürtel zu verbergen als hinter einer streng geschnittenen Hecke.

Außergewöhnlich, formschön und extravagant, das müssen keine Widersprüche sein.

* Ein moderner Garten zeichnet sich aus durch weite Rasenflächen, großflächige Pflanzungen, zu Kugeln, Kuben oder frei formierte Gehölze wie Eibe oder Buchs. Einige wenige, besonders dekorativ wirkende Gewächse vervollständigen das Bild. Auch nicht pflanzliche und künstlerische Objekte werden im modernen Garten häufig als Gestaltungsmittel benutzt.
* Horizontale und Vertikale, Hell und Dunkel, Weite und Geschlossenheit ergeben die gewünschten Kontraste. Nichts ist vermischt und doch alles harmonisch verbunden. Zum Teil mit klassischen Elementen, die jedoch im neuen Kontext eine modernere Bedeutung erlangen.
* Klare Formen und Materialien wie Cortenstahl, fein strukturierter, oftmals auch farbig gestrichener Sichtbeton, Glas und Plexiglas bilden Kontraste zu einer natürlichen Bepflanzung.

WENIGER IST OFT MEHR

Dieser Grundsatz spielt eine große Rolle. Die Auswahl der Pflanzenarten und -sorten in modernen Gärten ist eher gering, dafür sind die Pflanzen in ihrer Form oft signifikant und setzen deutliche Akzente.
Die meist großflächig angelegten Pflanzungen sind nach strengen Ordnungsprinzipien gestaltet und bestehen häufig aus größeren Gruppen einheitlicher Sorten von Gräsern, Stauden oder Gehölzen. Sie werden oft rasterartig gepflanzt und in bandartigen Strukturen verwendet. Entsprechen die Pflanzen nicht »von Natur aus« dem gewünschten architektonischen Bild, werden sie beschnitten – nicht immer in der »klassisch« strengen Manier, sondern auch wellen- oder wolkenförmig als organische weiche Kontur. So entstehen ganz neue Gartenbilder. Trotz der oft minimalistischen Ausstattung muss ein moderner Garten aber nicht zwangsläufig naturfern wirken, denn bei aller Sachlichkeit, hier können auch leuchtend bunte Blüten Einzug halten, entweder der Umgebung angepasst oder als Kontrast eingesetzt.
Durch die Reduktion der Pflanzenvielfalt und Vereinfachung der Grundstrukturen kann ein moderner Garten ganz zeitgemäß als »pflegeleichter Garten« angesehen werden.

Rechts: In diesem Garten bilden die dunklen Blüten der »altmodischen« Schwertlilien einen starken Kontrast zu den hellen Blüten der Steppenkerzen.

Materialien für moderne Gärten

1 Metalle wie Zink oder verzinkte Bleche eignen sich hervorragend für Wasserbecken und Wasserrinnen. Sie lassen sehr präzise gearbeitete Formen zu, sind langlebig und gut zu reinigen.

2 Helle Natursteinplatten, in unterschiedlichen Größen geschnitten, bilden in Verbindung mit rund geschliffenen, faustgroßen, dunklen Steinen einen schönen Farb- und Formkontrast – eine gelungene moderne Materialzusammenstellung.

3 **Dunkler Schotter** lässt die grünen und rosafarbenen Pflanzenpolster wie eine Patchworkarbeit wirken. Mit gefärbtem Schotter oder Holzspänen können zusammen mit blühenden Pflanzen ganz neue Farberlebnisse geschaffen werden.

4 **Vier verschiedene** Materialien und Farben kombiniert: Weidengeflecht, Metallgefäße, Cortenstahlumrandung und farbiger Schotter. Zusammen mit den grünen Buchskugeln und der lockeren Beetbepflanzung eine außergewöhnliche, aber gekonnt zusammengestellte Kombination.

5 **Stahl und Kies,** eine sehr zeitgemäße Materialverwendung. Der Kontrast zwischen dem feinen, unsteten Kies und der Solidität der breiten, festen Stahlplatte ist es, der diese Situation zu einem Hingucker macht.

Der Wohn- und Familiengarten

Eine Familie kann aus drei verschiedenen Generationen bestehen, die alle den Wunsch haben, den Garten nach ihren Vorstellungen zu nutzen: Für die Älteren ist Ruhe und Beschaulichkeit ein wichtiges Moment. Die mittlere Generation möchte sich gerne körperlich betätigen und im Garten werkeln. Die Jungen wollen spielen und toben. Schaffen Sie also sowohl Orte der Bewegung als auch der Ruhe und Zurückgezogenheit. Das sind Bereiche, die gemeinsam genutzt werden und solche, an denen sich Einzelgänger auch einmal absondern dürfen. Für größere Familien bietet sich zudem ein Nutzgartenbereich an, damit Salat, Gemüse und Beerenobst erntefrisch auf den Tisch kommen können. Planen Sie auch einen Platz zum Wäscheaufhängen ein.

Solange Kinder und Jugendliche im Haus sind, wird der Garten wohl soweit wie möglich auf ihre Bedürfnisse ausgerichtet sein.

EIN PLATZ ZUM SPIELEN

★ Sandkasten und Planschbecken sind unverzichtbar für kleinere Kinder. Beide sollten in Hausnähe und im Blickfeld der Erwachsenen liegen. Denken Sie im Sommer unbedingt an einen Schattenspender!

★ Klettereien gehören ebenfalls zum beliebten Repertoire von Kindern – gleich welchen Alters. Sind größere Bäume vorhanden, ergeben sich ideale Verhältnisse. Falls die Gehölze jedoch noch zu klein sind, können Sie zusammen mit den Kindern einen freistehenden Hochsitz bauen, der mit rasch wachsenden Pflanzen eingegrünt werden kann, so dass die Baumaßnahme nicht so stark ins Gewicht fällt, den Kindern aber genügend Deckung gibt.

★ Abenteuerlust ist eine ganz besondere kindliche Eigenschaft. Sie wird nur befriedigt, wenn

Die Terrasse als Erweiterung des Wohnraumes, erhöht und abgegrenzt zum übrigen Garten.

das Spielen nicht reglementiert ist, und es genügend Freiräume zum Austoben und Experimentieren gibt – im etwas abgelegenen Winkel des Gartens und wenig einsehbar.

★ Kurz gehaltener Gebrauchsrasen lädt zum Ballspielen, Toben oder Zelten ein. Hier findet auch ein Trampolin seinen Platz.

★ Zu den schönsten Dingen im Sommer gehört zweifelsohne das Baden. Wenn die Kinder aus dem Planschbeckenalter heraus sind, schwimmen können und der entsprechende Platz im Garten vorhanden ist, dann bietet sich für die gesamte Familie ein Schwimmteich an.

★ Einfacher lässt sich der Wunsch der Kinder nach einem eigenen Gärtchen erfüllen. In sonniger Lage oder in den Nutzgarten integriert, können sie hier nach Anleitung oder eigenem Gutdünken gärtnern, Zier- und Nutzpflanzen aussäen oder pflanzen, das Wachstum beobachten und ernten.

★ Tiere und Kinder – das gehört meist zusammen. Neben den bekannten Haustieren wie Hund, Katze, Hamster, Meerschweinchen und Kanarienvogel kommen auch im Freien lebende Tiere wie Kaninchen, Hühner, Enten, Schafe oder Ziegen als Spielgefährten in Frage – wenn der Platz und die entsprechende Nachbarschaft sich dafür eignen.

★ Legen Sie – wenn genügend Platz vorhanden ist – eine befestigte ebene Fläche an, die sich für Bewegungs- und Gruppenspiele eignet.

★ Baumhäuser, Lauben und Hütten sind immer gefragt. Aus Weidenzweigen lassen sich in kur-

Links: In diesem Garten findet jeder seinen Sitzplatz: sonnen- und windgeschützt auf der Terrasse, mit Blick auf den Teich oder etwas abseits am Beetrand.

SICHERHEIT FÜR KINDER

- Verbannen Sie alle giftigen Pflanzen so lange aus dem Garten, bis die Kinder diese Gefahren erkennen.
- Machen Sie Wasser – auch seichtes – durch einen Zaun, der den Zutritt nur unter Aufsicht ermöglicht, unzugänglich.
- Verwenden Sie nur sicherheitsgeprüfte Spielgeräte, und stellen Sie diese nur entsprechend der Anleitung auf.
- Bewahren Sie Gartengeräte, Düngemittel und Pflanzenschutzpräparate außer Reichweite von Kindern auf.

Dieser moderne, helle Grillplatz lädt nicht nur zum gemeinsamen Feiern am Abend ein.

zer Zeit Lauben und Gänge herstellen. Wenn die biegsamen Ruten die nötige Höhe erreicht haben, können sie oben und an den Seiten miteinander verknüpft werden. Auch Bambus ist ein lebendiges und robustes Material, das viel aushält. Für Kinder und Erwachsene gleichermaßen attraktiv sind dicht bewachsene Lauben, einfache Holzgerüste, die mit Pfeifenwinde (*Aristolochia macrophylla*) oder Wildem Wein (*Parthenocissus quinquefolia*) berankt werden.

★ Besonderen Anreiz nicht nur für Kinder bietet ein Platz, an dem ein Lagerfeuer entfacht werden kann. Achten Sie darauf, dass dieser Platz nicht unter Bäumen und in der Nähe brennbarer Objekte liegt. Und besprechen Sie dies am besten auch mit den Nachbarn, damit es zu keinen Schwierigkeiten kommt.

GESELLIGKEIT UND SPASS

Beliebt bei der ganzen Familie ist es, Feste zu feiern, deshalb sollte der Terrassenbereich am Wohnhaus groß genug bemessen und befestigt sein, um auch noch Platz für Gäste zu haben. Wenn dieser – oder ein adäquater geschützter Sitzplatz im Garten – noch überdacht wird, ist auch ein bisschen Regen kein Hindernis.

★ Im Sommer sind auch Grillen und Kochen im Freien beliebte Freizeitbeschäftigungen.

★ Ein kleiner Pavillon oder eine romantische Rosenlaube in einer stillen Gartenecke sind Rückzugsorte für die Ein- oder Zweisamkeit.

★ Ein Holzdeck am Gartenteich lädt zum Sonnenbaden und Tierebeobachten ein.

★ Die Elterngeneration wünscht sich oftmals noch frischen Salat, Gemüse und Obst aus dem eigenen Garten. Gemüse- und Kräuterbeete brauchen einen vollsonnigen Standort, möglichst in Hausnähe. Dieser Bereich kann sich stilistisch vom übrigen Garten unterscheiden, dann sollten Sie ihn allerdings optisch mit einer Hecke oder einem Zaun abtrennen.

Ein Wohn- und Familiengarten befindet sich in stetigem Wandel. Er verändert sein Gesicht jedoch nicht allein mit dem Wachstum der Pflanzen, der Wandel vollzieht sich auch mit den Gestaltungsmöglichkeiten, die den veränderten Familienverhältnissen angepasst werden. Wenn die Kinder aus dem Haus sind, kann das zu

Hoch gelegte Beete machen nicht nur die Arbeit leichter, sie rücken auch duftende und blühende Pflanzen näher an Augen und Nase heran. Da bietet sich natürlich eine Sitzgelegenheit an.

Es muss nicht immer ein viereckiger Sandkasten sein, damit die Kleinen buddeln können. Später einmal kann diese Fläche leicht mit Pflaster ausgefüllt und zu einem Sitzplatz mit Tisch und Stühlen werden.

einer völligen Umgestaltung des Gartens führen. Dann können lang gehegte Ideen umgesetzt werden – Sie müssen nicht mehr ausschließlich zweckmäßig und funktionsgerecht denken. Der Sandkasten wird zum Teich, die Spielwiese zur Staudenrabatte oder zum Gemüsebeet. Vielleicht ist es jetzt endlich an der Zeit, einen echten Schwimmteich zu bauen – aber vielleicht haben Sie Enkelkinder, dann wird das Thema Wasser wieder zum Problem. Im Alter schätzt man auch das gute Essen – eine moderne Gartenidee stellt deshalb die Outdoor-Küche dar.

Ein Garten für Senioren

Wenn die ältere Generation dann in die Jahre kommt und unbeweglicher wird, ist wiederum ein Umdenken, Umplanen und letztendlich ein Umbauen notwendig.

★ Wenn Kraft und Beweglichkeit nachlassen, muss man auf pflegeintensive Bepflanzung verzichten. Jetzt sind auch erhöht liegende Bankbeete eine Erleichterung bei den Pflegearbeiten, die nun im Stehen oder auch im Sitzen erledigt werden können. Hoch gelegte Beete sind aber auch ein Genuss für die Sinne, denn bunt blühende Blumen und duftende Kräuter werden in Augen- und Nasenhöhe gebracht. Daher bietet es sich an, neben den Beeten einen kleinen, möglichst auch überdachten Sitzplatz anzulegen.

★ Im Alter wird es auch sinnvoll sein, schmale Wege zu verbreitern, Rampen anzulegen, Treppenstufen zu umgehen, Kies- und unebene Pflasterwege durch ebene und eventuell breitere, auch mit Gehwägelchen oder Rollstuhl gut befahrbare Plattenwege zu ersetzen.

★ Verteilen Sie genügend einfache Sitzplätze im Garten. In manchen Fällen reicht schon eine stabile Bank, um sich auszuruhen, den Garten und die Sonne zu genießen.

★ Andererseits sollten auch ausreichend Schattenplätze vorhanden sein, wenn es in den Sommermonaten zu heiß wird. Sonnensegel sind eine gute Möglichkeit, Schatten zu spenden.

Der schmale Reihenhausgarten

Die Fläche eines Reihenhausgartens ist in der Regel schmal und lang wie ein Handtuch. Eine Herausforderung, hierfür eine überzeugende Lösung für den gesamten Gartenraum zu finden. Eine geschickte Raumaufteilung kann allerdings Wunder wirken.

★ Zuerst geht es um das Areal direkt am Haus, die Terrasse. Jeder, der in einem Reihenhaus wohnt, kennt das Problem der unmittelbaren Nähe des Nachbarn. Wenn es sich nicht gerade um versetzt gebaute Häuser handelt, ist es ohne Schutz so gut wie unmöglich, sich vor den Blicken Dritter zu verbergen. Der intime Bereich der Terrasse sollte also optisch wie akustisch gut abgeschirmt sein. Planen Sie hier blickdichte Wände ein, sei es eine Mauerscheibe, dicht bewachsene Rankgitter oder schmale Formschnitthecken. Die Terrasse können Sie mit Kübelpflanzen schmücken und Trog-Beete oder ein Wasserbecken anlegen. Alle Materialien sollen auf den Stil des Hauses abgestimmt sein.

★ An die Terrasse schließt sich eine Fläche an, die entsprechend den Wünschen der Bewohner, bearbeitet, bepflanzt oder bespielt werden kann. Wählen Sie möglichst nur ein Thema, um optisch mehr Weite zu erzielen. Hier könnte aber auch ein kleinerer Baum stehen – zu nah am Haus würde er das schmale Gebäude verschatten. Blumenbeete schaffen eine Verbindung zur Terrasse, kleine Heckensegmente, ein Obstspalier mit Äpfeln und Birnen oder ein Laubengang leiten zu dem rückwärtigen Bereich.

★ Der Raum im hinteren Gartenteil sollte eine besondere Bedeutung bekommen. Weit genug vom Haus entfernt, ist hier ein Platz für Ruhe und Erholung, also für einen weiteren Sitzplatz. Allerdings wäre hier auch Platz für ein Gartenhäuschen, in dem Sie Gartengeräte und Mobiliar unterbringen können. Farbenfroh angestrichen, mit Kletterpflanzen begrünt, wird auch hier kein »Gerümpelplatz« entstehen.

VIELFALT IST ANGESAGT

Die etwas unvorteilhafte Form eines Reihenhausgartens bedarf einer geschickten Planung, damit aus einem »Problemfall« ein Schmuckstück wird. Sie können hier durch eine größere Vielfalt und die Untergliederung der Fläche in einzelne Teilbereiche viel erreichen. Abwechslungsreich gestaltet und vor Blicken geschützt, wird der Reihenhausgarten zur Wohlfühloase.

★ Ein Garten wirkt immer größer, wenn er nicht auf einen Blick überschaubar ist. Eine Pergola kann den Übergang zum nächsten Gartenraum schaffen und benötigt nicht viel Platz.

★ Vermeiden Sie bei sehr schmalen Grundstücken alles, was die Länge noch betont, schmale Sichtschutzelemente oder Abgrenzungen schaffen Gartenräume.

★ Ein Weg, der nicht in seiner ganzen Länge übersehbar ist, macht neugierig. Führen Sie ihn hinter einer Kübelpflanze, einer hohen Blütenstaude oder einem niedrigen Gehölz vorbei. Auch ein Materialwechsel im Belag kann Spannung erzeugen.

★ Kreise, Ovale und Dreiecke lockern die lang gestreckten, schmalen Gartengrundstücke auf. Rahmen Sie durch solche geometrischen Formen Rasen und/oder Beetflächen. Wenn Sie zusätzlich die Diagonale betonen, mit Linien, die auch als Wege ausgebildet sein können, oder mit geometrischen Figuren, indem Sie diese schräg im Raum platzieren, dann erweitern Sie auf jeden Fall Ihren Garten optisch.

★ Legen Sie an den Grenzen keine langen, schmalen und schnurgeraden Beete an, sondern schaffen Sie mit unterschiedlich breiten Pflanzflächen Dynamik.

★ In einem eng begrenzten Garten ist es auch »erlaubt«, eine Vielzahl von schönen und zweckmäßigen Materialien zu verwenden. Hier gilt nicht unbedingt das Motto: »Weniger ist mehr«, hier heißt es eher: »Wie es euch gefällt!«

Links: Geschwungene Linien im grünen Rasen ziehen den schmalen Garten optisch in die Breite und unterteilen die Fläche.

Diese asymmetrische Gartenanlage ist ungewöhnlich, wirkt durch die Proportionen von Holz und Rasen jedoch ausgewogen.

★ Denken Sie bei der Bepflanzung daran, dass Pflanzen größer werden und rasch den nur begrenzt vorhandenen Raum verkleinern und verschatten, das gilt vor allem für Gehölze. Eiben (*Taxus*) sind neben dem kleiner bleibenden Buchsbaum für alle kleinen Gärten eine gute Lösung. Sie sind schnellwüchsig und dicht und lassen sich bei Bedarf stutzen und in jede gewünschte Form bringen. Auch Kirschlorbeer (*Prunus laurocerasus*), Liguster (*Ligustrum ovalifolium*) und Stechpalmen (*Ilex*-Arten) lassen sich gut beschneiden und damit klein halten, ohne dabei ihre Attraktivität zu verlieren.

★ Blühende Kletterpflanzen bringen Farbe in den Garten. Sie finden auch in schmalen Beetstreifen, am Terrassenrand oder punktuell als Säulen gepflanzt ausreichend Platz.

★ Ideal wäre natürlich eine gemeinsam mit den Nachbarn konzipierte Gestaltung der Grundstücke. Vielleicht ist solch eine Lösung frommes Wunschdenken und nur unter besten Freunden realisierbar, aber ins Auge fassen könnten Sie diese Möglichkeiten ja einmal – vor allem bei einer Neuanlage.

Wohlfühloase in der Stadt: nach allen Seiten blickgeschützt, Grün auf allen Ebenen und plätscherndes Wasser.

Grüne Oasen in der Stadt

Ein Stadtgarten hat oftmals nur eine Fläche von etwa 100 Quadratmetern, die unmittelbar an die Terrasse eines Ein- oder Mehrfamilienhauses anschließt, oft eingezwängt zwischen hohen Mauern, so dass er nur wenige Stunden Sonne am Tag bekommt. Die Nähe zum Nachbarn und der beschränkt verfügbare Raum stellen große gestalterische Ansprüche.

★ Bei einem von Mauern umgebenen Stadtgarten sind helle Farben daher ein absolutes Muss. Streichen Sie die umgebenden Mauern in Weiß oder anderen hellen Farbtönen. Wählen Sie einen möglichst hellen Bodenbelag und Pflanzen mit weißbunten Blättern.

★ Vor ungewollten Einblicken schützen am besten begrünte Wände, Mauern, Spaliere oder berankte Pergolen – also architektonische Elemente. Dies führt in der Regel dazu, auch der gesamten Gartenfläche eine geometrische Form zu geben – bei einem quadratischen Grundriss können Sie beispielsweise die klassische Kreuzform des Bauerngartens wählen. Die Einzelbeete können Sie entweder streng mit Buchs fassen und mit niedrigen Rosen bepflanzen, oder Sie füllen die Flächen mit kleineren Stauden und Sommerblumen, die Ecken und harte Konturen locker überspielen.

★ Als erweiterter Wohnraum ist ein Stadtgarten natürlich auch ein Ort, um sich mit edlen Gartenmöbeln, Kunstwerken und weiteren schmückenden Elementen zu umgeben.

★ Es ist eine besondere Herausforderung, für den Garten eine ähnliche Gestaltungssprache wie für den Wohnraum zu finden. Der Übergang von Innen nach Außen verläuft dann ganz harmonisch. Wenn klare Formen Ihre Wohnlandschaft bestimmen, dann sollten auch schlichtes Gartenmobiliar und geometrische Beetformen sowie geschnittene Hecken das Gartenbild bestimmen. Üppige Polsterlandschaften im Innern korrespondieren dagegen besser mit üppig blühenden Beeten und Gefäßen draußen. Bepflanzte Kübel in verschiedenen Formen – unverzichtbar in einem Stadtgarten – sind das Pendant zu den Vasen im Innenraum!

★ Einen besonders hohen Stellenwert hat das Licht in einem Stadtgarten. Durch eine geschickte Ausleuchtung wird Ihnen Ihr kleiner Garten zu jeder Jahreszeit auch in den Abendstunden ein zusätzliches Erlebnis bieten.

PFLANZEN IM STADTGARTEN

Die Pflanzenauswahl ist in erster Linie abhängig davon, wie hell es in Ihrem Stadtgarten ist. Beobachten Sie daher gerade hier den Verlauf der Sonne, um zu entscheiden, wo Sommerblumen wachsen können und wo Sie auf Schattenkünstler zurückgreifen müssen.

★ Alle Gehölze, die in einem Stadtgarten gepflanzt werden, müssen über kurz oder lang beschnitten werden, weil sie sonst zu viel Platz einnehmen oder die Harmonie des Gartens beeinträchtigen. Bäume zu pflanzen, ist nicht unbedingt empfehlenswert. Das Schneiden der Baumkronen ist aufwändig und nicht einfach. Eine aus Holland stammende Idee könnte die Lösung bieten: Platanen- oder Linden-Hochstämme als schmales Spalier gezogen, eignen sich zum Verdecken unliebsamer Objekte in der Nachbarschaft. Eine Alternative wären kleinere Hausbäume wie Zierapfel oder Zierkirsche.

★ Blüten- und Blattschmuckstauden, Gräser und Sommerblumen sind sehr willkommen, vor allem, wenn sie reich und lange blühen und/oder einen besonderen Blattschmuck zeigen. Geeignet ist alles, was nicht zu ausladend wird und kompakt bleibt.

★ Rosen sind immer schön, aber meist stachelig, was in der Enge eines kleinen Gartens schon einmal schmerzhaft werden kann – daher Vorsicht bei der Auswahl. Ratsam ist es, sich auf die Gruppe der niedrigeren Beetrosen zu beschränken. Die hübschen Kleinstrauchrosen, die im Katalog mit etwa einem Meter Höhe angegeben werden, entpuppen sich manchmal im Laufe der Saison als wesentlich größer und besitzen oft ausladende Triebe.

Auch dieser Stadtgarten hat alles, was man zum Wohlfühlen braucht: Licht, ausreichend Grün und Sichtschutz.

★ Im kleinen Stadtgarten bietet es sich sogar an, direkt am Haus ein Kleingewächshaus mit Pultdach zu installieren. Auf diese Weise können Sie noch einem schönen Hobby nachgehen.

★ Obwohl es in der Stadt zu jeder Zeit alles für die tägliche Versorgung zu kaufen gibt, sind Küchen-, zumindest jedoch Kräutergärten als Teil des Stadtgartens in letzter Zeit sehr in Mode gekommen. Verständlich, denn die Möglichkeit, gleich drei schöne Freizeittätigkeiten – das Gärtnern, das Kochen und das gemütliche Zusammensein mit Freunden – miteinander zu vereinen, ist äußerst reizvoll.

WERTVOLLE MATERIALIEN

Die Verwendung weniger, dafür aber wertvoller und witterungsbeständiger Materialien, sei es als Bodenbelag, Beeteinfassung, Raumteiler oder als Dekoration, ist in einem Stadtgarten fast ein Muss. Dazu sollen sie leicht zu reinigen und gleichzeitig formschön sein. All das sind Eigenschaften, die sich natürlich auf den Preis auswirken!

Wichtig für einen kleinen Gartenraum ist aber in erster Linie immer die Harmonie aller Elemente – innen und außen.

Auch ein naturnaher Garten kann durchaus formale Elemente enthalten, wie dieses kleine Baumrondell hier.

Obstbäume, eine große Vielfalt an Blütenpflanzen, dazu noch eine Blumenwiese – das verspricht Naturnähe.

Der naturnah angelegte Garten

Es gibt wenig auf dem weiten Feld des Gartens, was so verwirrend ist wie die Bezeichnung von Gärten, bei deren Entstehung die Natur als Vorbild diente. Wir kennen den Landschaftsgarten, Naturgarten, Wildnisgarten, naturnahe und naturhafte Gärten, Öko- und Biogarten – um nur einige Begriffe zu nennen. Auch Bauern-, Landhaus-, Cottage-Garten sind wieder zu neuen Ehren gekommene traditionelle Gartentypen, denen man Naturnähe bescheinigt. Hier geht es nicht mehr um freie oder formale Gestaltungsmerkmale, sondern darum, einen annähernd natürlichen Lebensraum im eigenen Garten zu schaffen. Mit Hilfe typischer Elemente, einer entsprechenden Pflanzenauswahl und neben der richtigen Einstellung vor allem dem Wissen, was die Zusammenhänge in der Natur betrifft, ist das zu bewerkstelligen. Auch ein schön gestalteter Garten kann nach ökologischen Grundsätzen angelegt und gepflegt werden. Allein die ökologische Vielfalt trägt zu einer Bereicherung und zum Erhalt unserer Lebensgrundlagen bei. Biologische Kreisläufe, Partnerschaften zwischen Pflanze und Tier/Insekt, Witterungseinflüsse – das alles bestimmt unser Leben. Und ein kleines Stück weit können wir an diesem Geschehen teilhaben und es positiv beeinflussen, wenn wir unseren Garten, oder ein Stück davon, naturgemäß anlegen und bearbeiten.

★ Im Naturgarten bedeutet Naturnähe, sich am Vorbild der Natur zu orientieren, ohne je deren Komplexität zu erreichen, denn die Kleinräumigkeit eines Gartens erlaubt nur eine begrenzte Artenwahl. Klimatische Voraussetzungen, Lage und Bodenverhältnisse lassen das Spektrum weiter schmelzen. Längst gilt eine naturnahe Anlage nicht mehr als verwahrlost, sondern wird vielmehr als ein Garten betrachtet, der im Einklang mit der Natur steht. Viele Gartenbesit-

Rechts: Stauden, Rosen, Gehölze, ohne erkennbare Ordnung alles miteinander kombiniert, das ist auch der Stil eines englischen Cottage-Gartens.

zer haben inzwischen auch den ästhetischen Reiz eines Naturgartens entdeckt, und das in den letzten Jahren stark zunehmende Wissen um ökologische Zusammenhänge hat zu einem sensibleren Umgang mit Pflanzen und Tieren auch im Gartenbereich geführt. Der Naturgarten lebt von einem ausbalancierten Gleichgewicht zwischen Tieren und Pflanzen. Dazu gehören ausreichend Lebensräume und Nischen für Tiere wie Blumenwiesen, Trockenmauern oder Naturteiche.

Die Pflege eines Naturgartens beschränkt sich auf die Kontrolle der Bestände, damit nicht einige Pflanzen auf Kosten anderer überhand nehmen und hie und da das Auslichten der Gehölze. Ein absolutes Muss ist der Verzicht auf den Einsatz von chemischen Pflanzenschutzmitteln, Insektiziden und anorganischem Dünger.

★ Bunte Bauerngärten gibt es inzwischen nicht mehr nur auf dem Land. Auch auf kleinen Grundstücken in der Stadt lässt sich das Grundprinzip dieser Gartenform – das Schöne mit dem Nützlichen zu verbinden – ideal umsetzen. Ein Bauerngarten ist klar durch Wege gegliedert. Typisch sind niedrige Beeteinfassungen und schlichte Materialien sowie das enge Miteinander von üppigen Prachtstauden und einfachen Wildpflanzen, von Gewürz-, Duft- und Heilpflanzen, Obst und Gemüse.

★ Der Begriff Landhausgarten drückt schon Großzügigkeit aus. Um das Haus sind die Flächen eher formal gestaltet und mit Blumen üppig bepflanzt, weiter entfernt befinden sich Gemüsegarten und Obstwiese – so die Vorstellung. Da dies in den wenigsten Fällen der Realität entspricht, bleibt nur, das Konzept oder einzelne Elemente davon, so weit wie möglich ins eigene Grundstück zu übertragen.

★ Der englische Cottage-Garten hat ähnliche Wurzeln wie die Bauerngärten. Sie zeichnen sich aber in erster Linie durch eine bunte, vielfältige und üppige Blütenpracht aus: Pflanzen, wie wir sie auch in unseren Bauerngärten finden. Ein Blumenbeet im Cottage-Garten-Stil eignet sich sehr gut zum ersten Experimentieren mit den verschiedensten Pflanzen.

Jedem seinen Wunschgarten

1 Fernöstliche Gärten haben einzigartige Ausdruckskraft, die sie durch die Anwendung des Feng-Shui-Prinzips oder auch durch die Auswahl der Pflanzen und Materialien erhalten. Beides setzt tiefe Kenntnis der ostasiatischen Kultur voraus.

2 Gartenteiche bringen noch mehr lebendige Vielfalt in den Garten. Schon allein die in der Sonne funkelnden Wasserflächen mit ihren Lichtreflexen sind ein Erlebnis.

3 **Mediterranes Flair,** das sind Töpfe und Krüge aus Impruneta oder Terrakotta, Wandbrunnen, aus denen das Wasser plätschert, knorrige Olivenbäume, duftende Kräuter und Zitruspflanzen.

4 **Auf steinigem Boden** ist es karg und oftmals unwirtlich. Nichtsdestotrotz wachsen hier farbenprächtige und reich blühende Pflanzen in dichten Polstern – eine kleine Welt für sich. Typisch ist auch das silbrig-graue, bläulich bereifte oder sukkulente Blattwerk der Pflanzen.

5 **Bauerngärten** sind klar gegliedert und beherbergen einen reichen Mix aus Obst, Gemüse und Blütenpflanzen. Aufgrund ihrer formalen Gestaltung passen sie auch gut in den städtischen Bereich.

Hier gibt es gleich mehrere Spannungsfelder: Material und Bepflanzung und der Farbkontrast von Violett und Orange.

★ Bilden Sie möglichst Gruppen und setzen Sie diese in Tuffs mit unterschiedlichen Abständen – für kleine Gruppen am besten ungerade Stückzahlen verwenden.

★ Durch die regelmäßige Wiederholung bestimmter Elemente (Pflanzen, Objekte, Formen und Farben) entsteht ein lebendiger Eindruck. Auch die höhenmäßige Staffelung einer Pflanzung lässt schwingende Bewegungen entstehen.

ÜBERRASCHUNGSMOMENTE

Ein Garten, der leicht zu überblicken ist, dem fehlt die Spannung – bilden Sie Räume.

★ Ein Weg, dem das Auge unschwer folgen kann, nimmt die Neugier, wohin er wohl führen wird. Verschwindet er dagegen – etwa hinter einem Gehölz –, dann steigt die Spannung.

★ Hohe, blickdichte Hecken – man kennt dies von Labyrinthen – sind ein hervorragendes Mittel, um Spannung zu erzeugen, denn wer möchte nicht wissen, was sich dahinter verbirgt. Das kann ein lauschiger Sitzplatz sein, der Nutzgarten, aber auch ganz lapidar der Kompostplatz.

★ Überraschungsmomente können Sie auch mit Rosenbögen und anderen Durchgängen schaffen, die verschiedene Bereiche trennen.

★ Auch gezielt eingesetzte Blickfänge sorgen für Überraschungsmomente, wie eine besonders imposante Pflanze oder eine Skulptur.

Links: Der Platz am hinteren Ende des Gartens ist nicht ganz einzusehen. So ist der Weg dorthin nicht nur schön, sondern auch spannend.

DIE STIMMUNG MACHT'S

In einem dichten Fichtenwald zu wandern, hat oft etwas Beklemmendes, während das Betreten einer von der Sonne beschienenen Wiese etwas Befreiendes haben kann. Diese Beispiele zeigen, wie stark die Natur auf die menschliche Stimmung Einfluss nimmt.

Schöne alte Bäume verleihen einem Garten beispielsweise eine besondere Atmosphäre, aber auch Boden- und Steinformationen bieten solch ein Potential.

Herrlich grüne Wände bilden einen Gartenraum, der über eine flache Schwelle zu betreten ist. Wasserbecken und Bank laden zum Verweilen ein.

Räume schaffen und gestalten

Eine wichtige Aufgabe bei der Gartengestaltung ist das Bilden von Räumen, in sich geschlossenen Flächen mit begrenzter Ausdehnung. Die Wände werden von Hecken, Mauern, Zäunen und Spalieren gebildet.

★ Horizontale und Vertikale formen gemeinsam den Raum. Die waagerechten Linien umreißen nur eine Fläche, erst mit Hilfe senkrechter Linien entsteht ein Raum.

★ Raumgefühl, das Geborgenheit vermittelt, ist nicht von den Höhenmetern der Umrahmung abhängig – im Gegenteil: Ist die Umfriedung im Verhältnis zur Ausdehnung des Raumes zu hoch, entsteht das unangenehme Gefühl von Enge. Je höher die Abgrenzung oder der Bewuchs, desto kleiner erscheint der Garten. Einen kleinen Gartenraum sollten Sie mit niedrigen, überschaubaren Hecken gliedern, ohne ihn optisch einzuengen. Manchmal genügt bereits eine Stufe oder höher gelegene Kante, um eine Fläche als Raum zu erleben, sofern es eine entsprechende Einfassung gibt.

★ Die Umrahmung muss nicht streng geschlossen sein, damit ein Raumgefühl entsteht. Mit transparenten Zäunen, Rankelementen, niedrigen Hecken oder einer aufgelockerten Bepflanzung erreichen Sie diesen Effekt ebenfalls.

★ Ein Gartenraum kann auch an ein oder zwei Stellen unterbrochen werden, um durch Blickachsen aus dem Raum heraus dem Garten mehr Weite zu verschaffen.

★ Lebende, eingrenzende Materialien unterliegen im Laufe der Zeit einem ständigen Wechsel. Nicht nur Strukturen und Farben verändern sich im Laufe des Jahres, auch das von Jahr zu Jahr zunehmende Volumen der Gehölze beeinflusst den Raumeindruck nachhaltig. Das zeigt, wie wichtig es ist, sich bei der Pflanzenwahl gut zu informieren, wie hoch und ausladend das entsprechende Gewächs werden kann. Auch die unterschiedlichen Entwicklungszeiten der Pflan-

Niedrige Einfassungen oder Abgrenzungen sorgen in kleinen wie in großen Gärten schon für eine Raumbildung. Mit Buchsbaum lassen sich äußerst fantasievolle Rahmen gestalten.

Es braucht eine gute Planung, viel Zeit und Geduld, bis ein Garten durch derart formvollendete Bögen und Hecken in einzelne Bereiche gegliedert ist. Wie man sieht, lohnt sich die Mühe!

zen sind für die Gartenplanung von großer Bedeutung. Zum einen muss für ungestörtes Wachstum genügend Raum zur Verfügung stehen, zum andern spielt der Zeitfaktor eine wichtige Rolle, wenn man an einem Strukturaufbau innerhalb des Gartens interessiert ist.

DER PASSENDE RAHMEN

Jegliche Art der Einfriedung, ob baulich mit Zaun oder Mauer oder pflanzlich mit Bäumen, Sträuchern und Hecken, betont die Höhe und definiert damit den Raum. Der Rahmen hat in den meisten Fällen gleichzeitig eine Sichtschutzfunktion. Er soll aber auch deutlich die Grenzen nach außen zeigen. Darum ist die Einfassung des Grundstücks gerade in dichten Siedlungsbereichen von nicht unerheblicher Bedeutung.

★ Die Wahl der rahmenden Elemente ist abhängig von der Größe des Grundstücks und von seiner prägenden Stilrichtung. Gerade kleine Parzellen sind meist auf schmale, platzsparende Lösungen angewiesen.

★ Eine einheitliche Begrenzung schafft den gewünschten Zusammenhang und verleiht Ihrem Grundstück Geschlossenheit und Intimität. Eine Umfriedung mit unterschiedlichen Elementen wirkt oft weniger streng.

★ Mit den klaren Linien geschnittener Hecken oder auch mit einer begrünten Holzwand betonen Sie ganz deutlich die Grenzen.
Die unregelmäßigen Konturen von lockeren Blütengehölzen lenken den Blick dagegen ab und lassen dadurch die gleiche Grenze weniger spürbar werden.

★ Wer über viel Platz verfügt, sollte prüfen, ob etwa durch Aufschüttung an den Rändern des Grundstücks auch ein geeigneter Rahmen entstehen kann. Dies eröffnet gleichzeitig die Chance, durch geschickte Bodenmodellierung attraktive Gartensituationen zu schaffen, wenn es um eine freie landschaftliche Gestaltung geht.

Der abgesenkte Gartenbereich schafft ein besonderes Raumerlebnis und lässt den Garten größer erscheinen.

DEN RAUM GESTALTEN

Mit einem ansprechenden Rahmen, ob in strenger oder freier Form, ist der erste Schritt zur Raumgestaltung gemacht.

Je nachdem, wie Sie mit einer offenen Fläche umgehen, welche Einfassung Sie wählen – dicht umstanden von Gehölzen oder einer niedrigen Hecke, nur locker gerahmt von Rosenbeeten oder niedrigen Stauden oder durch Natursteinkanten betont – Sie entscheiden damit über Weite oder Geborgenheit und die Stimmung, die den Gartenraum beherrscht.

Je nach Zuschnitt der Fläche und der Grundform des Gartens sowie den geplanten Nutzungsbereichen folgen nun weitere Schritte, die den Raum ordnen und ihm Form und Charakter geben. Sie können die einzelnen Bereiche streng durch massive Elemente umrahmen und abtrennen oder aber durch Strukturierung der Gartenfläche nur andeuten.

★ Hecken, bepflanzte Pergolen und Spaliere sorgen für eine starke räumliche Gliederung.

★ Sträucher, Stauden und Gräser bis zwei Meter Höhe eignen sich gut zum lockeren Abgrenzen und als Kulisse für kleinräumige Flächen.

★ Gruppieren oder verteilen Sie entsprechend der gewählten Stilrichtung spannungsreich verschiedene Elemente, hohe und niedrige, schlanke und voluminöse Pflanzen.

★ Spaliere aller Art, leicht berankt oder Obstspaliere, dienen als transparente Gitterwände zur Gliederung, als Sichtschutz und Raumteiler.

★ Pergolen, Säulen und Bögen haben vor allem an den Übergangszonen von einem Gartenbereich in den anderen gestalterische Funktion. Sie sind Raumteiler und Verbindungsglied.

★ Bodendecker, flächige Blumenbeete und Rasen besitzen unterschiedliche Texturen und Strukturen, durch die sie sich voneinander, aber auch von den übrigen angrenzenden Gartensitu-

Rechts: In Reih und Glied gepflanzt, muss ganz und gar nicht langweilig sein – weder im Sommer noch im Winter.

ationen abheben und damit den Eindruck eines anderen Raumes erwecken.

★ Bodenmodellierungen und Geländestufen sind ebenfalls geeignet, Gartenräume herzustellen. Es genügen bereits kleine Mulden, sanfte Böschungen, ein niedriges Mäuerchen oder ein abgesenkter Sitzplatz zur Raumbildung.

★ Wege und Plätze untergliedern ebenfalls die Gartenfläche. Je nachdem, wie Sie ihren Verlauf oder ihre Form anlegen, aber auch welches Belagmaterial Sie wählen, können Sie optisch für eine harmonische oder eher kontrastreiche Untergliederung der Gartenfläche sorgen.

★ Solitäre, Findlinge und Schmuckelemente sind Blickfänge und signalisieren für unser Auge bereits eine Zäsur. Da sie die Vertikale betonen, kann man sie gut zur Akzentuierung verschieden strukturierter Flächen einsetzen.

★ Die stärkste und auffälligste Gliederung einer Fläche stellt wohl die Terrassierung eines Hanggrundstücks dar. Damit entstehen auf verschiedenen Ebenen unterschiedliche Räume.

Symmetrie und Asymmetrie

Für einen Gartenplan mit symmetrischem Grundriss stehen die Urformen des Gartens Pate. Diesen streng spiegelbildlich aufgebauten Grundriss auf horizontaler, ebener Fläche kennen wir aus zahlreichen historischen Gartenanlagen. Symmetrisch angeordnete Gärten wirken geordnet und harmonisch. Heutzutage wird die strenge Form der Symmetrie überwiegend im Vorgartenbereich und in sehr kleinen Gärten angewendet, aber nur, wenn die Architektur des Hauses dies erlaubt.

Häufiger trifft man auf asymmetrische formale Gartenanlagen. Dieser Stil bietet sich besonders für kleine moderne Gärten an, denn damit lässt sich zeitloses Design am besten verwirklichen. Diese auf strenger Linienführung beruhende Planung finden wir auch dort, wo es um Bereiche geht, die unmittelbar an ein Gebäude heranreichen, so dass die Linien der Architektur aufgenommen werden können.

Die schwingenden Gräser überspielen den geradlinigen Weg zm erhöhten Wasserbecken. Der Purpur-Sonnenhut setzt deutliche Farbakzente.

Wege erschließen den Garten

Wege schaffen Verbindungen und erschließen den gesamten Garten. Sie führen von draußen in den Garten, leiten durch ihn hindurch und verbinden die einzelnen Teilbereiche des Grundstücks. Wege geben dem Garten aber auch Struktur. Damit tragen sie sowohl zur Raumbildung als auch zur Gliederung bei und prägen nicht unwesentlich den Stil des Gartens. Lassen Sie sich zuerst einmal von ganz einfachen Gesichtspunkten leiten:
Ein Weg sollte immer ein Ziel haben, wobei auch an stetige Pflegearbeiten zu denken ist. Besonders Gärten mit mehreren Nutzungsbereichen brauchen ein kluges Verbindungssystem. Versuchen Sie also, praktische Erwägungen und Formschönheit miteinander in Einklang zu bringen, und richten Sie sich nach dem Motto: »Form folgt Funktion.«

Es müssen nicht immer feste Wege sein, die Verbindungen schaffen, oftmals genügen schon Trittplatten im Rasen oder innerhalb einer Pflanzung. Bei geringer Nutzung des Gartens kann auch der Rasen als Lauffläche dienen. Wichtige Gesichtspunkte bei der Wegeführung sind auch die Blickbeziehungen: vom und zum Haus, vom und zum Sitzplatz oder in die Umgebung, denn die Blicke folgen den Wegen. Das Wegematerial sollte zum Stil des Gartens passen und ihn noch unterstützen. Mit Holzschnitzeln belegte Wege passen zum Beispiel nicht gut in einen städtischen modernen Garten.

GERADE WEGE

In architektonisch geprägten Gärten haben in der Regel gerade, ebene Wege Vorrang, denn ein Grundsatz besagt: Die kürzeste Strecke zwischen zwei Punkten ist die Gerade. Durch diese aufs Wesentliche reduzierte Linienführung erhält der Garten seinen formalen Charakter. Mit Hilfe der Wege wird für eine exakte Raumgliederung ge-

sorgt. Dabei darf der begrenzte Raum in kleinen Gärten nicht unnötig stark unterteilt werden. Sie können den Hauptweg beispielsweise an einer Seite des Grundstücks entlangführen, das teilt den Garten nicht so offensichtlich in zwei Hälften. Ein unauffälliger Wegebelag unterstützt dabei die optische Weitläufigkeit des Gartens.
In größeren Gärten wird das rechtwinklige Wegesystem aus Haupt- und Nebenwegen bestehen. Es werden sich Kreuzungen bilden, oder sie werden von einem Platz unterbrochen. Solche Kreuzungspunkte sind für eine Platzerweiterung prädestiniert, denn damit erhält auch ein kleiner Garten eine gewisse Großzügigkeit. Ebenso wie durch gerade verlaufende oder diagonal angelegte Wege ein Gefühl der Weite entsteht.

GESCHWUNGENE WEGE

In naturnahen Gärten und in Gärten, die sich durch lebhafte Bodenbewegung auszeichnen oder von einem alten Baumbestand geprägt sind, sollten Sie sich für eine natürlich fließende Linienführung entscheiden – Letztere aber auch nach festen Regeln, die schon Fürst Pückler im 19. Jahrhundert für seine Parkanlagen entwickelt hat. Danach folgt ein Weg immer dem Gelände, er verändert seine Richtung immer nur im Tal, an einem Hindernis oder auf der Höhe. Für einen Abzweig muss es einen klar erkennbaren Grund geben. Also ist ein Weg, der sich willkürlich wie ein Wasserschlauch durch den Garten windet, keine brauchbare Lösung. Durch ein Solitärgehölz, eine Pflanzengruppe oder auch nur einen Findling an den Umlenkungspunkten des Weges begründen Sie den Wegeverlauf und verändern die Linienführung.
Im Gegensatz zu kleineren Gärten wirken in weitläufigen Anlagen geschwungene und verschwenkte Wege spannungsreicher als gerade, die sich einfach bis zu ihrem Endpunkt verfolgt werden können. An jeder Wegbiegung erwartet den Betrachter ein neuer Ausblick. Der Weg lädt zum Entdecken des Gartens geradezu ein. Überraschungsmomente besonderer Art ergeben sich, wenn zum Beispiel der feste Weg oder die Rasenfläche um eine Gehölzkulisse herumschwingt und sich im Dunkel verliert. Das geheimnisvolle Verschwindenlassen von Wegen und Wasserläufen oder technischen Details wie der Wassertechnik war ein viel geübter Gestaltungstrick in der Gartenkunst. In historischen Gartenanlagen können Sie sich von solchen Überraschungseffekten überzeugen.

Auf einem so formschön geschwungenen Weg bis zu den einladenden Liegen macht man gerne einmal Halt. Besser hätte man den Teich gar nicht einbinden können.

LINIENFÜHRUNG PRÄGT DEN GARTENSTIL

Im Umfeld des Hauses und bei kleinen Gärten ist es günstig, die strengen Linien des Gebäudes aufzunehmen, damit sie im Verlauf der Wege ihre Fortsetzung finden und mit Beetkanten, Mauern, Hecken oder Pergolen korrespondieren. Dadurch wird die Einheit von Haus und Garten ganz besonders betont. Geschwungene, fließende, weiche Linien eignen sich eher für große Grundstücke und sind für einen naturhaften Gartenstil unverzichtbar.

Unterschiedlich breite Heckenelemente gliedern die Rasenfläche und lassen den Garten größer erscheinen.

Der Trick mit der Perspektive

Vor allem in kleinen Gärten sollten Sie versuchen, mit gestalterischen Mitteln optische Weite und räumliche Tiefe zu erzeugen, um den Garten größer erscheinen zu lassen. Ein bewusstes Spiel mit der Perspektive, dem Wechsel von Nähe und Ferne, von Weite und Enge, macht jeden Garten größer. Spielen Sie also mit der Perspektive!

★ Räumliche Tiefe entsteht zum Beispiel durch einen Blickfang im Vordergrund. Das können Kübelpflanzen auf der Terrasse, ein Wasserbecken, Steine und Solitärpflanzen am Rand oder auf der Rasen- und Beetfläche davor sein. Im anderen Fall schweift der Blick über die niedrigen Flächen hinweg, ohne sie richtig wahrzunehmen. Es entsteht auch kein Gefühl für die Distanz im Garten. Ein kleiner Garten, der durch Hecken oder andere Raumteiler unterteilt ist, erscheint größer als einer, der mit einem Blick bis in den letzten Winkel zu übersehen ist.

★ Tiefenwirkung erreichen Sie dadurch, dass Sie Rabatten nicht streng entlang der Grundstücksgrenzen verlaufen lassen, sondern besonders Gehölze, auch Immergrüne, zur Verdichtung etwas aus der Reihe heraus zur Mitte ziehen, so dass ein lockerer Eindruck und eine geschwungene Linie oder Beetform entstehen. Durch das Vor- und Zurückspringen der Pflanzung sind auch nicht alle Gartenbereiche gleichzeitig erkennbar. Schmale, lang gezogene Grundstücke, wie sie oft im städtischen Bereich und in Reihenhaussiedlungen anzutreffen sind, lassen sich durch eine von links und/oder rechts nach innen schiebende Bepflanzung sehr gut unterteilen. Wenn Sie diese Pflanzinseln wechselseitig anordnen, entsteht zusätzliche Bewegung, und die Enge wird weniger stark wahrgenommen.

★ Kulissenbildung gehört zu den wichtigsten Möglichkeiten, den Garten interessanter zu gestalten. Statt streng geschnittener Gehölze – wie dies in formalen Gärten üblich ist – können Sie auch verschiedene lockere Strauchgruppen hintereinander staffeln.

★ Eine optische Erweiterung erreichen Sie auch durch Betonung der Diagonalen. Das kann sowohl eine Rasen- oder Pflanzfläche sein als auch der Verlauf eines Weges oder einer Mauer. Der Blick wird abgelenkt, und der Gartenraum erscheint damit größer.

★ Auch ein Weg oder Rasen, der breit beginnt und sich zum anderen Ende des Gartens hin verschmälert, täuscht Tiefe vor.

★ Symmetrie fördert die optische Verbreiterung des Raumes durch paarweises Verwenden von gleichartigen Pflanzen oder Schmuckelementen. Rücken Sie diese Elemente auf jeder Seite des Gartens so weit wie möglich an die Einfriedung heran, und reihen Sie mehrere dieser Paare über die Länge des Grundstücks aneinander.

★ Mehrere kleine, unterschiedlich – jedoch nicht zu hoch – bepflanzte Teilflächen können durch die Vielfalt der Themen den Garten ebenfalls größer erscheinen lassen, als er ist.

★ Spiegelungen, etwa eine Treillage mit einem Spiegel in der Mauer, lassen den Garten eben falls optisch größer erscheinen.

Rechts: Der von Goldregen überwachsene Laubengang lenkt den Blick gezielt auf die einladende Sitzbank und verstärkt die Raumtiefe.

Das Auge lenken – Blickpunkte setzen

1 Die Farbe ist es, die alle Blicke sofort auf den Wasserspeier lenkt. Damit ist er in ganz besonderer Weise Sichtschutz für den dahinterliegenden Sitzplatz. Das fallende Wasser ist nicht nur ein Anziehungspunkt für die Augen, es bietet auch etwas für die Ohren. Aber dieser Blickfang ist mehr. Er ist auch Hintergrund und Resonanzfläche für ein im wahrsten Sinne des Wortes herausgehobenes Solitärgehölz. Der kleine Baum steht auf einer künstlichen Insel im Wasserbecken. Alles zusammen ist das Maximum, was ein Blickfang im Garten zu bieten hat.

Formen tragen den Garten

Linien und Formen kommt in der Gartengestaltung größte Bedeutung zu. Horizontale und Vertikale treffen aufeinander, ruhiges Statisches und bewegtes Dynamisches wechseln sich ab. Das Spiel mit Linien und Formen führt zu Mustern und Strukturen, die den Stil und Charakter des Gartens prägen, ihn elegant, rustikal, weit oder geschlossen erscheinen lassen.

In einem Garten wird eine ganz unterschiedliche Formensprache gesprochen – das Thema ist vielschichtig. Einmal geht es um die Grundstruktur des Gartens, die formal-klassisch oder/und frei-organisch fließend gestaltet werden kann. Darunter fallen gebaute Elemente wie Wege, Mauern, Wasseranlagen, die Flächenaufteilung im Garten, aber auch der Stil von Kleinarchitekturen. Zu diesen Grundstrukturen des Gartens gesellt sich dann die ganze Formenfülle der Vegetation.

In einem architektonischen oder modernen Garten ist es oft erwünscht, mit geringen Mitteln eine attraktive Wirkung zu erzielen. Das kann mit wenigen Solitärpflanzen, etwa streng pyramidal wachsenden Formgehölzen, bizarren Pflanzenerscheinungen wie der Scheinbuche (*Nothofagus*) oder hohen Gräserhorsten, auch Bambus, erreicht werden – Pflanzen, die die Vertikale betonen und in besonderer Beziehung zu der Architektur des Gebäudes stehen. Eine horizontal angelegte flächige Bepflanzung unterstützt in dieser Situation die vorgegebenen Linien. Durch einen streng geordneten, einheitlich gestalteten Garten ergibt sich eine formale Anlage, die von klar umgrenzten Rasenflächen und einer Betonung durch geschnittene immergrüne Gehölze bestimmt wird.

Eine andere Variante wäre der gleiche, an streng geometrischen Figuren orientierte Garten, der jedoch ganz bewusst die harten Linien durch eine locker überbordende Bepflanzung bricht.

Nur an diesen kleinen Beispielen lässt sich schon erkennen, welchen Einfluss technische und organische Formen auf den Stil des Gartens haben – eine Herausforderung für die Planung.

2 Eine monochrome Fläche inmitten einer sich ständig wandelnden farbenfrohen Pflanzenwelt gibt dem Auge Halt – eine ganz andere Aufgabe eines Blickfanges.

3 Bei diesem Kunstobjekt macht das Auge sofort halt. Die Kreisformen mit ihrem Schattenbild stehen in deutlichem Kontrast zum quadratischen Stein und den rechteckig in Form geschnittenen Heckenelementen.

4 Statuen werden seit Jahrhunderten in Parks und Gärten als Blickpunkt eingesetzt. Häufig spielen sie eine Hauptrolle, dann sind Hecken eine bloße Kulisse. Das ist hier nicht der Fall, dennoch gilt der erste Blick dem Kunstwerk auf der Stele.

Ein Garten verkörpert auch immer das Leben an sich, und das hat unendlich viele Formen. Nie verläuft der Lebensweg nur gerade oder nur naturgemäß. Aber im Garten kann man wählen, dort ist die Form ideal, die nützlich, praktisch und auch künstlerisch spannungsvoll ist.
Zu meiden sind dagegen Formen, die unnatürlich, künstlich – nicht kunstvoll – und erzwungen erscheinen, vielleicht nur, um etwas Neues zu kreieren. Beim Gestalten hilft uns die Natur, sei es die kultivierte oder die ganz ursprüngliche. Sie zeigt uns die schönsten Formen für den Garten, im kleinsten Detail wie in großräumiger Ausprägung. Wir müssen nur genau hinschauen und beobachten.

WAS FORMEN AUSSAGEN

Unterschiedliche Formen erzeugen ganz unterschiedliche Effekte:

★ Rechteck und Quadrat als ruhige statische Form eignen sich für jegliches Gartendesign und setzen in der Regel die Architektur des Hauses fort. Ob Terrasse, Sitzplatz, Rasenfläche oder Gartenteich, ihre eckigen Formen passen sowohl in große als auch kleine Gärten und lassen sich auf vielfältige Weise miteinander kombinieren, ohne an Klarheit zu verlieren.

★ Werden dagegen Kreise, Halbkreise und Ovale angelegt, so erhält die Flächengestaltung mehr Dynamik – ein Mittel, das engen Grundstücken mehr Weite verleihen kann. Variieren Sie die Größe der Kreise, und lassen Sie die Kreise sich überschneiden, eventuell in diagonaler Abfolge als zusätzliche optische Erweiterung. Die Kreise werden nochmals betont, wenn Sie die Ränder einfassen und bei Platzflächen im entsprechenden Muster den Belag wählen.

★ Eine Kombination beider Ausdrucksformen ist sehr gut möglich. Es sorgt auch für Dynamik, wenn in einem rechteckigen Grundstück oder einem Teil davon runde Elemente auftauchen.

Links: Die klaren Formen des Hauses korrespondieren mit den geschnittenen Buchskuben an der Treppe und bilden so eine Einheit.

Randvoll präsentiert sich diese Gartenszenerie mit Kreisen und geschwungenen Linien.

Überfrachten Sie Ihren Garten jedoch nicht mit zu vielen unterschiedlichen Formen, sondern achten Sie darauf, dass ein ausgewogenes, harmonisches Verhältnis entsteht.

★ Wenn Formen sich wiederholen, verstärkt dies immer ihre Wirkung – seien es identische pflanzliche Silhouetten oder Gefäße, Leuchten oder Möbel. Wer einen reinen Stil bevorzugt, der wird nicht nur darauf achten, dass Teich- und Beetformen gestalterisch korrespondieren, sondern auch darauf, dass Gartenmöbel und Accessoires dazu passen.

MIT WUCHSFORMEN GESTALTEN

Das Charakteristische eines Gartens sind nun einmal die Pflanzen. Wer denkt da nicht zuerst an die herrlichen Blüten- und Blattfarben? Dabei ist die Blütezeit einer Pflanze oft die kürzeste Phase in ihrem Leben. Viel länger behalten Pflanzen zumeist ihre Wuchsform bei. Beziehen Sie also den Wuchscharakter der Pflanzen in Ihr Gestaltungskonzept mit ein.
In erster Linie geben die Gehölze als tragende Strukturen dem Garten sein Gesicht. Sie bilden das dauerhafte Gerüst der Anlage.

★ Säulenförmige Gehölze gelten als Blickpunkte zur Gliederung und Betonung von Flächen.

Die glatten, unterschiedlich großen Kugeln vermitteln zwischen den wogenden Gräsern und der formalen Holzfläche.

Sie wirken wie ein Ausrufezeichen. Mit einer Säulenreihe können klare Linien gebildet werden. Natürlich gewachsene Säulen finden Sie bei Lebensbaum (*Thuja*) und Eibe (*Taxus baccata* 'Fastigiata'), aber auch bei Pappeln.

★ Natürliche Kegelformen bilden hauptsächlich Nadelgehölze aus.

★ Für kleine Gärten geeignete Kugelformen bringen Scheinakazie (*Robinia pseudoacacia* 'Umbraculifera') und Kugel-Ahorn (*Acer platanoides* 'Globosum') hervor.

Auch das weite Feld der mehrjährigen Blüten- und Blattpflanzen lebt nicht nur von den Farbvariationen, sondern auch ganz wesentlich von ihrem Formenreichtum. Während es sich bei den Gehölzen meist um Solitäre in Einzelstellung handelt, wird die Wirkung der Stauden durch höhere Anzahl oder auch Wiederholung der entsprechenden Formen gesteigert.

★ Zur Einzelstellung eignen sich imposante Stauden wie Artischocke (*Cynara scolymus*), Eselsdistel (*Onopordum tauricum*), Schaublatt (*Rodgersia*-Arten und -Sorten) und Weidenblättrige Sonnenblume (*Helianthus salicifolius).*

★ Pfingstrosen (*Paeonia-Lactiflora*-Hybriden) oder Rittersporn(*Delphinium*-Hybriden) können als Leitstauden in einem Beet fungieren.

★ Besonders schöne, markante und langlebige Wuchsformen entwickeln Gräser und Farne, Polster- und Rosettenpflanzen.

★ Im Hochsommer dominieren die »Sonnenpflanzen«, allesamt Korbblütler mit scheiben-, schirm- und hutförmigen Blüten wie Sonnenbraut, Sonnenauge und Sonnenblume. Kontraste dazu liefern straffe Glockenblumen (*Campanula lactiflora*) und der Kandelaber-Ehrenpreis (*Veronicastrum virginicum*).

Diese Beispiele sollen Ihnen andeutungsweise zeigen, welche Formen Ihnen bei der Pflanzenzusammenstellung zur Verfügung stehen.

STRUKTUREN UND TEXTUREN

Neben baulichen Elementen und Pflanzenwuchs geht es in der Formensprache des Gartens auch um die Beschaffenheit von Flächen, Gegenstän-

Die kerzenförmigen, gelb-roten Fackellilien machen ihrem Namen alle Ehre: Sie scheinen Raketen aus dem Blumenbeet emporzuschießen. Sparsam eingesetzt wirken sie am effektvollsten.

Einen spannenden Kontrast bilden die rechteckigen Wasserbecken inmitten einer grünen Gartenwelt, die durch runde oder freie Formen geprägt ist. Wie ein Spiegel reflektieren die glatten Wasserflächen das Grün der Gehölze.

den und all die Materialien für Bodenbeläge u. v. m. Jedes Material hat eine eigene Ausstrahlung und impliziert damit eine spezielle Stimmung. Dies wird durch die Farbe beeinflusst, aber auch stark durch die jeweilige Oberflächenstruktur und -textur.

- Natursteine können zum Beispiel bruchrau, matt oder glatt und glänzend sein.
- Kies- und Schottermaterialien sind ungeheuer vielfältig in der Art ihrer Körnung.
- Wasserflächen wirken ruhig oder dynamisch, je nachdem, ob es um eine ruhige Spiegelung der Umgebung auf einer stehenden Wasserfläche geht oder das Wasser bewegt wird.
- Rasen und Wiese präsentieren sich im Garten je nach Wachstumszustand abwechslungsreich. Durch bestimmte Mähmethoden werden Strukturunterschiede noch deutlicher.
- Auch das Licht spielt eine wichtige Rolle, wenn es um die Wirkung von Material und Pflanze geht. Sie reflektieren und absorbieren Licht und verändern damit ihr Äußeres. In diesem Zusammenhang ist nicht nur die Leuchtkraft der Blüten im Sonnenlicht zu nennen, sondern auch die Fülle an Blattschmuckstauden mit den struktur- und texturbildenden Eigenschaften ihrer unterschiedlichsten Blätter.

DIE SPRACHE DER FORMEN

Überall im Garten spielt man mit Kontrasten, kombiniert man rund und spitz, hoch und niedrig, voluminös und zart, derb und elegant. Diese charakteristischen Attribute lassen sich auch bestimmten Pflanzen zuordnen, und damit können Sie Gärten gestalten. Karl Foerster nannte es bildhaft »Harfe und Pauke«, wenn beispielsweise großformatige, üppige Blattschmuckstauden mit elegant überhängenden Gräsern oder straff aufrecht wachsende Pflanzen mit kugelig, buschig wachsenden eine Verbindung eingehen.

Rosarot in allen Schattierungen ist eine gesuchte Farbe in romantischen Gärten.

Das Spiel mit den Farben

Im pflanzlichen Bereich sind Formen über die Jahre betrachtet zwar die wesentlichsten Gestaltungsmittel in einem Garten. Mit Farben werden jedoch Höhepunkte und Atmosphäre geschaffen. Nicht nur Blütenfarben, auch farbiges Laub und Früchte tragen dazu bei. Und dann natürlich auch die Farbgebung fester und mobiler Gartenelemente wie Sitzbänke, gestrichene Wände, Bodenbeläge, Sonnensegel oder Schmuckelemente.

EIN BISSCHEN FARBENLEHRE

Mit Hilfe des Farbkreises, auf dem die zwölf Spektralfarben festgelegt sind, lassen sich Farbkombinationen, Gegensätzlichkeiten und Ähnlichkeiten gut erklären.

★ Primärfarben sind Rot, Gelb und Blau. Man nennt sie auch reine Farben, weil sie nicht durch Mischen zweier Farben zustande kommen.

★ Sekundärfarben sind Orange, Grün und Violett. Sie entstehen durch Mischen der Primärfarben untereinander. Orange aus Rot und Gelb, Grün aus Blau und Gelb und Violett aus Blau und Rot. Diese Mischfarben liegen im Farbkreis zwischen ihren beiden Grundfarben.

★ Die intensiven, sich in ihrem Umfeld stark behauptenden Farben Gelb, Orange und Rot sind gleichzeitig warme Farbtöne. Sie liegen auf der rechten Seite des Farbkreises. Ihnen stehen die kühlen, zurückhaltenden Farben Grün, Blau und Violett gegenüber. Warme Farben drücken Nähe, kalte Farben Ferne aus. Vor allem Blautöne verhelfen zu optischer Erweiterung, wenn Sie kühle Farben im Hintergrund verwenden. Warme Farben im Vordergrund rücken dagegen den Hintergrund optisch näher heran.

★ Nicht bunte Farben sind Weiß und Schwarz (Reflektion und Schattierung), die es im Pflanzenreich jedoch in reiner Form nicht gibt.

Rechts: Perfekt kombiniert: Farbe und Form. Der Kontrast von Blau und Gelb wird durch die zarten Gräser abgeschwächt und unterbrochen.

Für den praktischen Umgang mit Pflanzen ist es wichtig zu wissen, dass es innerhalb der Primär- und Sekundärfarben unendlich viele feine Farbabstufungen gibt, mit deren Hilfe Sie die gestalterischen Möglichkeiten stark erweitern können.

DIE WICHTIGSTEN FARBKOMBINATIONEN

Mit Hilfe des Farbkreises können Sie eine Vielzahl von Kombinationen bilden: klar gegeneinander abgesetzte Farben, weich ineinander fließende Farbverläufe, Ton-in-Ton-Kombinationen mit verschiedenen Helligkeitsstufen einer Farbe oder stark kontrastierende Töne.

★ Die sich auf dem Farbkreis gegenüberliegenden Farben wie Gelb–Violett, Orange–Blau oder Rot–Grün werden als Komplementärfarben bezeichnet. Miteinander kombiniert wirken sie sehr spannungsreich (Komplementär-Kontrast). Eine Abtönung mildert die Härte der Farben.

★ Neben diesen Farbpaaren werden auch Farbdreiklänge beispielsweise aus den reinen Farben Rot, Gelb, Blau oder ihren Mischfarben Orange, Grün, Violett als harmonisch empfunden. Sie bilden alle sehr starke Kontraste.

★ Farbverläufe werden immer als ausgewogen wahrgenommen. Harmonische Kombinationen entstehen aus benachbarten verwandten Farben des Farbkreises.

NEUTRALISIERENDE FARBEN: GRÜN, GRAU, WEISS

Das unterschiedliche Grün des Laubes trägt nicht nur zum Formenreichtum des Gartens bei, auch das Farbenspiel im Garten profitiert davon. Blattgrün tritt in vielfältigen Variationen auf, es tendiert zu Blau, Gold und Silber, ins Purpurfarbene, zu Hell oder Dunkel. Hinzukommen die weiß oder gelb panaschierten Blätter und die bunten Farben, wenn der Herbst einzieht. In der geschickten Kombination unterschiedlicher Grüntöne liegt bereits der Reiz. Werden bestimmte Blütenfarben als Höhepunkte hinzugesellt, dann lässt sich die gegenseitige Wirkung

Hier verstärken die baulichen Elemente mit ihren rosafarbenen Schattierungen die Blütenfarben im Beet um ein Vielfaches.

steigern, und es ergeben sich unendlich viele feine Abstufungen. Ein grüner Pflanzenteppich oder eine lebendige grüne Wand bilden immer den besten Rahmen für leuchtende Farben. Zu viel Buntheit verlangt nach Harmonie. Je mehr Grünanteile eine gemischte Pflanzung besitzt, umso divergierender können die Farbtöne sein. Denken Sie nur einmal an die bunten Frühlings- oder Streuwiesen in den Bergen. Dort sind die unterschiedlichsten Blütenfarben nebeneinander vertreten, auch Dottergelb und Magenta, die man sich im Beet sicher nicht als direkte Nachbarn wünschen würde. Aber die Durchgrünung der Fläche mit verschiedenen Grasarten trägt zur Beruhigung der Farbenvielfalt bei.

★ Auch die Farbe Grau trägt im Pflanzenreich dazu bei, andere Farben miteinander in Einklang zu bringen. Grau ist häufig eine Variante von Grün und erscheint nur wegen der Behaarung und Bereifung der Blätter durch Lichtbrechung silbrig, matt oder bläulich. Graues Laub in Verbindung mit Pastellfarben lässt eine Pflanzung besonders weich schimmern. Graues Laub, blaue und pastellfarbene Blüten und graues Gestein rufen eine mediterrane Stimmung hervor.

★ Weiß ist der auffallendste Farbton in dunkler Umgebung und leuchtet weithin inmitten von dunklem Grün. Weiß ist auch ein guter Partner zu anderen hellen Farben wie Gelb und Orange. Als vermittelndes Element in intensiven Farbflächen sollten Sie Weiß allerdings nur sparsam verwenden, denn größere reinweiße Farbflecken wirken oft hart und stechen zu sehr hervor.

FARBEN GEZIELT EINSETZEN

Bei dauerhaften Pflanzungen sollten Sie das Farbenspiel genau planen. Auf Beeten mit reinen Frühlingsblühern oder Sommerblumen können Sie dagegen Jahr für Jahr etwas Neues ausprobieren. Beachten Sie auf alle Fälle das Umfeld!

★ Farbveränderungen ergeben sich durch unterschiedliche Nachbarn. Sehr helle Farben nehmen den nebenstehenden etwas an Leuchtkraft und lassen sie dunkler erscheinen. Umgekehrt bewirken dunkle Farben eine Aufhellung der

Blauer Salbei und gelbe Königskerzen sprechen die gleiche Formensprache, aber erst der komplementäre Kontrast der Blütenfarben macht die Zusammenstellung so harmonisch. Der dunkle Hintergrund lässt dies noch deutlicher hervortreten.

Schmale, durchscheinende Glasstelen sind hier eine glückliche Verbindung mit zarten, aufstrebenden Gräsern eingegangen, deren lockere Ähren das starre Glas umspielen und gleichzeitig von diesem hervorgehoben werden.

benachbarten Farbtöne. Auch die Bodenbeläge, die Holz- und Gesteinsarten im Umfeld einer Pflanzung beeinflussen deren Wirkung.

★ Pastelltöne gehören ebenso wie gedämpfte Farben in den Vordergrund, denn sie wirken nicht in der Entfernung.

★ Das dominierende Grün in einem Garten hat zur Folge, dass sich auch Ausstattungselemente immer dieser Farbe unterordnen müssen. Mit ihr korrespondieren, sich nur abheben oder auf Kontraste setzen – das ist hier die Frage!

★ Wesentlich für die Bestimmung des Farbwertes ist die Beschaffenheit der Oberflächen. Je nachdem, ob sie glatt oder rau, glänzend oder matt sind, nimmt dies Einfluss auf die Leuchtkraft der Farben.

★ Mengenverhältnisse spielen bei den Farbkompositionen ebenfalls eine bedeutende Rolle. Innerhalb einer überwiegend dunklen Farbfläche genügen bereits wenige helle Pflanzen, um Wirkung und Spannung zu erzeugen.

★ Auf einer kleinen Fläche sollten Sie nie mehr als drei Farben gleichzeitig verwenden. Häufig wirkt dies bereits schon zu unruhig. Wählen Sie lieber zwei Farbtöne, und verbinden Sie diese untereinander. Geeignet sind verwandte oder neutrale Farben, Farbverläufe oder Pastellfarben.

LICHTPUNKTE IM GARTEN

Fast auf jedem Grundstück gibt es auch eine »dunkle Ecke« – im Schatten von Bäumen, von Zäunen oder dem Haus. Hier können weiß blühende, schattenverträgliche Pflanzen wie die Japan-Anemone 'Honorine Jobert', die ballförmige Hortensie 'Anabelle' oder einige Rhododendron-Sorten wahre Wunder bewirken. Weiße, aber auch hellgelbe Blüten wie die der Nachtkerze reflektieren das Licht am besten – daher ihre Fernwirkung und Leuchtkraft in der Dämmerung.

Kontraste bilden

1 Kugelig und straff aufrecht, grün und silbern – kontrastreicher geht es nicht! In diesem Kiesbeet treffen schmale, spitz auslaufende und sich unruhig bewegende Grashalme auf verschieden große Metallkugeln.

2 Metall – breit, glatt und unvergänglich. Vielfältig strukturiert und fragil dagegen sind Pflanzen – beides zusammen erzeugt Spannung, vor allem, wenn auch die Farben kontrastieren.

3 Stahl und Stein, eine Treppe für die Ewigkeit. Ist der Stein gebrochen, hat die Vegetation eine Chance, und schon wirkt die Stufe belebt.

4 **Grau in Grau** und gar nicht langweilig. Breit und weich sind die Blätter des Wollziest, der den Boden flächig bedeckt. Spitz, hart und aufstrebend die Halme des horstbildenden Blauschwingels.

5 **Gräser lockern** jede Pflanzung auf. Hier streben sie aufrecht aus einem dichten Teppich violett und weiß blühender Astern in den Gartenhimmel empor und wirken wie ein loderndes Feuer mit ihren gelbgrünen Stängeln und den rötlichen Blütenrispen.

6 **Rote Mohnblüten** bilden zu vielen Gartenpflanzen einen schönen Kontrast – zum einen durch ihre leuchtend rote Farbe, zum andern durch die großen, tellerförmigen Blüten.

Planung Schritt für Schritt

Ein schöner Garten – das geht nicht von heute auf morgen. Es erfordert eine gute Planung und ausreichend Zeit, die persönlichen Wünsche und Ideen mit dem vorhandenen Grundstück in Einklang zu bringen.

Um Wünsche an seinen Garten ist wohl kaum ein Gartenliebhaber verlegen. Inwieweit sich diese Wünsche in die Tat umsetzen lassen, hängt von Lage, Zustand und Größe des Grundstücks ab und nicht zuletzt von der eigenen Kreativität. Mit feinem Gespür und sorgfältiger Planung kann jeder sein persönliches Gartenparadies erschaffen. Versuchen Sie aber nicht, um jeden Preis Ihren Traum zu verwirklichen, sondern stimmen Sie Ihre Vorstellungen auf die Gegebenheiten Ihres Gartens ab. Wenn am Ende Proportionen, Farbe und Formen korrespondieren, wenn die gewünschten Nutzungsbereiche sinnvoll aufeinander abgestimmt sind und alles miteinander in Einklang steht, dann ist die Planung gelungen.

★ Listen Sie alle Ihre persönlichen Gartenwünsche auf, und lassen Sie die Ideen reifen. Studieren Sie Gartenbücher und -zeitschriften, und holen Sie sich viele praktische Anregungen. Wie viel Pflege braucht so ein Garten überhaupt? Haben Sie auch ausreichend Zeit dafür? Lassen Sie sich all diese Fragen in Ruhe durch den Kopf gehen, und besprechen Sie sie mit den anderen Familienmitgliedern. Wahrscheinlich werden dann noch weitere Fragen und Wünsche auftauchen. Legen Sie eine Prioritätenliste Ihrer gemeinsamen Wünsche an.

★ Machen Sie zunächst eine Bestandsaufnahme: Gehen Sie öfter über Ihr Grundstück, und beobachten Sie es im Verlauf des Tages, um ein Gefühl für das Stück Land zu bekommen. Zeichnen Sie anschließend einen maßstabsgetreuen Plan, in dem Sie dann Ihre Wunschvorstellungen grob skizzieren.

★ Dieser vermaßte Bestandsplan dient nun als Grundlage für den Vorentwurf, in den Sie schon die einzelnen Flächen und Wegeverbindungen genauer in Form und Größe eintragen.

★ Werden Sie sich dann über das zu wählende Material (Tore, Wegbelag, Zaunmaterial) und die Art der Bepflanzung klar. Notieren Sie sich die entsprechenden Materialmengen, und ermitteln Sie dafür die Preise – das klärt schnell das Machbare. Prüfen Sie nochmals mit Abstand das Für und Wider, die Lage und die Kosten der unterschiedlichen Gartenbereiche. Gibt es etwas zu optimieren? Müssen Sie aus Kostengründen vorerst auf einen zweiten Sitzplatz oder den Teich verzichten? Fertigen Sie nun einen farbigen Plan an – die Vorlage für Ihren Wunschgarten. Für bauliche Maßnahmen – wie Terrasse, Treppen oder feste Wege – bedarf es allerdings noch weiterer planerischer Schritte und Detailzeichnungen. Hier wird auch vielfach der Fachmann gefragt sein.

★ Pflanzen könnten Sie auch ohne exakten Plan. Sinnvoll und hilfreich ist jedoch ein Pflanzplan, in den Sie Ihre auserwählten Gehölze und Stauden im richtigen Abstand eintragen. Anhand dieses Planes können Sie anschließend am besten die Menge der benötigten Pflanzen ermitteln.

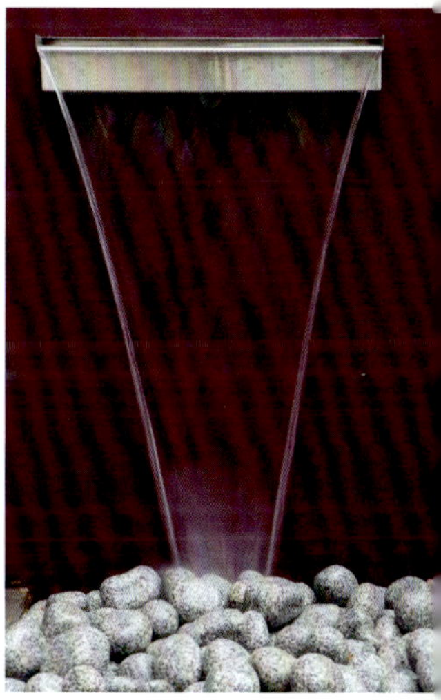

Wasser, kunstvoll in Szene gesetzt – sowohl in Form gebracht als auch farblich hervorgehoben.

Wunschvorstellungen skizzieren

Wer einen Garten anlegen will, der entwickelt schnell einen Blick und ein Gefühl dafür: Das gefällt mir – das mach ich auch! Da kein Mensch all das behalten kann, was er Schönes gesehen hat, ist es sinnvoll, vieles aufzuschreiben, zu fotografieren und zu sammeln. Legen Sie am besten ein so genanntes »Storyboard« an. Um eine gewisse Ordnung und Systematik in Ihr Gedankengebäude zu bringen, wenn es darum geht, einen Garten wirklich neu oder auch nur umzuplanen, suchen Sie aus dem bunten, bisher ungefilterten Allerlei Ihres Storyboards die Ideen heraus, die Sie zum aktuellen Zeitpunkt noch immer begeistern. Stehen die Gestaltungsfragen dann ganz konkret an, genügt schon ein Blick, um mit Ernüchterung festzustellen: Die Liste der Wünsche ist viel länger, als das Grundstück groß ist. Die Gegebenheiten vor Ort werden viele schöne Vorstellungen zunichte machen: Auf Sandboden wird nie all das wachsen, was Sie sich wünschen. In fettem Lehm werden Ihre Rhododendron-Träume nicht reifen. In schattigen Bereichen werden sonnenhungrige Blütenpflanzen, Gemüse und Obst nur schlecht oder gar nicht gedeihen.

SETZEN SIE PRIORITÄTEN

Die Ansprüche an einen Garten sind ganz individuell auf die jeweiligen Besitzer, deren Lebensstil und Geschmack zugeschnitten, trotzdem heißt es: Prioritäten setzen.

★ Da wäre zum einen die Terrasse. Hier sollten Sie nicht sparen! Je kleiner der Garten, umso größer die Terrasse. Das wäre ein Rat, damit Sie bei Bedarf zumindest hier eine großzügige Lösung erreichen – aber die Proportionen müssen insgesamt gewahrt bleiben.

★ An zweiter Stelle wäre der Vorgarten und/oder Eingangsbereich zu nennen. Wie kommt man bequem vom Fußweg ins Haus? Wie sieht die Angrenzung nach außen hin aus? Welche Lösung gibt es für die Mülltonnen, damit man diese Ungetüme zwar leicht nutzen kann, sie

Auf einem Storyboard können Sie all das, was Sie zum Thema Wasser im Garten gesehen oder gelesen haben, einfach und schnell festhalten.

aber weder sieht noch riecht? Welches Material ist für den Wegbelag am besten geeignet?

★ Mit an vorderster Stelle ist auch der Nutzgarten zu nennen. Sie können später, wenn Sie festgestellt haben, der Gemüseanbau macht Ihnen doch zu viel Arbeit, daraus leicht Blumenbeete machen – umgekehrt ist es schwieriger. Obst, Gemüse und Kräuter benötigen unbedingt eine sonnige Lage – wünschenswert wäre sicherlich eine leicht zu erreichende Anlage in Hausnähe!

★ Und wer wünscht sich nicht einen Teich oder ein Wasserbecken mit Fontäne im Garten? Hier ist es wichtig, dass die notwendigen Anschlüsse für Wasser, Abwasser und Strom vorhanden bzw. leicht zu verlegen sind.

★ Und wo möchten Sie Rosenbeete oder Staudenrabatten anlegen? Soll es auch eine Rasenfläche geben oder einen zweiten Sitzplatz?

★ Dann kämen das Gartenhaus oder der Geräteschuppen. Immer wieder stellt man fest, dass daran gespart wird. Die Folge: Grill, Fahrräder, Spiel- und Werkzeug samt Schubkarre stehen wild im Garten herum.

★ Beziehen Sie auch das Umfeld in Ihre Überlegungen mit ein. Der Blick ins Umland oder in Nachbars Garten kann den eigenen Grund optisch vergrößern und schöne Ausblicke erlauben. Überhängende Zweige von Nachbars Baum können nicht nur lästig sein, sondern auch zum malerischen Attribut und Blickfang werden. Nutzen Sie diese Vorteile, um Platz im eigenen Garten einzusparen und eventuell sonnige Flächen dazu zugewinnen.

Links: Auch extravagante Wünsche wie dieses Badeparadies lassen sich in einem Garten verwirklichen, haben aber ihren Preis.

Das Gartentagebuch

Ein Gartentagebuch sollte für Sie und Ihren Garten über Jahre zum Begleiter werden, damit gute Gedanken, vielfältige Anregungen und Erfahrungen, die Sie im Laufe der Zeit gemacht haben, nicht verloren gehen. Beispielsweise können Sie anhand Ihrer Aufzeichnungen verfolgen, welche Pflanzen in Ihrem Garten wirklich gedeihen und auch über einen langen Zeitraum befriedigen.

Gehen Sie zu unterschiedlichen Tageszeiten durch den Garten: Was bleibt, und was kommt weg?

Eine Bestandsaufnahme machen

Die Bestandsaufnahme ist die Voraussetzung für alle weiteren Planungsschritte. Im Bestandsplan werden die Grundstücksgrenzen, der Grundriss des Hauses und aller Nebengebäude, befestigte Flächen und vorhandene Bepflanzungen eingetragen.

Als Grundlage Ihres Bestandsplanes nehmen Sie am besten den amtlichen Lageplan Ihres Grundstücks. Er ist in der Regel im Maßstab 1 : 500 oder 1 : 1000 angefertigt – präzise genug.

Für Ihren Bestandsplan verwenden Sie Millimeterpapier und nehmen den Maßstab 1 : 100 an, das geht am leichtesten, denn 1 m entspricht 1 cm auf Millimeterpapier. Sie müssen kein Profi sein, es reicht, wenn Sie die Grenzen und alle Umrisse maßstabsgetreu einzeichnen.

WIE SIEHT DER IST-ZUSTAND AUS?

Tragen Sie in Ihren Plan nun Folgendes ein:

★ die Himmelsrichtungen (wenn der Nordpfeil nicht schon im amtlichen Lageplan enthalten ist), damit Sie erkennen können, wie der Sonnenstand ist, wo Schattenwurf zu erwarten ist, woher der Wind hauptsächlich weht,

★ den Grundriss des Hauses mit allen Ein- und Ausgängen und Fenstern, damit Sie zum einen Wege, zum anderen Blickrichtungen vom Haus in den Garten festlegen können,

★ alle festen Einrichtungen, am besten farblich unterschieden in solche, die Sie gerne erhalten möchten und solche, die Sie entfernen wollen,

★ alle befestigten Flächen wie Terrasse, Einfahrt, Fußweg, Mauern etc.,

★ die wichtigsten Gehölze und Pflanzungen, die bereits bestehen,

★ Leitungen und Hausanschlüsse für Wasser, Abwasser, Gas und Elektrik.

★ Markieren Sie auch Höhenunterschiede im Gelände – ggf. mit professioneller Hilfe.

Machen Sie sich von dem Bestandsplan gleich mehrere Kopien, mit denen Sie dann weiterarbeiten können.

FOTOGRAFIEREN SIE

Machen Sie Fotos von allen Seiten und Ansichten Ihres Hauses und des Grundstücks, auch vom Haus aus in das Grundstück hinein und von den Grenzen zum Haus. Damit werden Blickbezüge von wichtigen Punkten im Wohnbereich nach außen deutlich. Aber auch umgekehrt wird der Blick von der Straße oder der Nachbarschaft erkennbar. Wenn Sie die Fotos vergrößern und Transparentpapier darüberlegen, können Sie auch auf diese Weise verschiedene Ideen zu Papier zu bringen.

WAS SOLL VERÄNDERT WERDEN?

Entscheiden Sie nun auf Grundlage Ihres Bestandsplanes, was Sie erhalten wollen und was verändert werden soll.

★ Sind Eingang und Einfahrt richtig situiert, die Dimensionen richtig bemessen und alles gut überschaubar?

★ Inwieweit sind Bäume und Sträucher erhaltenswert? Lassen Sie bei alten Bäumen eventuell den Gesundheitszustand überprüfen.

★ Sind Zäune und Hecken noch verwendbar? Welche Bereiche lassen sich eventuell öffnen, um mehr Transparenz zu schaffen? Kann vor-

Bestandsplan

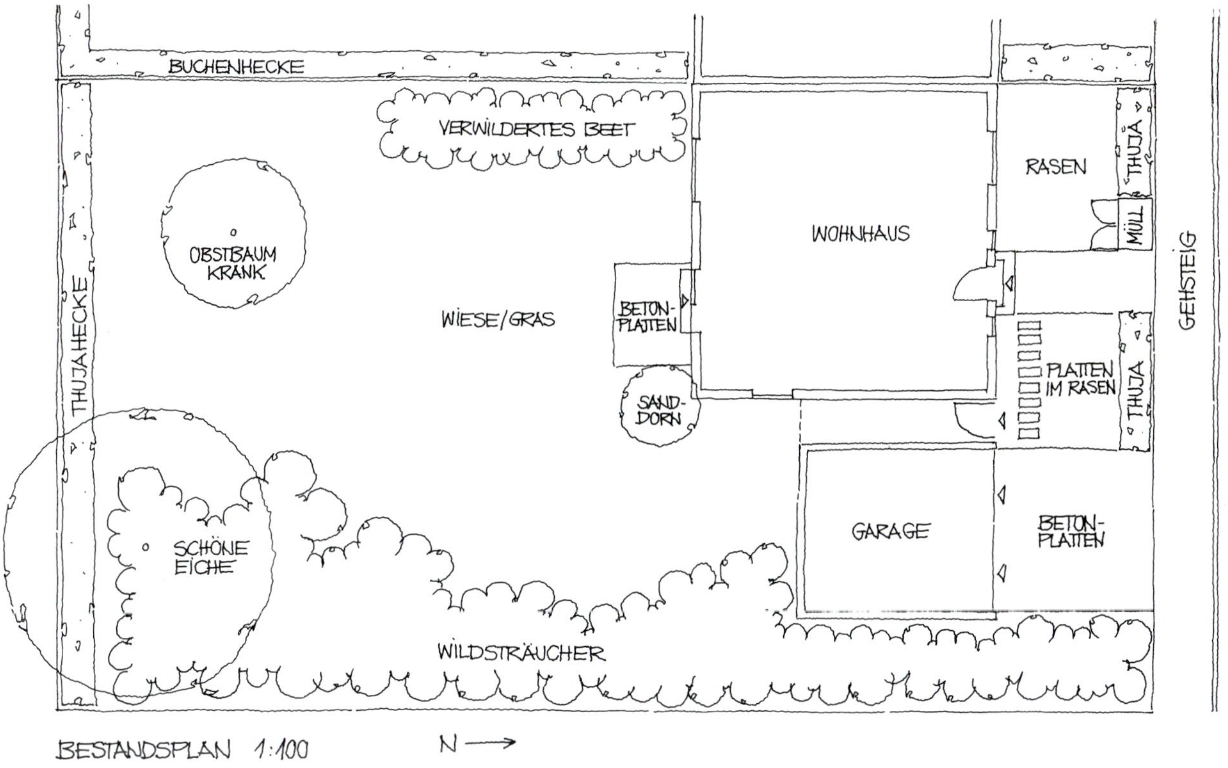

handenes Wegematerial wieder verwendet werden? Seien Sie kritisch.

★ Wo sind Höhen zu verändern, das Gelände zu modellieren oder zu terrassieren?

★ Welche Pflanzen könnten versetzt oder ins neue Konzept übernommen werden?

★ Welche technischen Elemente müssen umgebaut werden (Pavillon, Teich, Bewässerungsanlage, Beleuchtung)?

★ Gibt es Gefahrenpunkte, zum Beispiel offene Grundstücksgrenzen (Kinder, Hunde), unbeleuchtete Wege?

Über den Zaun blicken

Gegenstand der Bestandsaufnahme ist auch der Blick in die Zukunft: Informieren Sie sich vor allem, wenn Sie ein Grundstück in einem Neubau- oder Gewerbegebiet erworben haben, über den Bebauungsplan. Sind evtl. höhere Gebäude geplant, die Ihr Grundstück beschatten könnten, oder will sich ein Gewerbebetrieb ansiedeln, bei dem höherer Sichtschutz angesagt ist?

Nehmen Sie Kontakt zu den Nachbarn auf, und überprüfen Sie die Grenzsituationen, um von Beginn an mögliche Streitigkeiten zu vermeiden.

Gartenplanung am PC

Wie bei der Küchenplanung können Sie auch den Garten am PC planen. Informieren Sie sich genau, bevor Sie sich ein teures Programm zulegen.

Wer die Technik beherrscht, hat natürlich die Möglichkeit, sich mit dreidimensionalen Darstellungen eine bessere räumliche Vorstellung zu verschaffen. Diese Perspektive rein zeichnerisch zu lösen, erfordert sehr viel Talent.

Den Vorentwurf anfertigen

In der nächsten Planungsphase sind erste Grundsatzentscheidungen bezüglich der Flächenverteilung zu treffen, Achsen und Flächenformen festzulegen. Wo sollen die Gartenelemente ihren Platz finden, die Ihnen am wichtigsten sind? Wie groß sollen und können sie sein? Man nennt diesen Planungsschritt Vorentwurf, weil er eine erste Einschätzung gibt hinsichtlich des räumlich Möglichen und finanziell Machbaren. Nehmen Sie also Ihren Bestandsplan als Grundlage für Ihre nächsten Planungsschritte. Legen Sie ein Transparentpapier darüber, und übertragen Sie nun nur alle festen, unverrückbaren Elemente Ihres Grundstücks wie Haus, Garage, Eingänge, Grenzen etc. und alles, was Sie unbedingt erhalten wollen – incl. Bäume und Pflanzungen. Machen Sie von diesem Plan mehrere Kopien, in denen Sie nun nach Herzenslust die verschiedensten Varianten ausprobieren und skizzieren können. Es geht in erster Linie um die grobe Flächenverteilung und die möglichen Wegeverbindungen. Daraus ergibt sich schon ein Grundkonzept für den späteren Grundriss und den Stil des Gartens.

★ Denken Sie auch an die allgemeinen Gestaltungsgrundsätze, wenn es um Flächengliederung, Blickbeziehungen und Raumbildung geht.
★ Das gesamte Gartenkonzept sollte sich aus den vorhandenen Gebäude- und Grundstückslinien entwickeln. Das Wegesystem nimmt diese Linien auf, um die einzelnen Gartenbereiche harmonisch miteinander zu verbinden.
★ Unterteilen Sie den Garten nicht unnötig, planen Sie aber alle notwendigen Wege ein.
★ Kleine Gärten gewinnen aber an räumlicher Tiefe, wenn sie nicht auf einen Blick überschaubar sind. Denken Sie über eine Gliederung nach.
★ Planen Sie die Blickachsen vom Wohnbereich in den Garten, und legen Sie fest, welcher Ausblick freigestellt wird oder wo Sie einen Sichtschutz brauchen. Am Endpunkt einer solchen Blickachse sollte für das Auge etwas besonders Reizvolles platziert werden.

Auch die kleinste Pflanzfläche im Garten will gut geplant sein.

Vorentwurf

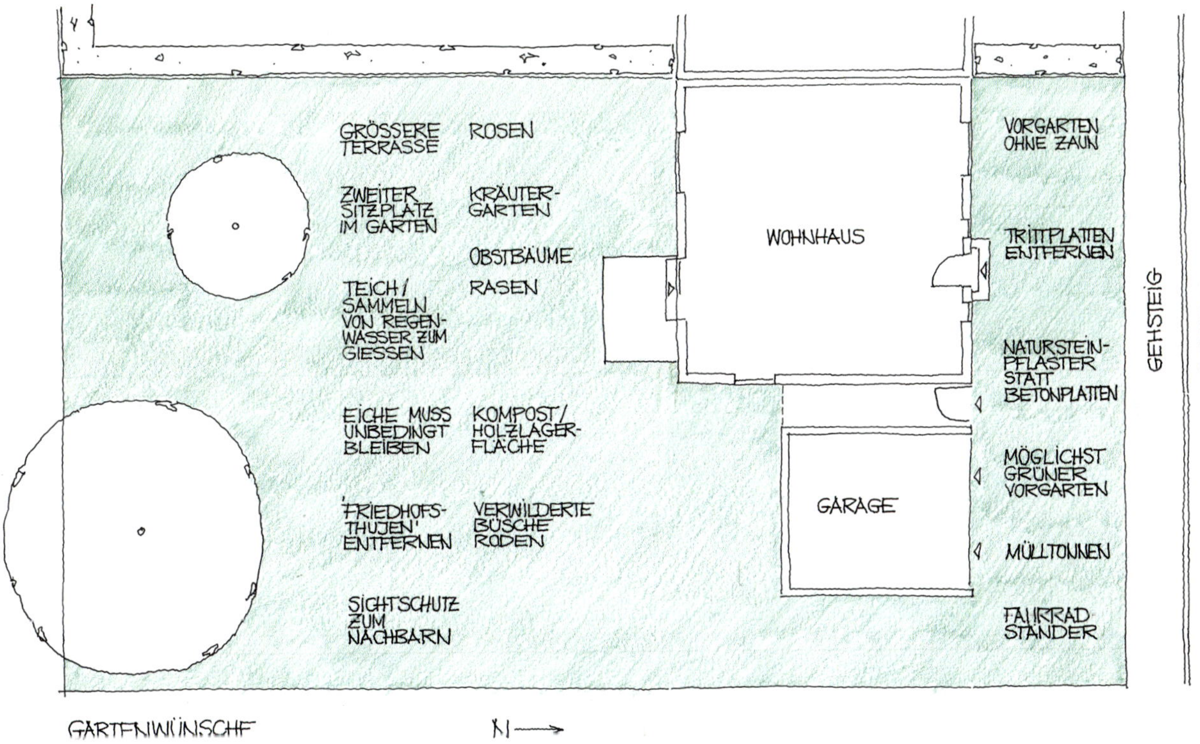

UNSER BEISPIELGARTEN

In unserem Beispiel handelt es sich um eine Doppelhaushälfte mit entsprechend schmalem Grundstück. Das Wohnhaus ist auf der Nordseite von der Straße her auf kurzem und geradem Weg erreichbar – und das wird auch so bleiben. Der kleine Vorgarten soll zur Straße hin geöffnet werden, um eine gewisse Großzügigkeit zu erreichen. Aus diesem Grund muss die Vorderfront des Grundstücks allerdings geschlossen werden, damit man im Wohngarten ungestört bleibt. Dieser ist optimal nach Süden ausgerichtet – Rückseite des Hauses und Terrasse liegen voll in der Sonne. Der Sitzplatz ist für größere Familien allerdings zu klein bemessen, außerdem gibt es den Wunsch nach einem Teich. Die Verbindung von beidem würde den Aufenthalt auf der Terrasse besonders attraktiv gestalten. Ein zusätzlicher mobiler und auch etwas schattiger Sitzplatz lässt sich auf dem Rasen oder unter der Baumkrone einrichten. Für das Kräutergärtchen empfiehlt sich aus Platzgründen ein geometrischer Grundriss, der geschützte Platz hinter der Garage bietet sich da an. Die Hecke aus frei wachsenden Sträuchern entlang der Straße weicht einer geschnittenen Buchenhecke, die sich für das schmale Grundstück besser eignet.

MIT DEN FLÄCHEN SPIELEN

Am besten Sie schneiden für jedes gewünschte Element (Terrasse, Gartenhaus, Gemüsegarten, Spielbereich, Blumenbeete etc.) maßstabsgerechte Kartons aus und verteilen diese so sinnvoll und funktionsgerecht wie möglich auf Ihrem Bestandsplan.
Schieben Sie die Kartonstückchen hin und her, wie Sie das auch bei einer Wohnungseinrichtung tun würden.

Vom Vorentwurf zum Detailplan

Der nächste Planungsschritt besteht darin, den Vorentwurf nochmals sorgfältig durchzuarbeiten und in die Detailplanung zu gehen. Hinterfragen Sie Ihre Ideen nochmals kritisch und konkretisieren Sie sie dann. Übertragen Sie anschließend alle Ihre aktuellen Vorstellungen aus den Vorentwurfsskizzen in den neuen Plan. Jetzt wird aus dem lapidaren Sichtschutz eine Hecke oder ein begrünter Zaun, Wege und Plätze bekommen ihr Belagsmaterial.

★ Welche Art von Zaun haben Sie sich vorgestellt? Mit oder ohne Sockel? Aus Holz oder Metall? Diese Frage sollten Sie im Vorfeld vielleicht auch mit den Nachbarn klären. Oftmals gibt es auch bauliche Vorgaben von Stadt oder Gemeinde einzuhalten. Bestehen Geländeunterschiede zu den Grundstücken in der Nachbarschaft, so können Kantensteine oder preisgünstige Winkelstützmauern auf die Grenze gesetzt, die Basis für eine dauerhaft gute Beziehung sein.

Mit etwas Rückschnitt und ausgesuchtem Mobiliar entsteht ein einladender Sitzplatz.

★ Jetzt müssen Sie unbedingt auf die Höhenunterschiede im Gelände achten! Regenwasser zum Beispiel muss immer mit einem Gefälle von mindestens drei Prozent vom Haus weglaufen können – jedoch nicht auf die Straße. Versuchen Sie vom Haus aus einen möglichst sanften Übergang in den Garten zu finden.

★ Nehmen Sie die Flächenaufteilung und die geplanten Formen nochmals genau unter die Lupe, und platzieren Sie endgültig Gartenhaus, Sitz-, Spiel- und/oder Grillplatz. Führt hier auch überall ein Weg hin? Sind die Wege praktisch und breit genug? Passen Sie auch zum Stil des Gartens? Muss ein Gartenbereich evtl. noch mit einem Weg oder zumindest mit Trittplatten erschlossen werden? Stimmt die Lage des Teiches und die der geplanten Beete?

★ Mit den Pflanzflächen können Sie immer noch etwas variieren und erst im nächsten oder übernächsten Jahr endgültige Entscheidungen treffen. Es gibt reizvolle Übergangslösungen mit Einjährigen!

★ Der Entwurf erhält eine ganz neue Dimension, wenn vertikale Strukturen wie Bäume, Hecken und Sträucher, aber auch bauliche Elemente wie Tore, Bögen und Pergolen hinzukommen.

★ Wo kommen die Versorgungsleitungen für Wasser und Strom hin? Am besten Sie verlegen sie entlang der Wege, dann sind sie leicht zu finden und können im Notfall auch einfach aufgegraben werden. Zeichnen Sie die Leitungen unbedingt später noch so ein, wie sie tatsächlich verlegt wurden, damit Sie sie jederzeit wieder finden können.

MATERIALLISTEN UND KOSTENAUFSTELLUNG

★ Legen Sie zum Schluss Listen mit allen ausgewählten Materialien an. Je genauer Sie das machen, desto besser!

★ Informieren Sie sich über die aktuellsten Preise und vergleichen Sie verschiedene Angebote. Es gibt da sehr große Unterschiede.

★ Nun rechnen Sie alles durch und schlagen Sie auf den Endpreis noch ca. 10–15 % für Unvorhergesehenes drauf.

Es ist bekannt, dass das Budget für den Garten nie reicht, deshalb ist jetzt der Zeitpunkt gekommen zu entscheiden, was sofort gebaut werden muss – beispielsweise der Eingangsbereich und

Entwurf

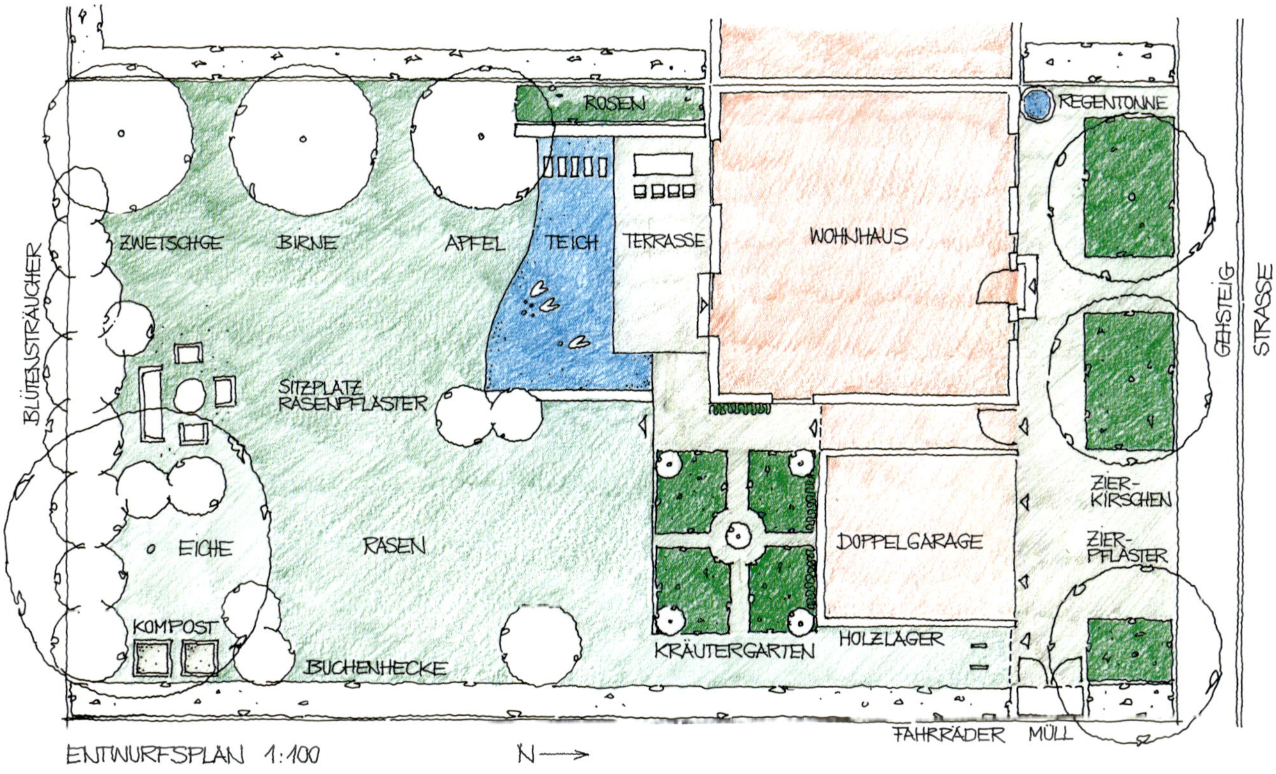

die Sichtschutzhecke – und was Sie in den kommenden Jahren dann Schritt für Schritt auf der Grundlage dieses Entwurfs realisieren können. Vorrang haben auch die baulichen Bereiche, für die Maschineneinsatz notwendig ist, und solche Einrichtungen, für die später kein größerer Zugang oder eine Zufahrt mehr möglich ist.

HILFE VOM FACHMANN

Zur praktischen Umsetzung des Entwurfs bedarf es noch weiterer detaillierter Schritte. Hier ist es oft sinnvoll, einen Fachmann, den Landschaftsarchitekten oder auch gleich die ausführende Firma des Garten- und Landschaftsbaus hinzuzuziehen, denn Fehlentscheidungen werden am Ende immer teuer. Vor allem bei schwierigen Grundstücksverhältnissen – wie Hanglagen – lohnt es, bereits zur Erstellung des Bestandsplans den Fachmann zu fragen. Er kann anhand von Schnitten durch das Gelände die genaue Höhenabwicklung aufzeigen und beim Bau berücksichtigen. Auch wenn es um Geländemodellierungen geht, ist der Fachmann gefragt.

DIE RICHTIGE PFLANZENWAHL

Die Auswahl der Pflanzen erfolgt zum Schluss der Planung. Einen umfassenden Einblick bekommen Sie am besten in einer Baumschule oder Staudengärtnerei in Ihrer Nähe. Die hier angebotenen Pflanzen sind in der Regel auf das regionale Klima abgestimmt. Ein Rundgang vor Ort liefert Ihnen unersetzliche Informationen zu den Pflanzenarten und -sorten, die Sie für die Gestaltung Ihres Gartens verwenden können. Fachkundiges Personal gibt gerne Auskunft, was wo am besten gedeiht, wie groß und breit die Pflanzen werden und welche Pflanzen sich am besten miteinander kombinieren lassen.

Einen Pflanzplan erstellen

Die Pflanzen spielen im Garten natürlich die größte Rolle. Damit sie ihre volle Wirkung entfalten können, brauchen Sie die richtige Umgebung und die zu ihnen passenden Nachbarn. Pflanzen haben jedoch ganz individuelle Merkmale. Da gibt es Einzelgänger, die eher als Solitär wirken, in Gruppen jedoch an Merkmalen verlieren. Andere wiederum brauchen ihresgleichen, um erst richtig auf sich aufmerksam zu machen. Manche Pflanzen sind robust und starkwüchsig, andere dagegen zart und wachsen langsam. Würden beide nebeneinander gepflanzt, dann hätten die starkwüchsigen die zarten und schwachen in kurzer Zeit überwuchert und verdrängt. Bevor Sie also beim Gärtner die schönsten Pflanzen einkaufen, informieren Sie sich in Katalogen, Büchern oder im Internet über deren Ansprüche, ihr Wuchsverhalten und ihre Endgröße, und überlegen Sie ganz genau, wo und wie Sie die Pflanzen Ihrer Wahl in Ihrem Garten unterbringen wollen.

So wie Sie Skizzen für den gesamten Garten anfertigen, um Raumaufteilung und Flächengestaltung zu planen, so sollten Sie dies auch für die einzelnen Pflanzflächen vorbereiten. Aufteilung, Gruppierungen, höhenmäßige Staffelungen und Farbgestaltung lassen sich am besten anhand einer Planskizze überprüfen.

Übertragen Sie die Pflanzflächen im Maßstab 1 : 20 (1 m entspricht 5 cm) auf Millimeterpapier, dann können Sie verschiedene Gestaltungsvarianten ausprobieren.

★ Skizzieren Sie nun in groben Umrissen, wie Sie sich die Platzierung der Pflanzen und der Solitär- und Gerüstpflanzen sowie die Farbgebung der Flächen vorstellen.

★ In Ihrem Pflanzplan sollten dann bereits vorhandene Gewächse und alle neuen Arten und Sorten so exakt wie möglich, das heißt, entsprechend ihrer endgültigen Größe eingetragen werden. Das hilft später bei der Verteilung die richtigen Abstände zu wahren und garantiert den Erfolg der Pflanzung.

★ Zu einem Pflanzplan gehört eine Liste, in der die Stückzahlen und genauen Bezeichnungen der Pflanzen aufgeführt sind. Sie benötigen diese Liste nicht nur für den Einkauf und die Verteilung auf den Beeten, sondern auch in den folgenden Jahren, wenn Sie einiges nachpflanzen wollen und wissen müssen, um welche Arten und Sorten es sich gehandelt hat.

Pflanzplan

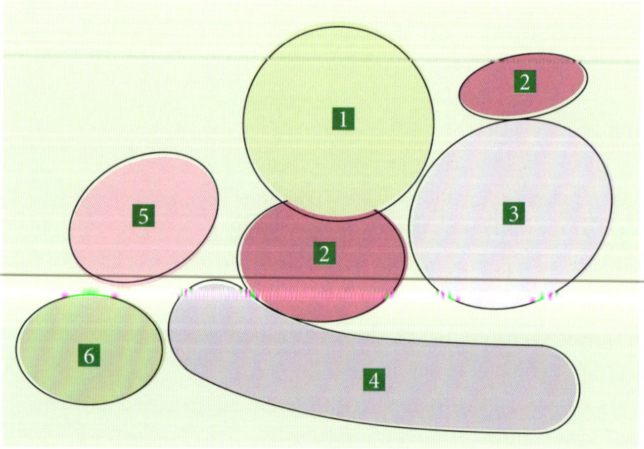

Beetgröße 3 x 2,5 m

ZU DEN PFLANZPLÄNEN IN DIESEM BUCH

Die Pflanzpläne in diesem Buch geben einen schematischen Überblick über die Farbkompositionen und die räumliche Anordnung sowie die daraus ableitbaren Pflanzenmengen, die zu einer Einkaufsliste zusammengestellt wurden. Sie sollen Anregungen über Pflanzenzusammenstellungen geben, ohne allerdings exakte Rezepte zu liefern. Auf Sortenangaben wurde weitgehend verzichtet, weil die Vielfalt zu groß und die Angebote zu unterschiedlich sind. Die Größenangabe der Pflanzfläche hier kann Ihnen nur grobe Anhaltspunkte für die Bepflanzung liefern, aber Sie bekommen mit den nebenstehenden Skizzen und der Pflanzliste eine ungefähre Vorstellung von der Menge der Gewächse.

Pflanzliste

1	1	Chinaschilf *Miscanthus sinensis* 'Kleine Fontäne'
2	2 x 5	Indiandernessel *Monarda didyma*
3	3	Katzenminze *Nepeta x faassenii* 'Walkers Low'
4	10	Sommeraster *Aster amellus* 'Berggarten'
5	3	Malve *Lavatera olbia*
6	3–5	Ziest *Stachys lanata*

Eine gelungene Bepflanzung

Pflanzen bestimmen den Charakter und die Atmosphäre Ihres Gartens. Mit ihrer Auswahl und der anschließenden Platzierung haben Sie die Gestaltung Ihres Gartens in der Hand. Gelungene Bepflanzungen entstehen, wenn Sie folgende Kriterien beachten:

★ Fertigen Sie eine konkrete Pflanzenwunschliste an, abgestimmt auf die einzelnen zur Verfügung stehenden Pflanzflächen. Diese Standorte weisen mit Sicherheit unterschiedliche Lichtverhältnisse auf (sonnig, halbschattig oder schattig), vielleicht auch divergierende Bodenverhältnisse (tiefgründig, locker humos, feucht oder stark durchwurzelt). Machen Sie sich dazu mit den entsprechenden Lebensbereichen der gewünschten Pflanzen vertraut, und wählen Sie die passenden Gewächse für Ihre Situation aus.

★ Kombinieren Sie verschiedene Wuchshöhen und -formen, und versuchen Sie, die Pflanzen so auszuwählen, dass die Beete während der gesamten Vegetationsperiode attraktiv oder zumindest ansehnlich wirken.

In blütenarmen Zeiten oder an ungünstigen Standorten kommt vor allem den Formen der Blätter, ihrer Oberfläche und Farbe (Textur/Struktur) größte Bedeutung zu.

Stabilität und lange Lebensdauer einer Pflanzengemeinschaft erreichen Sie fast nur, wenn Sie die zueinanderpassenden Kombinationen aus Gehölzen, Blüten- und Blattschmuckstauden und zusätzlichen Geophyten (Zwiebel- und Knollengewächse) auswählen – was eine langjährige, aber interessante Erfahrungszeit voraussetzt.

AUFBAU DER PFLANZUNG

Grundsätzlich kommen Pflanzen am besten zur Geltung, wenn sie sich anlehnen können – an Wänden, Hecken oder einzelne Gehölze. Solch ein dauerhafter Rahmen gibt jeder Pflanzung einen Halt. Doch auch ein Gerüst aus Solitärstauden kann diese Aufgabe übernehmen, nur bleiben deren Strukturen nicht zu allen Jahres-

Schon im Herbst muss der Frühling im Staudenbeet vorbereitet werden. Und das kann jedes Jahr anders aussehen.

zeiten bestehen. Auch in einer Pflanzung – ob Beet, Rabatte oder Wildstaudenfläche – existieren Hierarchien, Ordnungsprinzipien und unterschiedliche Wertigkeiten:

★ Leitpflanzen heben sich von ihrer Umgebung durch besonderen Wuchs, Form und/oder Farbe ab. Sie bilden die Schwerpunkte, sind die dominanten Größen im Beet, denen sich andere unterordnen und die in rhythmischer Anordnung – einzeln oder in kleinen Tuffs zu zweit oder dritt – die Pflanzfläche gliedern. Bekannte Leitpflanzen sind Rittersporn und Phlox, die zu unterschiedlichen Zeiten ihre Blühhöhepunkte haben, aber auch hohe Gräser wie das Chinaschilf gehören dazu. Innerhalb einer Pflanzengattung kann die Leitpflanze durchaus in verschiedenen Farben und Sorten vorkommen. Wichtig ist es nur, dass diese Pflanzen mit Leitfunktion an mehreren Stellen präsent sind.

★ Begleitpflanzen werden gruppenweise (3/5/7/10 Stück) zugeordnet. Sie ergänzen in Form und Farbe die Leitpflanzen und sollen ihre Wirkung steigern. Beispiel Rittersporn in Kombination mit Mohn und Margerite.

★ Füllpflanzen ergänzen das vorhandene Gartenbild durch interessante Blattstrukturen und Blattfarben oder aber durch andere Blühzeiten. Niedrige großflächige Partien (Trupps von 10–20 Stück) helfen die Beete zu gliedern und zwischen den Großstauden Abstand zu halten. Als Füllpflanzen in der Staudenrabatte dienen auch kurzlebige Stauden wie Akelei, Fingerhut, Malven, alle Zweijährigen und Sommerblumen. Sie sind vor allem in Neuanlagen willkommen, solange die Pflanzung noch nicht zusammengewachsen ist. Dafür rechnet man etwa 2–3 Jahre.

★ Blumenzwiebeln werden je nach Höhe und in Tuffs auf der Fläche verteilt. Im Hintergrund verschwindet das vergilbende Laub sehr gut, aber zwischen den spät blühenden Stauden im Vordergrund werden sie ebenfalls gebraucht. Sie sind sozusagen die besonderen Accessoires in Ihren Gartenbeeten!

Grundsätzlich sollten Sie nicht zu eng pflanzen, da die meisten Stauden einen natürlichen Ausbreitungsdrang besitzen. Wichtig ist, dass Sie sich vor Ihrer Wahl die Höhe und Ausmaße der einzelnen Arten und Sorten vergegenwärtigen, um die richtigen Abstände einzuhalten. Etwa zwei Meter hohe Stauden zum Beispiel sollten fast einen Meter Abstand untereinander haben. Pflanzen Sie nicht zu kleinteilig und zu viele Sorten gleichzeitig – ein Fehler, den zuerst alle machen. Auch hier hat der Satz »Weniger ist mehr« wieder seine Berechtigung!

Links: Wie sie wachsen und wann sie blühen, dieses Wissen um die Pflanzen bringt solch ein prächtiges Staudenbeet hervor.

GESTALTEN MIT FESTEN ELEMENTEN

Verbindende Elemente

Wege und Treppen innerhalb eines Gartens haben nicht nur praktische Funktion, sie sind auch ein wichtiges gestalterisches Element und tragen maßgeblich zur Gliederung des Grundstücks bei.

Auf Wege, Treppen und Stufen als Verbindungselemente kann man in keinem Garten verzichten:
Wege erschließen den Garten von der Straße her, leiten zum Hauseingang und zu den Nebengebäuden, stellen die Verbindung zu Sitz- und Spielplatz, Teich oder Nutzgarten her. Sie führen durch den gesamten Garten und präsentieren in ihrem Verlauf seine Schönheiten und Details. Treppen und Stufen verbinden verschiedene Ebenen untereinander und erleichtern das Überwinden von Höhenunterschieden.

FÜHRENDE ROLLE: WEGE

Bei der Anlage von Wegen gibt es eine Hierarchie: Hauptwege, Nebenwege und Pfade. Wenn die Wegbreite nicht den Rang bestimmt, dann kann es auch das Material des Wegebelags sein.
★ Hauptwege stellen die wichtigste und meist auch kürzeste Verbindung zwischen Haus und Garten, Straße und Hauseingang, Garage und Haus dar. Sie werden in der Regel auch am meisten genutzt und sollten daher sicher und bequem begehbar sein. Damit auch zwei Personen nebeneinander laufen können oder eine Person mit Gehwagen, ein Kinderwagen oder Schubkarren geschoben werden kann, sollte der Hauptweg mindestens 120–200 cm breit sein.
★ Nebenwege gibt es vor allem in größeren Gärten und in Gärten mit freier Gestaltung und unübersichtlichem Gelände. Sie führen uns zu einem abgelegenen Sitzplatz oder an den Gartenteich oder verbinden einzelne Gartenteile miteinander. Diese nicht so häufig benützten Verbindungen sind meist relativ schmal und haben einfache Beläge.
★ Pfade können auch nur aus einzelnen Trittplatten im Rasen oder Boden bestehen. In naturnahen Gärten sind es auch einfach nur schmale, öfter gemähte Rasenwege.

WEGE ANLEGEN

Bei der Anlage von Wegen gibt es ein paar grundsätzliche Dinge zu beachten:
★ Zerstören Sie eine größere Fläche nicht mit einem Weg, wenn es nicht unbedingt sein muss. Manchmal ist es besser, den Weg um die Fläche herum zu führen.
★ Zu einem sichtbaren Ziel sollten kurze, direkte Wege führen. Auch Nutzgarten, Kräuterbeete und Kompost sollten möglichst auf direktem Wege erreichbar sein.
★ Wege, deren Richtung sich mehrfach ändert, benötigen Zwischenstationen (Wegzeichen), ein Gehölz, eine Bank oder eine Skulptur, jeweils auf der Innenseite einer Biegung.
★ Auf dem Weg durch den Garten sollten sich immer neue Sichtbeziehungen und/oder Durchblicke ergeben, das erweckt den Eindruck von Weitläufigkeit.

Wohin der geschwungene Plattenweg führt, bleibt ein Geheimnis.

Die Schrittplatten im Rasen wirken sehr großzügig, vor allem, weil sie eine Einheit mit der gesamten Platzfläche bilden.

Rasenwege stellen in einem natürlich gestalteten Garten die vollkommene Harmonie mit der umgebenden Bepflanzung her.

★ In streng formal angelegten Gärten sind die Wege gerade und unterteilen den Garten in geometrische Formen.

★ In einem frei gestalteten oder naturnah angelegten Garten verlaufen die Wege meist in mehr oder weniger regelmäßigen, der Geländeform folgenden Bögen. Die Ränder sind nicht scharf begrenzt, sondern von Pflanzen umrahmt, die in den Weg hineinwachsen können und dürfen.

SICHERHEIT BEI DER WAHL VON BODENBELÄGEN

Eingänge, Zugänge zur Garage, der Kellerabgang und alle Treppen sind stark frequentierte Bereiche und müssen zu jeder Tages- und Nachtzeit und bei jedem Wetter sicheren Tritt gewährleisten. Vorsicht besonders in schattigen Lagen, wenn sich im feuchten Milieu Algen bilden!
Ob Kunst- oder Naturstein, Platten oder Pflaster – griffige, bruchraue Materialien garantieren immer eine gewisse Rutschfestigkeit. Auch Holz neigt dazu, rutschig zu werden, deshalb sollte es nur in geriffelter Form verwendet werden.

PRÄGENDES WEGEMATERIAL

Die Wahl des Belagmaterials beeinflusst das gesamte Erscheinungsbild des Gartens. Vor allem in kleinen Gärten entsteht Harmonie, wenn die gleichen Materialien im Garten immer wiederkehren. Materialkombinationen sind interessant und können zu schönen Mustern führen, sie sollten jedoch maximal aus drei verschiedenen Materialien bestehen, sonst wirkt das Ganze unruhig. Das Angebot an Belägen ist riesengroß. Neben dem optischen Eindruck spielen Haltbarkeit, Pflegeaufwand, ganzjährige Begehbarkeit und natürlich auch der Preis eine nicht unerhebliche Rolle.

★ Großformatige Platten sind ein üblicher Belag für Eingänge, Hauptwege und Einfahrten.

★ Pflaster eignet sich vor allem für Wege und Plätze. Natursteinpflaster lässt sich sehr kreativ

Die schweren Natursteinplatten wirken nicht nur großzügig, sie sind auch gut begehbar. Grüne Polsterpflanzen lockern das strenge Material auf.

Dieser helle Weg wirkt natürlich und locker: große unregelmäßige Steinplatten liegen in einem farblich passenden Schotterbett.

verarbeiten. Größere Fugen werden sich bald von selbst begrünen, Sie können aber auch einfach den einen oder anderen Pflasterstein durch eine kleine Polsterpflanze ersetzen.

★ Kies und Splitt sind schlichte Materialien, die als Deckschicht auf einen gut verdichteten Wegeunterbau aufgetragen werden können. Sie benötigen auf alle Fälle einen festen Randstreifen, damit das feine Material in Form bleibt.

★ Rindenschrot und Holzhäcksel sind weiche Beläge, auf denen es sich wunderbar geht. Sie vernässen aber leicht und laufen in die angrenzenden Pflanzungen. Leider verrotten sie rasch und müssen daher häufig ergänzt werden.

WEGBEGRENZUNGEN

Das Einfassen von Wegen hat sowohl ästhetische als auch praktische Gründe. Bei formal gestalteten Gärten können Sie die gerade Wegkante noch mehr herausheben, bei frei gestalteten Gärten die schwingenden Linien betonen.

★ Kantensteine aus Beton sind eine preiswerte Möglichkeit zur Begrenzung. Sie können mit niedrigen Sommerblumen wie Duftsteinrich (*Lobularia*) oder Polsterstauden wie Schleifenblume (*Iberis sempervirens*) überspielt werden.

★ Kantensteine aus Granit wirken edler, harmonieren zu entsprechendem Natursteinpflaster und sind für alle Gartentypen geeignet.

★ Metall- oder Plastikbänder bieten eine unauffällige Begrenzung zwischen Weg und Rasen- oder Beetfläche, da sie ohne merklichen Höhenunterschied eingebaut werden.

★ Holzpalisaden oder große Kieselsteine sind eine rustikale Variante der Wegbegrenzung.

★ Praktisch und funktionsgerecht ist die Möglichkeit, Platten als Wegbegrenzung zu nutzen. Besonders geeignet ist dies immer dann, wenn die Wegoberfläche aus losem Material wie Kies besteht oder wenn eine Rasenfläche den Weg begleitet. Dann dient der Plattenweg gleichzeitig als Befestigung und als Mähkante.

Der Bodenbelag macht es aus

1

2

2 Natursteinplatten in unterschiedlichen Größen formvollendet zu verlegen, ist immer wieder eine Herausforderung. Zu empfehlen sind derartige Platten- und Steinarbeiten vor allem für repräsentative Gartensituationen.

1 Pflaster, Kies, Steinplatten – wie viel unterschiedliche Materialien darf ich auf einer Fläche verwenden? In diesem Fall harmonieren die großformatigen Muschelkalkplatten sowohl mit den Großpflastersteinen als auch den Kieselsteinen farblich gut.

3

3 Holz als Bodenbelag ist immer ein passendes Material – geriffelt oder glatt, kesseldruckimprägniert oder mit geeigneten Holzschutzmitteln bearbeitet. Interessant ist ein Materialwechsel innerhalb einer größeren Plattform sicherlich, besonders dann, wenn wie hier die Gräser und die Blätter der *Heuchera* dieses Farbspiel aufnehmen.

4 **So vielfältig** wie das Staudensortiment, so vielfältig kann auch der Belag sein. Unterschiedlich große Natursteinplatten sind hier mit Natursteinpflaster kombiniert – alle mehr oder weniger rechteckig. Durch geschickte Anordnung der Steine ist ein Bogen entstanden, der sich der Beetform anpasst.

4

5

5 **Materialmix** und auffallende Farben sind immer kritisch zu betrachten, es sei denn, sie sind künstlerisch verlegt wie hier. Man sieht sofort die ungewöhnliche Handschrift, ist davon angezogen und staunt über den runden blauen Blickfang.

6

6 **Mit unterschiedlichen Steinen** und Steingrößen sowie variablen Fugengrößen wurde diese Hausecke elegant »umrundet«. Das Beispiel zeigt, wie lebendig eine steinerne Fläche sein kann, wenn verschiedene Materialien, Materialfarben und Materialgrößen gekonnt miteinander gemischt werden.

Große und kleine Pflastersteine – schon einmal gebrauchtes und gealtertes Material – wurden malerisch und ungekünstelt in Bogenform verlegt.

Natürlich kombiniert: grob bearbeitete Kanthölzer und Kiessplitt. Von beiden Seiten erobern niedrige Stauden die Stufen.

Treppen, Stufen und Podeste

Beinahe in jedem Garten gibt es Höhenunterschiede zu überwinden – mal mehr, mal weniger. Hier sind Treppen und Stufen, auch Rampen, unvermeidbar. Material, Verlauf und Form lassen sich passend zu jedem Gartenstil variieren. Das Erscheinungsbild wird durch die Breite, die Auftrittshöhe, die seitliche Fassung und – besonders wichtig – das verwendete Material bestimmt.

Wie die Treppe verläuft, hängt im Wesentlichen auch von den Platzverhältnissen in Ihrem Garten ab. Sie können zwischen linearem, bogenförmigem oder verschwenktem Verlauf wählen.

★ Gartentreppen können tief in das Gelände eingeschnitten werden, dann sind Treppenwangen unumgänglich. Oder man legt sie flach über dem Gartenniveau an, dann braucht man ein Geländer. Wird die Treppe harmonisch in das Gelände eingebunden, hat das den Vorteil, dass der Übergang zwischen Stufen und angrenzender Fläche leicht zu bearbeiten ist.

★ Greifen die Stufen seitlich in den Boden ein, dann sollten sie 15–20 cm breiter bemessen werden als der spätere Auftritt, um sie sorgfältig einböschen und auch gut überwachsen zu lassen. Wenn Gehölze und Stauden die Treppe säumen sollen, dann können Sie zu Anfang niedrige einjährige Sommerblumen mit einsäen. Das hält den Boden, bis die dauerhaften Gewächse ihn durchwurzelt und gut bedeckt haben.

★ Verkürzen Sie lange Treppen durch Absätze. Die Schönheit einer Treppenanlage wird auch von der Lage und Anordnung der Podeste bestimmt. Pro Lauf sollten Sie nicht mehr als 5–10 und nicht weniger als 2–3 Stufen einplanen. Eine einzelne Stufe übersieht man leicht.

★ In formalen Gärten werden Treppen meist geradlinig verlaufen. Betonen Sie die Anlage an den Absätzen und am Beginn oder Endpunkt durch geschnittene Gehölze, Steinkugeln und andere Skulpturen oder Pflanzen in Gefäßen.

Die flachen, großzügig dimensionierten Stufen, die zum Sitzplatz führen, sind geschickt leicht versetzt angebracht. Dieses Arrangement und die von den Seiten heranwachsenden Pflanzen nehmen ihnen die Strenge.

Je flacher die Stufen, desto einladender und eleganter wirkt die Treppe. Hier ist sogar Gegenverkehr möglich, ohne dass dabei die Pflanzflächen rechts und links darunter leiden müssten.

★ Für naturnahe Gärten eignen sich natürliche Materialien wie Naturstein oder Holz. Flache Legstufen aus gesägten oder gebrochenen Natursteinplatten wirken eleganter und leichter als massive Blockstufen. Rustikalen Charakter haben Treppen, deren Auftrittfläche mit Kleinsteinen gepflastert ist. Treppenstufen aus geriffelten Holzbohlen wirken noch natürlicher.

SICHERHEIT HAT VORRANG

Die Sicherheit sollte bei der Anlage von Treppen und Wegen mit Stufen im Vordergrund stehen! Treppen, die ein Geländer haben, wirken in naturnahen Gärten etwas starr, bieten sich beim Überwinden größerer Höhenunterschiede aus Sicherheitsgründen aber an. In modernen Gärten können Geländer aus Metall oder Edelstahl gut als Gestaltungsmittel eingesetzt werden. Wählen Sie Materialien, die rutschfest sind: Splittbelag oder raue Steine sind Holzbohlen oder glatten Platten – vor allem in schattigen, meist leicht feuchten Bereichen – vorzuziehen.

Sorgen Sie bei viel begangenen Treppen und Wegen mit Stufen für eine gute Be- und Ausleuchtung. Solarlampen und Bewegungsmelder sind praktische Hilfsmittel.

TREPPEN-BERECHNUNG

★ Grundsätzlich sollten Sie ab einer Steigung von 7–10 % im Gartenbereich Treppen einplanen.
★ Je flacher eine Treppe, desto breiter die Auftrittsfläche. Zwei Stufenhöhen plus eine Auftrittsbreite entsprechen der normalen Schrittlänge eines Menschen (63–65 cm). Im Garten rechnet man mit Stufenhöhen von 12–15 cm.
★ Ein Gefälle 1–2 % beim Verlegen sorgt dafür, dass Wasser gut abfließen kann.

Grenzen setzen

Leichte, transparente Zäune, Rankgitter, eine niedrige Hecke oder auch nur ein paar Steinblöcke signalisieren: Hier ist der Eintritt nicht jedem erlaubt. Schön, wenn diese Botschaft auch gut gestaltet wird!

Mauern, Zäune und Tore bilden neben Bäumen und Sträuchern das vertikale Gerüst des Gartens. Sie sind als bauliche Elemente in der Regel kaum oder nur schwer veränderbar. Darum sollten Sie bereits bei der Planung besonderes Augenmerk auf deren Ausführung richten. Die Art der Umzäunung, die Materialauswahl und ihr Stil pragen das ganze Erscheinungsbild von Haus und Garten. Neben den persönlichen Vorlieben spielen auch örtlich unterschiedliche behördliche Vorgaben bei der Grenzgestaltung eine Rolle. Sehen Sie sich in Ihrem Wohngebiet um, und verschaffen Sie sich einen Eindruck von Materialien, Dimensionen, Farben- und Formensprache. Denken Sie aber auch an Stabilität und Pflege!

GRENZEN NACH AUSSEN

Die Abgrenzung nach draußen soll Schutz vor neugierigen Blicken bieten und den Eingang in den Privatbereich gezielt lenken. Die Außengrenze wird je nach Grundstücksgröße und dem Wunsch nach Abgeschirmtheit anders ausfallen. Mit einem schmalen Zaun, einer Mauer oder einem Gitterspalier lässt sich auf einem kleinen Grundstück viel besser operieren als etwa mit breiten Hecken oder frei wachsenden Bäumen und Sträuchern, zumal Gehölze eben doch ihre Zeit brauchen, um entsprechende Höhe und Dichte zu erreichen. Wesentlich für den Stil der Grenzgestaltung nach außen ist das Umfeld. Ob Innenstadtbereich, Villenviertel, Siedlung oder ländlicher Raum, überall sind typische Elemente zu finden, die nicht gegeneinander austauschbar sind. Dazu kommen regionale Unterschiede, die sich grundsätzlich in der Materialverwendung ausdrücken. Ziegelmauern und weiß lackierte Zäune findet man vor allem in nördlichen Ländern oder auch wieder in der Stadt. Im Süden sind Holzzäune in Naturtönen vorherrschend, Mauern werden meist verputzt oder bestehen aus Naturstein. In Siedlungen überwiegen Holzzäune in den verschiedensten Formen und Farben, mit oder ohne Hecken. Es gibt auch einen speziell städtisch geprägten Stil, meist mit Mauer-Zaun-Kombinationen.

GRENZEN IM GARTEN

Abgrenzungen innerhalb eines Grundstücks haben eine ganz andere Aufgabe als Abgrenzungen nach draußen. Sie sollen in erster Linie Räume schaffen und den Garten gliedern. Sie können etwa Wohn- und Nutzgarten, Spiel- und Wirtschaftsbereiche voneinander trennen, Mülltonne und Kompostplatz kaschieren oder Beete und Wege wirkungsvoll abgrenzen oder unterteilen. Die inneren Grenzen müssen nicht unbedingt blickdicht und meterhoch sein. Sie folgen auch nicht einem abgesteckten Grenzverlauf, sondern können vor- und zurückspringen.

Diesem Zaunpfosten wurde quasi ein Stempel aufgedrückt!

Gemauerte Abgrenzungen

Mauern können trennen und verbinden – je nach Art der Ausführung, vor allem ihrer Höhe. Gerade im engen städtischen Umfeld entstehen durch die Anordnung der umliegenden Gebäude oftmals kleine Hofsituationen, oder Mauerscheiben trennen die einzelnen Häuser links und rechts im Wohnbereich voneinander ab. Mauern gehören aber auch zu den Gestaltungselementen in Gärten mit kleinen und großen Höhenunterschieden. Ihre Aufgabe ist es, Erdreich oder eine Terrasse abzustützen. Solche Stützmauern sollten Sie bei der Material- und Farbwahl aus der Grundgestaltung des Gartens heraus entwickeln.

Als lebende Mauer kann man die Trockenmauer bezeichnen. Sie stellt praktisch ein Biotop dar, denn die Steine (bearbeitete Natursteine, Feldsteine oder auch Klinker) werden ohne Bindemittel aufgesetzt. Die offenen Fugen bieten reichlich Lebensraum für Steingartenpflanzen, aber auch Insekten und andere Kleinlebewesen. Umfassungsmauern und freistehende Mauern im Garten wirken am schönsten, wenn sie gestalterisch zu Architektur und Charakter des Hauses passen. Es gibt für alle Stilrichtungen das geeignete Material:

Natursteine bieten sich in naturnah gestalteten Gärten an. Ziegelsteine passen sehr gut zu Häusern aus demselben Material. Mauern aus Beton sind relativ preiswert und lassen sich auch vielfältig in ihrer Form und Dicke gestalten. Ihre Struktur ändert sich je nach Schalung oder Oberflächenbehandlung. Sie kann vollkommen glatt oder aufgeraut sein, aber auch Muster zeigen, und Sie können sie streichen, wie Sie wollen: in modernen Gärten reinweiß, in mediterranen Gärten terrakottafarben oder blau. Der Anstrich hat den Vorteil, dass Sie ihn bei einer

Umgestaltung ändern können, sollte die einst gewählte Farbe nun nicht mehr passen.

MAUERN IM GARTENINNERN

Mauern zwischen Grundstücken, Garagenwände, Mauerscheiben an Terrassen und in Innenhöfen können Sie mit schön blühenden und/oder duftenden Kletterpflanzen begrünen.

★ Hübsche Situationen entstehen dort, wo altes Mauerwerk zum Vorschein kommt und sich kräftige Kletterrosen anlehnen können.

★ Bei Ziegelmauern sollten Sie darauf achten, dass Sie farbliche Kontraste einsetzen. Gut geeignet sind gelb oder weiß blühende Rosen, blaue Clematis oder Glyzinen.

★ Verputztes und weiß gestrichenes Mauerwerk ergibt einen wunderbaren Hintergrund für rote Rosen oder blaue Clematis und Glyzinen, aber auch für die Kletterhortensie (*Hydrangea petiolaris*) und malerische Solitärgehölze wie Hamamelis, Aralie oder Bambus.

An vielen Stellen im Garten ergeben sich auch Gelegenheiten für kleine Mäuerchen. Sie grenzen verschiedene Gartenbereiche voneinander ab, bieten bei ausreichender Breite und Höhe aber auch die Möglichkeit zum Verweilen. Niedrige Stützmauern fangen das Gelände ab, dazwischen entstehen ebene Flächen, die als Rasen oder Beetfläche genutzt werden können. Gleichzeitig entstehen an den vertikalen Mauern zusätzlich Pflanzmöglichkeiten, so dass auf kleinen Grundstücken durch Terrassierung mehr Raum für Pflanzungen zur Verfügung steht.

GABIONEN ALS MAUERERSATZ

Seit Jahrzehnten werden schon mit Steinen gefüllte Drahtgitterkörbe im Straßen- und Wegebau zur Hangbefestigung eingesetzt. Seit einiger Zeit sind solche Gabionen in kleinen Formaten und als Bausätze in verschiedenen Größen und Formen auch als Trennelement oder Mauerersatz für Gärten im Handel. Sie können diese Gabionen mit unterschiedlichen Steinsorten, farbigen Glassteinen und Holz in den verschiedensten Formen und Größen füllen und ganz persönliche Muster entwerfen. Breite, flache Gabionen benötigen kein Fundament, höhere Elemente brauchen ein ca. 60 cm tiefes Fundament, hohe, schmale Teile eine stabile Stütze. Solche technischen Lösungen eignen sich allerdings eher für moderne Gärten.

Links: Ein ovaler Tisch, umgeben von einer oval geformten Natursteinmauer, ist im Ergebnis – gestalterisch gesehen – eine runde Sache!

Ein zweifach geschützter Sitzplatz: zum einen durch die Mauern, zum andern durch die abgesenkte Lage.

Rahmende Pflanzen zur Mauerbegrünung

Botanischer Name	Deutscher Name	Blütenfarbe	Blütezeit
Acer palmatum 'Dissectum'	Schlitz-Ahorn	grün/rotlaubig	
Caryopteris clandonensis	Bartblume	hellblau	Aug.–Sept.
Corylopsis pauciflora	Scheinhasel	hellgelb	März–April
Deutzia in Sorten	Sternchenstrauch	weiß/rosa	Mai–Juli
Genista lydia	Steinginster	gelb	Mai–Juni
Lespedeza thunbergii	Buschklee	purpurrosa	Aug.–Okt.
Pinus mugo	Bergkiefer	immergrün	
Rosa 'The Fairy'	Kleinstrauchrose	rosa	Juni–Okt.
Skimmia japonica	Skimmie	weißrosa	April–Mai

Zäune trennen und schirmen ab

Ein Zaun ist mehr als nur die Begrenzung eines Grundstücks. Er schützt vor Blicken, vierbeinigen Eindringlingen, Staub, Lärm und Wind. Ob einfach, rustikal, gediegen oder elegant: Die Variationsmöglichkeit von Zäunen ist fast unbegrenzt. Achten Sie aber vor allem bei einem Zaun als Abgrenzung nach außen darauf, dass er sich in Art, Farbe, Material und Höhe harmonisch in die Umgebung einfügt.

In ländlichen Gebieten überwiegen die Holzzäune. In rustikaler Manier sind sie roh und naturbelassen oder durch einen Anstrich veredelt. Weiß gestrichene Zäune sieht man häufig in Küstenregionen. Besonders hübsch wirken sie zu Klinkerhäusern.

Im städtischen Umfeld wird das Holz oft durch Metall ersetzt. Hier ist es auch üblich, Zäune auf eine niedrige Mauer – einen Sockel – zu setzen. Meistens werden die einzelnen Zaunfelder zwischen Pfosten aufgehängt. Höhenunterschiede lassen sich durch abfallende oder ansteigende Sockel ausgleichen, oder die Zaunelemente werden stufig angeordnet. Gitterstäbe und Spitzen können kunstvoll verziert sein.

ZÄUNE AUS METALL

Die Palette der Metallzäune reicht vom einfachen Maschendraht bis zum kunstvoll geformten Schmiedeeisenzaun.

★ Maschendrahtzäune sind die preiswerteste Lösung, sie brauchen aber eigentlich immer ein grünes Pflanzenkleid, um ansehnlich zu wirken.

★ Stabgitterzäune vereinen in hohem Maße Schutz- und Schmuckfunktion, vor allem wenn es sich um kunstvolles Schmiedeeisen handelt. Die auf einem gemauerten oder betonierten Sockel stehenden Eisengitter sind stabil und trotzdem transparent. Der Sockel bildet eine saubere Kante. In der modernen Gartengestaltung haben häufig grün oder grau gestrichene Stabgitterzäune Eingang gefunden. Sie benötigen sehr wenig Platz, sind funktional, haben ein klares Design und sind gleichzeitig auch gute Klettergerüste für begrünende Pflanzen. Durch

Staketenzäune gibt es inzwischen schon von der Rolle. Mit ihnen lassen sich auch innerhalb eines Gartens einzelne Bereiche locker voneinander trennen – zudem bieten die Staketen jede Menge Platz zum »Dekorieren«.

Die mannshohen, schräg gestellten Holzstelen ziehen die Blicke auf sich und zum Teil auch hindurch, ohne jedoch allzuviel vom dahinterliegenden Gartenbereich preiszugeben.

ihr unspektakuläres Design überlassen sie ganz den Pflanzen die schmückende Wirkung. Diese ursprünglich als reine Schutzgitter industriemäßig sachlich konzipierten Zäune sind heute aus dem Gartenbereich nicht mehr wegzudenken.

Zäune aus Naturmaterialien

Auch Naturmaterialien wie Holz, Weidengeflecht oder Bambus bieten vielfältige und ausgefallene Gestaltungsmöglichkeiten.

★ Latten- oder Staketenzäune wirken je nach Ausführung rustikal (naturbelassen) oder eleganter (weiß gestrichen). Der Grad der Durchsichtigkeit ergibt sich aus einer mehr oder weniger dichten Reihung der Latten. Sehr schmale, aber eng gestellte Profile wirken leichter als breite Profilbretter.

Links: Das schmiedeeiserne Gitter passt wunderbar zur repräsentativen Villa mit großem Garten und altem Baumbestand.

★ Plankenzäune sind im Gegensatz zu Lattenzäunen immer nur niedrig und stellen keinen echten Schutz dar. Von jeher als Weidezäune verwendet, wirken sie sehr rustikal, vor allem wenn Schwartenbretter verwendet werden.

★ Scheren- und Gitterzäune sind ebenfalls leicht zu überwindende Hindernisse und nur als Einfriedung gedacht. Der beliebte Jägerzaun wirkt durch sein halbrundes Profil sehr rustikal und muss mit Bedacht gewählt werden. Engmaschige, schmale Konstruktionen aus gesägtem Holz strahlen mehr Leichtigkeit aus.

★ Flechtzäune werden aus dünnen Holzlamellen oder aus Weidengeflecht hergestellt. Sie bilden einen sehr guten Sichtschutz, werden aber in der Regel nur in naturnahen Gärten eingesetzt.

★ Aus Bambusrohr gefertigte Zäune oder Trennelemente werden in asiatisch gestalteten Gärten als Abgrenzung verwendet.

Mit diesem grünen Tor wird der Eingang in den Garten zu etwas sehr Persönlichem. Es lässt zwar einen Blick zu, schützt aber auch.

Ein solcher Weg und Durchgang kann zur Blütezeit des Blauregens (*Wisteria*) gar nicht lang genug sein.

Tore, Ein- und Durchgänge

Sobald Sie irgendetwas eingrenzen, sei es hoch oder niedrig, offen oder geschlossen, benötigen Sie auch einen entsprechenden Durchgang. Auch Tore, Ein- oder Durchgänge sind Verbindungselemente, die eine optische Einheit mit dem Garten, der Einfriedung und dem Haus bilden. Dem Eingang eines Grundstücks kommt ganz besondere Bedeutung zu: Er ist so etwas wie die Visitenkarte des Hauses und seiner Besitzer.

Zunächst stellt sich die Frage, welchen Zweck ein Tor erfüllen soll. Hat es rein dekorative Aufgaben, oder dient es auch der Sicherheit Ihres Grundstückes? Darf es Einblicke gewähren, oder soll es abschirmen? Da Ein- und Ausgänge ständig benutzt werden, müssen sie auch gewissen praktischen Anforderungen genügen und ausreichend stabil sein.

★ Offene Durchgänge liegen innerhalb des Grundstücks und trennen verschiedene Gartenräume wie Terrasse und Garten, Vorgarten und Wohngarten, Garage und Küchengarten voneinander ab. Sie können rein baulicher Natur sein, von Pflanzen begrünt oder nur aus einem Heckendurchgang bestehen.

★ Laubengänge sind entstanden, um geschützt vor Regen von einem Ort zum nächsten zu kommen. Einen zusätzlichen Reiz erhalten sie, wenn sie mit kletternden und rankenden Pflanzen bestückt werden und Wände und Dächer aus grünen oder blühenden Pflanzen entstehen, so dass sich neue Räume innerhalb des Gartens ergeben. Der Übergang vom Laubengang zur Pergola ist oft fließend. Ein Laubengang ist oben immer geschlossen und zusammengesetzt aus einzelnen Bögen oder hintereinandergereihten Toren. Eine Pergola ist seitlich und oben offen, transparent, nur in Einzelfällen gedeckt oder mit Segeln unterspannt. Holz und Metall sind die gebräuchlichsten Werkstoffe für Laubengänge und Pergolen.

Dieser Rosenbogen mit seiner überbordenden Blütenfülle entwickelt eine magische Anziehungskraft – er zieht den Besucher förmlich in den Garten hinein.

MATERIALWAHL

Tore gibt es in noch mehr Variationen als Zäune. Sie werden in der Regel aus Metall und/oder Holz angefertigt. Es wirkt großzügig, wenn das Gartentor und die Umzäunung aus demselben Material sind. Bei aller stilistischen Harmonie sollten Sie aber darauf achten, dass sich Türen und Tore deutlich von der Einfriedung abheben, damit sie auch von der Straße aus sichtbar sind und Besucher sie leicht finden.

★ Rundhölzer wirken rustikaler, insbesondere unregelmäßiges Stangenholz. Weiß gestrichene Hölzer sind typisch für den Landhausstil und treten als starke gestalterische Elemente in einem Garten hervor.

★ Metallkonstruktionen sind von Natur aus filigraner bei hoher Stabilität und deshalb ganz besonders für kleine Gärten geeignet. Durch die Biegsamkeit des Materials entstehen Bögen und Rundungen, die gerade in kleinen und nostalgischen Gärtchen zur Wirkung kommen. Von Kletterpflanzen umsponnen, bilden sie interessante Strukturen, ohne dabei dominant zu sein.

ROSENBÖGEN BITTEN HEREIN

Für alle, die Freude daran haben, ihren Garten durch ein blühendes Tor zu betreten, für die ist ein Rosenbogen eine gute Wahl. Kletterrosen erreichen leicht eine Höhe von drei Metern. Die englischen Rambler schaffen sogar 15 m und mehr. Ein Rosenbogen ist eine Kletterhilfe für die Königin der Blumen. Er dient der Pflanze aber nur als Stütze, nie darf er versuchen, eindrucksvoller als die Rosenpracht selbst zu sein. Rosenbögen bestehen meistens aus Metall – schön sind Rohre, denn sie können einfach in Form gebracht werden. Sie wirken filigran und leicht zugleich und sind langlebig. Vorsicht jedoch mit dem Farbanstrich – Grautöne sind ideal, denn allein die Rosenblüte soll wirken. Bögen aus Holz eignen sich gut für klein und einfach blühende Rosen. Sie halten aber leider selten länger als zehn Jahre. Ein Rosenbogen kann auch Rahmen für eine ganz besonders schöne Gartensituation sein. Und er hat auch im kleinsten Garten noch Platz – ob als Laube über einer Bank oder als Tor.

Einjährige Kletterpflanzen

Botanischer Name	Deutscher Name	Blütenfarbe	Blütezeit
Cobea scandens	Glockenrebe	violett	Aug.–Okt.
Eccremocarpus scaber	Schönranke	orange	Juli–Sept.
Ipomaea tricolor	Trichterwinde	hellblau	Juli–Sept.
Lathyrus odoratus	Duftwicke	viele Farben	Juni–Sept.
Phaseolus coccineus	Feuerbohne	rot	Juni–Sept.
Quamoclit lobata	Sternwinde	orangerot	Juli–Sept.
Rhodochiton atrosanguin	Rosenkelch	dunkelrot	Aug.–Okt.
Thunbergia alata	Schwarzäugige Susanne	gelb/orange	Juni–Okt.
Tropaeolum majus	Kapuzinerkresse	orange	Mai–Okt.

Gut geschützt

1 Gespaltene Holzscheite kunstvoll aufzusetzen, ist eine fast vergessene Fertigkeit. Wer sie wie hier als Sichtschutz und zugleich Kunstobjekt stapelt, wird auch lange Zeit darauf verzichten müssen, mit den Holzscheiten Feuer im Kamin zu machen.

1

2

2 Weichholzgeflecht ist eine uralte und bewährte Form, wenn es um Wind- und Sichtschutz geht. Klimmer nutzen die Zwischenräume, und so entsteht rasch eine Wand – komplett aus dem Baustoff »Natur«.

3 Diese »Gardine« aus Segeltuch ist für den Außenbereich konzipiert. Die Leichtigkeit des Stoffes lässt ihn durchscheinend werden, so dass hier nicht nur Sichtschutz erreicht wird, sondern auch eine Leinwand für ein stets wechselndes bewegtes Gartenbild.

3

4 **Zwei Lösungen** für einen kompletten Sichtschutz: Die übermannshohe Hecke ist in der Lage, jeglichen Einblick zu verhindern, und die zu einer Mauer geformten mächtigen Steinschüttungen (Gabionen) sind nicht nur blickdicht, sondern darüber hinaus auch geeignet, Lärm zu mindern.

5 **Die formale Strenge** dieses Sichtschutzes macht ihn zu einem ganz besonderen Beispiel vegetabiler Architektur. Die immergrüne Eibenhecke verleiht der Sitzgruppe den gewünschten Schutz, und das extravagant in Etagen geschnittene Laubgehölz – geeignet sind Linden – ist Raumbegrenzung, Blickschutz und Gartenschmuck in einem.

6 **Diese einfache** Holzkonstruktion verleiht einen optimalen Sichtschutz, bietet aber gleichzeitig die Möglichkeit, von innen nach außen blicken zu können. Wer also geschützt in seinem Garten sitzen will, ohne den Garten optisch ausgrenzen zu wollen, der wird mit diesem Vorschlag sicher glücklich werden.

Kleinarchitekturen

Mit einem mehr oder weniger großen, geschützten Raum inmitten des Gartens, in den man sich bei Bedarf zurückziehen kann, lässt sich das Lebensgefühl um ein Vielfaches steigern.

Zu den Kleinarchitekturen im Garten zählen alle Gartenhäuser wie Gewächshäuser und Geräteschuppen, offene und geschlossene Pavillons, Pergolen und Lauben. Diese kleinen Gebäude – vor allem in kleinen Gärten – sollten besonders behutsam geplant und gebaut werden. Je einfacher ein Gartenhaus, umso leichter lässt es sich in jeden Garten integrieren. Nostalgische Pavillons im Stil einer vergangenen Epoche sollten dagegen wie ein Kunstobjekt behandelt werden und haben einen wirkungsvollen Platz im Garten verdient. Und auch ein Geräteschuppen muss nicht in der hintersten Ecke versteckt werden, sondern kann zu einem attraktiven Blickfang werden, wie das Bild links beweist.

BLICKPUNKT ODER ÜBERRASCHUNGSEFFEKT?

In den meisten Fällen werden Gartenhäuser oder Pavillons möglichst weit vom Haus aufgestellt, um sie sozusagen kontrapunktisch im Hintergrund des Gartens als Blickfang zu nutzen. Ein Gartenhäuschen zum Zurückziehen und Träumen kann jedoch auch den Blicken entzogen, ganz versteckt stehen und damit zum echten Ruhepunkt werden, gleichzeitig jedoch einen Überraschungseffekt bilden.
In streng architektonischen Gärten gibt es zwei gute Lösungen für den richtigen Standort: Gartenhaus oder Pavillon bilden entweder die zentrale Mitte des Gartens, oder sie liegen als Zielpunkt am Ende eines Weges.

★ Wollen Sie Ihr Gartenhaus nicht den Blicken entziehen, sondern sich einen hübschen Anblick verschaffen, dann lassen Sie es doch von stark wachsenden Kletterrosen überwuchern – wenn die Lichtverhältnisse es erlauben.
In sonnigen bäuerlichen Gärten kann das Gartenhaus auch von üppigen Staudenrabatten eingerahmt sein.

★ Ein Pavillon aus Glas oder ein konventionelles Kleingewächshaus bilden für Hobbygärtner die ideale Ergänzung zum Garten. Ein Glashaus ist besonders für sehr kleine Gärten attraktiv, weil es zusätzliche Aktivitäten bei schlechtem Wetter und im Winter ermöglicht. Im Gegensatz zu anderen Gartenhäusern werden sie nicht eingegrünt, denn sie sollen ja das ganze Jahr über reichlich Licht erhalten. Formschöne, aber schlichte Glashäuser mit einer Holz-, Stahl- oder Aluminiumkonstruktion passen in jeden Garten, während romantische oder historisierende Glaspavillons und Gewächshäuser in ein entsprechendes Umfeld gehören.

★ Für Kinder sind nicht nur Baumhäuser attraktiv, auch einfachste Hütten werden schnell zum Spielparadies. Hauptsache, es bleibt allein das Reich der Kinder! Und wenn dann noch eine Treppe auf das Dach und zu einer Rutsche führt, dann ist alles »super«!

Zwei noch ganz rüstige Gartengeräte im Ruhestand – nun zieren sie.

Pavillons, Lauben und Pergolen

Die Grenze zwischen den Begriffen Pavillon, Laube und Pergola ist oft verwischt. Ein Pavillon hat im Gegensatz zur Laube ein festes Dach. Er kann aber auch wie eine Laube nach einer oder mehreren Seiten offen sein. Ist er nach allen Seiten geschlossen, dann spricht man schon eher von einem Gartenhaus. Der Grundriss eines Pavillons kann rund, quadratisch, sechs- oder achteckig sein. Form und Dachkonstruktion erinnern manchmal an ein Tempelchen. Der Pavillon stellt eine echte Alternative zur geschützten Wohnterrasse dar, wobei der Garten vom Pavillon aus unmittelbarer zu erleben ist als von der Terrasse.
Pavillons sind wieder in Mode gekommen. Es existiert eine riesige Palette von »Zimmern im Grünen« in allen erdenklichen Formen und Größen – der Phantasie sind keine Grenzen gesetzt, alle Stilrichtungen vorhanden. Einen Großteil davon können Sie sogar schon fix und fertig im Baukastensystem kaufen.
In erster Linie dienen offene oder geschlossene Pavillons als Refugien oder zum geselligen Beisammensein. Das feste Dach über dem Kopf schützt bei Hitze oder vor Regen und Wind, und wenn die Wände rundum auch geschlossen werden können, entsteht ein von der Witterung völlig unabhängiger, zusätzlicher Raum inmitten des Gartens mit einer Aussicht nach allen Seiten.
Es gibt eigentlich keine Regeln zur Gestaltung eines Pavillons, gut ist es aber, wenn er auf einem Sockel steht. Dies gibt ihm nicht nur eine herausgehobene Stellung im Garten, sondern ermöglicht es auch, dass der Holzfußboden nach einem Regen gut abtrocknen kann.

LAUBEN UND PERGOLEN

Lauben und Pergolen sind architektonische Elemente, die gut geeignet sind, Gartenteile optisch zu trennen oder zu verbinden. Schon als unbepflanzte Gerüste aus Holz oder Metall bilden sie einen Blickfang. Mit Blättern und Blüten berankt, erzielen sie aber die schönsten Effekte.

Der Weg in den hinteren Gartenteil lohnt sich: Ein romantischer Sitzplatz unter einer reich blühenden Pergola, abgegrenzt durch eine niedrige Formschnitthecke, lädt zum Kaffee ein – wer könnte da widerstehen?

Dieses komplette Gartenzimmer mit Kamin ist wind- und regengeschützt und hat einen herrlichen Ausblick in den Garten hinein.

★ Lauben können frei im Raum stehen oder an eine Wand angelehnt sein, Wege begleiten sowie den Kreuzungspunkt von Wegen oder einen Platz betonen. Sie werden entweder fest gebaut oder aus lebenden Pflanzen gebildet. Eine einfache Laube können Sie errichten, indem Sie zwischen den senkrechten Pfosten eines Pergolengerüstes Spaliere und Gitterwände anbringen, die mit leichter Berankung Rückendeckung sowie seitlich und von oben Schutz vor Sonne und Wind bieten. Stimmen Sie den Bewuchs auf das Gerüst ab. Stark wuchernde Gewächse wie Glyzinen (*Wisteria sinensis)* oder Knöterich (*Fallopia aubertii*) bieten zwar einen guten Schutz, verdecken das Klettergerüst aber vollkommen. Für besonders edle Halterungen, die zum Teil sichtbar bleiben sollen, sind Rosen und Clematis vorzuziehen.

★ Die Pergola (ital. pergula = An- oder Vorbau) diente ursprünglich im Übergang zwischen Haus und Terrasse zur Zierde und war im Gegensatz zur frei stehenden Laube stets an ein Gebäude angebaut.

Eine Pergola ist ein Rankgerüst, bei dem durch senkrechte Stützen und waagerechte Querverbindungen ein Raum entsteht. Sie sollte immer durch geeignete Pflanzen berankt werden. Je nachdem, ob Sie zwei Baukörper miteinander verbinden oder einen großen Gartenraum in überschaubare Dimensionen bringen wollen, sind Pergolen entweder Bindeglied oder Gliederungselement.

Links: Pavillon, Gartenmöbel und Bepflanzung, alles passt zueinander – das ganze Ambiente ist stimmig.

LAUBEN FÜR KINDER

Lauben speziell für Kinder lassen sich schnell aus Bohnenstangen und einer Samentüte mit wuchsstarken Feuerbohnen herstellen – im Nu ist das Indianerzelt fertig. Weidenruten eignen sich ausgezeichnet zum Bau eines Tipis. Sind sie noch grün genug geschnitten worden, dann treiben die Ruten aus und hüllen das Tipi bald in saftiges, undurchdringliches Grün.

Kleinarchitekturen – zweckmäßig und fantasievoll

1 Kleingewächshäuser bilden für den Hobbygärtner die ideale Ergänzung zum Garten. Wenn Sie ein Glashaus nur zur Anzucht und Kultur von Blumen und Gemüse haben wollen, ist ein konventionelles Gewächshaus mit Satteldach genau das Richtige. Hier ist die Raumausnutzung mit Stellagen und Hängeborden entlang den Glaswänden und unter dem Giebel am besten.

Wenn das Glashaus aber Ausstellungsraum für exotische Pflanzen sein soll oder nur Überwinterungsraum für Kübelpflanzen, dann sind sechs- oder achteckige Pavillons mit hohen Seitenwänden geeigneter.

2 **Ein Baumhaus** wird normalerweise von Kindern selbst gebaut. Es darf aber auch durchaus einmal das Kind im Gärtner seine Träume verwirklichen. Dann wird allerdings schnell mal eine Baumvilla daraus – was aber Kinder bekanntlich nicht stört. Beim Blick aus diesem Baumhaus ergeben sich ganz neue und ungewohnte Garteneinblicke und -einsichten.

3 **Offene Häuser** haben in wärmeren Klimazonen eine lange Bautradition. Die Architektur dieses Gebäudes hat wohl viele Wurzeln – die bedeutendste jedoch scheint die Fantasie zu sein. Dieses Refugium schützt vor Regen und Wind oder großer Hitze und erlaubt es gleichzeitig, den Garten bei allen Wetterbedingungen unmittelbar zu erleben.

4 **Für einen extravaganten Garten** ist dieser Vorschlag gedacht: Eine orientalisch anmutende Eisenkonstruktion hält ein knallgelbes wasserundurchlässiges Textil. Allerdings setzen Wind, Regen und der Winter enge Grenzen hinsichtlich der Verwendung solch spielerischer Ideen.

Gartenhäuschen für jeden Bedarf

In einem Garten und in einer Familie gibt es tausend Dinge aufzubewahren und abzustellen – vom Fahrrad über den Rasenmäher bis zu Spielsachen und Gartenzubehör wie Geräte und Düngemittel, die trocken gelagert werden müssen. Sogar in einem kleinen Garten bietet ein Gartenhäuschen viele Vorzüge: Es schafft Unterstellmöglichkeit für Gartenmöbel, einen trockenen zweiten Sitzplatz, einen zusätzlichen Rückzugsort, einen abgetrennten Spielraum für Kinder, der auch bei Regenwetter benutzt werden kann.

WOHIN MIT DEM GARTENHAUS?

Die Möglichkeiten, auf kleinen Grundstücken noch ein Gartenhäuschen mit mindestens 10 m^2 unterzubringen, sind nicht allzu groß. Im Gegensatz zum Gewächshaus, das möglichst hell und frei stehen muss, kann ein Gartenhäuschen auch unter Bäumen oder im Schutz von Sträuchern aufgestellt werden.
Bevor Sie jedoch mit dem Bau oder Aufstellen eines Gartenhäuschens beginnen, sollten Sie sich genau erkundigen, ob Sie eventuell eine Baugenehmigung benötigen. Beachten Sie auch das Nachbarschaftsrecht.
Der Baumarkt bietet eine unübersehbare Fülle unterschiedlicher Gartenhäuser an. Prüfen Sie gut, welcher Stil in Ihren Garten passt.

GARTENHÄUSER BEGRÜNEN

Je ausgefallener und ästhetischer das Design eines Gartenhauses ist, umso weniger sollte es begrünt werden – es wirkt für sich allein. Viele Geräteschuppen aber sind nicht als Blickfang geeignet und sollten daher entweder hinter einer Hecke, großen Sträuchern oder einer von Kletterpflanzen berankten Wand verschwinden. Die reinen Zweckbauten können auch durch eine

angemessene Bepflanzung verschönt werden und durch ein grünes Kleid mit dem übrigen Garten zu einer Einheit verschmelzen. In Frage kommen hierfür in erster Linie immergrüne Pflanzen wie Efeu oder der selbstklimmende Spindelstrauch (*Euonymus fortunei*). Die Begrünung sollte aber immer in das Gesamtkonzept des Gartens einbezogen werden. Passend sind immergrüne Laubgehölze wie Rhododendren und Kirschlorbeer oder heimische Gehölze wie Liguster, Holunder und Haselnuss.

★ Einfache Gerätehütten aus wartungsfreiem Stahl lassen sich schnell und schön unter Knöterich (*Fallopia*) verbergen. Vom Sommer bis weit in den Herbst hinein ist die Hütte mit duftigen weißen Blütenrispen überzogen.

★ Sie können unschöne Konstruktionen auch hinter einer Art »Wandschirm« aus geschnittenen Sträuchern verbergen. Ziehen Sie die Sträucher am besten an Spalieren und Stäben. Nach dem Formschnitt sollte das Grün eine Dicke von maximal 20–30 cm haben. Geeignet sind der wintergrüne Feuerdorn (*Pyracantha coccinea* 'Orange Glow'), Kornelkirsche (*Cornus mas*) – mit ihren hellgelben Blütchen, die schon ab Februar erscheinen – und die hohen Formen der Zierquitte wie *Chaenomeles speciosa* oder die Hybride 'Fire Dance'. Diese Gehölze erreichen eine maximale Höhe von 1,5–2 m und gedeihen auch im Halbschatten. Für sonnige Lagen bietet sich natürlich Spalierobst an.

★ Ist mehr Platz vorhanden, können Sie den Geräteschuppen hinter einer dichten Heckenpflanzung verstecken. In formalen und klassischen Gartenanlagen verwenden Sie am besten Hainbuche (*Carpinus betulus*) oder immergrüne Eibe (*Taxus baccata*).

★ Verschönernd wirkt aber auch eine Überwucherung des Gebäudes mit stark wachsenden Kletterrosen wie den rot blühenden Sorten 'Flammentanz' und 'Sympathie', der weiß blühenden Sorte 'Direktor Benschop' oder der zartrosafarbenen 'New Dawn'. Damit wird aus einem einfachen Gartenhäuschen zwar nicht das Schloss von Dornröschen, aber Sie sind auf dem guten Weg dorthin.

Links: Ein Bauwagen wird zum romantischen Gartenhäuschen. Diesen braucht man wirklich nicht hinter Hecken zu verstecken!

Der Fantasie sind keine Grenzen gesetzt: Hier wurde ein nostalgisches Klohäuschen zu einem Geräteschuppen umfunktioniert.

WER DIE WAHL HAT, HAT DIE QUAL

Das Spektrum der auf dem Markt angebotenen Gartenhäuser reicht von qualitativ hochwertigen Holzkonstruktionen, die trotz anspruchsvoller Gestaltung auch leicht aufzubauen sind, über elegante, nostalgische oder moderne Pavillons bis zur einfachen, vorgefertigten Blockhaus- und Stahlversion. Wer Bausätze von der Stange nicht mag, für den kommen unkonventionelle Lösungen in Betracht. Ob Bauwagen, Schäferkarre, Klohäuschen, Bienenhaus oder einen Sonnenschirm, den man begrünen kann – Ideen gibt es genug.

Sitzplatz-Variationen

Was wäre ein Garten ohne einen oder zwei Sitzplätze zum Genießen im Freien – allein, zu zweit oder zu mehreren, frei stehend oder überdacht, von Hecken und Mauern geschützt.

Wer einen Garten besitzt, der möchte sich auch – so oft es die Witterung erlaubt – im Freien aufhalten. Beinahe alle Tätigkeiten lassen sich bei schönem Wetter auch nach draußen verlagern, ob Essen, Lesen, Schreiben, Spielen, überdies jegliches gesellige Beisammensein mit Familie und Freunden. Verschiedene Sitzplätze – nahe beim Haus und/oder im Garten – bieten diese Möglichkeiten. Die sich ständig wechselnden Lichtverhältnisse, die unterschiedlichen Blühhöhepunkte im Garten laden dazu ein, für jede Jahreszeit verschiedene Sitz- und Ruheplätze im Garten einzurichten.

WOHLFÜHLPLÄTZE IM GARTEN

Sitzplätze können ebenerdig – eingebunden in die Gartenbepflanzung – angelegt werden, etwas erhöht mit freiem Blick oder im Niveau abgesenkt. Oft sind gar keine besonderen baulichen Maßnahmen nötig: Rasenfläche oder Wiese, ein Holzsteg, ein breiterer Weg oder eine Nische in der Hecke bieten bereits die besten Voraussetzungen für eine Bank, einen Garten- oder Liegestuhl, die Hängematte zwischen zwei Bäumen nicht zu vergessen.

★ Im Frühjahr und Herbst möchten wir die Sonne genießen, benötigen aber Schutz vor Wind und eine Mauer, von der die Wärme der Frühlingssonne abstrahlt. Solche Bedingungen finden wir vorrangig direkt am Haus auf der Terrasse. Legen Sie hier in unmittelbarer Hausnähe einen weiteren Sitzplatz an. Dimensionieren Sie ihn ausreichend groß, damit Sie mit Tisch und Stühlen der Sonne folgen können. Ein fester Untergrund ist empfehlenswert – damit das Mobiliar nicht wackelt. Regenwasser muss gut abfließen können, und die Nähe zur Küche wäre wünschenswert. Am wichtigsten aber ist die Ausrichtung zur Sonne.

★ Im Sommer bei Sonnenschein benötigen Sie dagegen einen schattigen, luftigen Platz. Schatten spendende Bäume sind allemal besser als Schirme oder Markisen, unter denen sich die Wärme staut. Auch begrünte Rankgerüste wie Pergolen bieten sich hierfür an. Zu diesem Sitzplatz sollte ein gut begehbarer Weg führen, denn hier wird sich sicherlich ein großer Teil des sommerlichen Gartenlebens abspielen.

★ Schön wäre auch ein ruhiger Rückzugsplatz im Garten. Er braucht nicht groß sein, sollte aber geschützt und möglichst uneinsehbar liegen. Ideal ist natürlich der schöne Blick in die Ferne oder auf ein besonders reizvolles Detail im Garten oder aber die Nähe zu duftenden Pflanzen. Zu diesem Ort der Ruhe muss kein Weg führen – ein paar Trittplatten genügen.

★ Jeder Platz im Garten gewinnt an Stimmung durch eine passende Beleuchtung. Sie verlängert nicht nur den Gartentag, sondern vermittelt auch eine angenehme Atmosphäre, wenn man vom Haus aus in den Garten schaut.

Eine Bank, ein Kissen, Blumen und ein wenig Sonne – das kann eine schöne Stunde werden.

Die Terrasse – der Sitzplatz am Haus

Die Terrasse am Haus ist in den Sommermonaten der Wohnraum im Grünen. Sie sollten ihn so großzügig wie möglich bemessen, denn außer der Familie sollten auch Freunde und Gäste hier ausreichend Platz finden.
Idealerweise liegen Wohnraum, Terrasse und Garten auf einer Ebene, die Terrasse schließt an das Wohnzimmer an und liegt auf der Südseite des Hauses. Ein fließender Übergang gelingt Ihnen, wenn sich der Einrichtungsstil von drinnen in Farben, Formen und Materialien auch auf der Terrasse wiederfindet.
Auf der Sonnenseite heizt sich die Terrasse im Hochsommer sehr stark auf. Schutz gewähren hier am besten Markisen, Sonnensegel und Schirme. Eine große Terrasse können Sie mit Hilfe von Kübelpflanzen, einer Sichtschutzwand, einem Paravent oder einem hoch gelegenen Zierteich in kleinere Bereiche untergliedern.
Sicht- und Windschutz von den Seiten bieten Mauerscheiben, Holzwände, Hecken und Spaliere. Rankgerüste brauchen allerdings einige Jahre, bis sie eingewachsen sind.
Wenn es möglich ist, sollten Sie noch ein Plätzchen auf der Ostseite zum Frühstücken und eines auf der Westseite, um die letzten Sonnenstrahlen zu genießen, einrichten.

AUF DEN BELAG KOMMT ES AN

Einen nahtlosen Übergang erreichen Sie, wenn Sie innen und außen das gleiche Material für den Bodenbelag (Marmor, Fliesen, Holz) wählen – jedoch in unterschiedlicher Bearbeitung.

- Natursteinplatten sind sehr teuer, dafür aber sehr edel und haltbar. Der Preis variiert je nach Material, Herkunft, Oberflächenbehandlung und Art des Verlegens. Vorsicht, nicht alle Natursteinplatten sind frosthart!
- Kunststeinplatten sind viel preiswerter und in vielen Formen, Farben und Oberflächenstrukturen erhältlich. Einen Kompromiss stellen Platten dar, bei denen auf die Oberfläche eine Schicht aus natürlichem Gestein eingearbeitet wird.

Der Sonnenschirm beschattet diesen Sitzplatz nicht nur in der Mittagshitze, er ist auch schmückendes Accessoire, denn Farbe und Muster des Stoffes korrespondieren ausgezeichnet mit der runden Pflasterfläche zu seinen Füßen.

In diesem großzügigen Ambiente, von oben und seitlich blickgeschützt, farblich abgestimmt und mit bequemen Lounge-Möbeln ausgestattet, fühlen sich auch Gäste wie zu Hause.

★ Natursteinpflaster ist griffig, haltbar und lässt das Oberflächenwasser gut versickern. Durch seine Unebenheit stehen Sitzmöbel aber nicht immer stabil, und in den Fugen bleiben Tisch- oder Stuhlbeine oft stecken. Es wird vor allem zur Gliederung größerer Flächen und als Belag für Restflächen genutzt. Das kleine Format eignet sich gut für Rundungen, Kurven und Ecken.
★ Betonpflaster ist weitaus billiger und leichter zu verlegen, weil der Kunststein gleichmäßiger ausgebildet ist. Sie bekommen es in verschiedenen Farben und mit unterschiedlicher Oberflächenstruktur.
★ Klinkerpflaster ist eine gute Wahl. Es wird vor allem überall dort eingesetzt, wo Klinker auch beim Hausbau verwendet wurden. Es kann sehr gut mit Kleinsteinpflaster kombiniert und in ganz verschiedenen Mustern verlegt werden.

Links: Südländisches Flair zaubern die terrakottafarbenen Fliesen, die Korbmöbel und der kletternde Wein auf diese Terrasse.

Nicht nur der Belag entscheidet über die Qualität eines Sitzplatzes, sondern auch die Art, in der Steine und Platten verlegt werden.

HOLZ ALS WERKSTOFF

Holz ist eine preiswertere Alternative zu Kunst- und Naturstein. Holzpflaster ist in verschieden großen runden oder kantigen Abschnitten erhältlich und kann wie Steinmaterial in Mustern verlegt werden.
So schön und praktisch Holzbeläge auch sind, ihre Lebensdauer ist begrenzt. Spätestens nach zehn Jahren treten erste Schäden auf. Außerdem werden Holzbeläge an schattigen, feuchten Stellen rutschig und dadurch gefährlich!

Gartenmöbel für jeden Geschmack

1 Sitzfläche unterm Baum – individuell und einfallsreich, keine Lösung von der Stange! So sitzt es sich bequem im Schatten des Baumes. Die Wohnzimmer-Atmosphäre wird unterstrichen durch die Ausstattung mit Kissen und Decken.

2 Metallmöbel sind witterungsbeständig und leicht, können also gut ihren Standort im Garten wechseln. Diese formschöne Metallbank schafft aus sich heraus schon eine anmutige Grundstimmung, die den Gartenbesucher veranlasst, sich niederzulassen und die Natur zu genießen.

3 Eine Hängematte ist unverzichtbar für all diejenigen, die im Garten wie auf Wolken schweben möchten. Mit dieser stabilen und sicheren Konstruktion sind Sie ungebunden, denn sie kann überall im Garten aufgestellt werden.

Leichte Gartenmöbel ermöglichen es, ohne große Mühe jeden Ort des Gartens in einen stimmungsvollen Sitzplatz zu verwandeln.

Sitzplätze im Garten

Der Sitzplatz im Garten wird häufig als Gegenpol zur Terrasse angelegt. Mehrere größere und kleinere Sitzplätze im Garten ermöglichen unterschiedliche Ausblicke und schaffen Erlebnisräume. Warum Haus und Terrasse nicht einmal vom Garten aus betrachten. Wenn es im Hochsommer auf der Terrasse oftmals zu warm wird, sucht man gerne schattige und luftige Bereiche im Garten auf, freut sich an einer Bank unterm Hausbaum, im Gehölzschatten oder am Teichrand. Manchmal braucht man auch Ruhe und Entspannung – hier bietet sich dann ein abgeschirmter, ganz im Grün des Gartens versteckter Sitzplatz an.

DAUERHAFTE SITZPLÄTZE

Für Ihren Sitzplatz im Garten bietet sich ein Standort an, der Ihnen als Ergänzung zum Terrassensitzplatz dient – beispielsweise eine sonnige Frühstücksecke oder ein Platz, der die Nachmittags- und Abendsonne einfängt, ein Ort zum ungestörten Sonnenbaden oder aber ein romantisches Schattenplätzchen für den Hochsommer. Optimal ist ein Standort, der Geborgenheit vermittelt und doch Ausblicke in den Garten und auf das Haus zulässt.

Besonders wichtig ist auch hier der Rahmen des Platzes, der sowohl optischen Halt als auch praktische Rückendeckung geben soll. Vorhandene Mauern, Zäune oder Hecken wären dafür ideal. Am besten geeignet sind Nischen oder Winkel, von zwei oder drei Seiten umschlossene Plätze, die einen guten Wind- und Sichtschutz bieten. Dieser Schutz lässt sich auch durch den Bau einer Laube mit begrünten Seiten- und Rückwänden schaffen.

Die Größe des Sitzplatzes richtet sich nach den Nutzungsgewohnheiten Ihrer Familie und nach den vorhandenen Platzverhältnissen. Ein wirklich schöner Platz im Garten kann leicht zu klein werden, aber selten zu groß! Die Ausstattung des Sitzplatzes hängt wiederum von seiner

Rechts: Der schlicht ausgestattete Sitzplatz auf der Kiesfläche wirkt vor allem durch die Patina, mit der alle Accessoires überzogen sind.

4 **Holzgitterroste** schaffen die Verbindung zwischen Betonflächen und Holzsichtschutzwand. Um bequem sitzen zu können, braucht man allerdings eine weiche Unterlage.

5 **Ein Platz für zwei.** Dieser runde Liegeplatz mit Stoffdach ist wirklich sehr ausgefallen. Material und Farbe harmonieren aber gut mit der Bepflanzung und den Sichtschutzwänden in Flieder und Weiß. Hier lässt es sich gemütlich kuscheln – es sei denn, es regnet.

6 **Liegen, leicht** zu verschieben. Diese bequemen Liegen können auf Rädern leicht im Garten zu den schönsten Stellen transportiert werden. Mit Decken, Kissen und anderen Auflagen bringen Sie zusätzliche Farbe in den Garten.

Größe und dem Stil des Gartens ab, unterscheidet sich aber von der Einrichtung der Terrasse am Haus durch rustikalere Möbel.
Wenn Sie den Sitzplatz etwas erhöht auf einer Plattform anlegen, dann haben Sie vielleicht einen schönen Blick über den Garten oder in die freie Landschaft. Hier bietet sich das Aufstellen eines Pavillons an, damit Sie die Aussicht auch windgeschützt genießen können.

MOBILE SITZPLÄTZE

Mobile Sitzplätze lassen sich mit leichten, zusammenklappbaren oder rollenden Gartenmöbeln mühelos und schnell einrichten. Sie haben dann ihren Reiz, wenn sie je nach Jahreszeit und wechselnden Blühhöhepunkten eingerichtet werden. Im späten Frühjahr und Frühsommer etwa vor halbschattigen Gehölzpartien, wo Azaleen, Fingerhut und Akelei blühen, im Hochsommer bei den Stauden und Rosenrabatten oder im Herbst in einer geschützten Ecke mit Blick auf gold- und silberfarbene Gräserhorste, durchwirkt von den letzten kräftigen warmen Rot- und Blautönen spät blühender Stauden wie Astern und Fetthennen.
Tisch und Bank im Schutz einer Mauer oder Böschung sind reizvolle Sitzgelegenheiten, denn sie bieten eine natürliche Rückendeckung.

KLEINE SITZGELEGENHEITEN

Mit einer kleinen Bank oder einem Stuhl inmitten von Blumenbeeten können Sie sich ganz unmittelbar in das Betrachten der Blüten versenken. Ein Sitzstein, eine Treppenstufe oder ein niedriges Mäuerchen am Teichrand laden zum Ausruhen und Entspannen ein.
Auch im Nutzgarten ist eine Sitzgelegenheit angebracht. Sie können alles Mögliche darauf ablegen, sich aber auch zwischendurch einmal von der Gartenarbeit ausruhen und sich an Ihrem Erntegut erfreuen.
Und nicht zu vergessen: Auf einer Hausbank im Eingangsbereich können Sie gut nachbarschaftliche Kontakte pflegen!

Sinfonie in Blau- und Lilatönen

Diese frühsommerliche Gartensituation ist in ein strenges bauliches Konzept einbezogen. Man kann sich diesen Bereich gut auf der Terrasse eines modernen Hauses vorstellen. Löst man sich gedanklich von der dominanten Bank, dann lässt sich das gesamte blaue Beet genau so gut auch auf Normalniveau realisieren. Dieses Beet könnte auch einen wunderbaren Übergang von der Terrasse am Wohnhaus zum anschließenden Gartenbereich bilden. Dabei ist es wichtig, die Höhe der Pflanzung zu beachten. Von der Terrasse aus sollte der Blick in den Garten nicht verstellt werden. Höhere Exemplare wie Ehrenpreis (*Veronica)*, Fingerhut (*Digitalis purpurea*) und Rittersporn (*Delphinium*) könnten dann das Beet flankieren, statt wie hier den Hintergrund zu bilden.

Ein Garten im Frühsommer zeigt sich in besonderem Maße von seiner üppigen Seite. Vor allen Dingen das reine klare Blau wird später im Jahr auf der Farbskala nicht mehr erscheinen. Dieser Umstand gibt immer wieder Anlass zu großem Bedauern, aber führt bei den Züchtern nicht zum gewünschten Erfolg – bei Tulpen, Rosen, Dahlien ist die »Blaue Blume« bisher immer noch ein Wunschtraum geblieben. Ehrenpreis und Rittersporn dagegen gehören zu den beliebten Vertretern blauer Blumen. Hier im Bild sind sie benachbart und kombiniert mit dem dunkelblauen Sommersalbei und dem violetten Zierlauch, der durch seine Kugelform einen starken und eindrucksvollen Kontrast zu den meist rispenförmigen übrigen Blüten schafft. Dazu bietet der Schopflavendel (*Lavandula stoechas*) – der beide Farbkomponenten aufweist – einen interessanten Aspekt.

BLAU STEHT FÜR FERNE

Bei den meisten Blüten, die wir als blau bezeichnen, steht der Anteil an matten Purpur- und Violettönen stärker im Vordergrund, dagegen wirkt das reine Kornblumen- oder Enzianblau strahlend und dominant. Um die beiden Farbvarianten zu harmonisieren, fungieren das Rosa und Weiß der Fingerhüte sehr gut als Weichzeichner. Sie hellen die ganze Szenerie auf und mildern auch die härteren blauen Töne etwas ab. Die ungewöhnliche Blüten- und Farbkombination dieses Gartenhofes ist ganz individuell auf den architektonischen Rahmen des Blumenbeetes zugeschnitten. Ein interessantes Phänomen kommt hier zum Vorschein: Die Farbe Blau erweckt den Eindruck von Ferne – wie auch der blaue Himmel fern erscheint. Obwohl dieser Gartenraum so beschränkt und eng ist, hat man beim Betrachten ein Gefühl der Weite, ein Beweis dafür, dass Farben eine suggestive Wirkung besitzen – hier stehen sie für Kühle und Distanz. Die als Einfassung dienende niedrige Buchsbaumhecke verstärkt diesen Eindruck noch. Dem kühlen Blau und Lila der Bepflanzung wird mit der Sitzbank ein warmes Honiggelb zugesellt – ein harmonischer Farbkontrast. Auch die harten, kantigen Formen der Bank und der sich daran anlehnenden Pflanzung werden durch das warme Material Holz gemildert.

Am Abend sorgen indirektes Licht unter der Sitzfläche und der Duft des Lavendels für eine angenehme Atmosphäre.

Pflanzplan

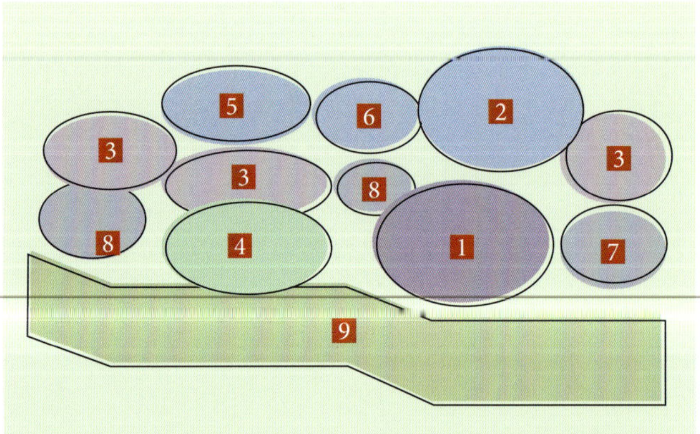

Beetgröße 3 x 3 m

Pflanzliste

1	7	Schopflavendel *Lavandula stoechas*
2	5–7	Ochsenzunge *Anchusa azurea*
3	3 x 10	Zierlauch *Allium* 'Globemaster'
4	5	Storchschnabel *Geranium himalayense*
5	7–10	Fingerhut *Digitalis purpurea*
6	5–7	Rittersporn *Delphinium-Belladonna*-Hybride 'Völkerfrieden'
7	5	Steppensalbei *Salvia nemorosa* 'Mainacht'
8	2 x 5	Ehrenpreis *Veronica austriaca* ssp. *teucrium* 'Knallblau'
9	5 Stk/lfm	Buchsbaum *Buxus sempervirens*

Ein Sitzplatz am Wasser

Wer Wasser in seinem Garten hat, und sei es auch in noch so kleiner Form, der möchte es auch genießen. Das Nonplusultra ist ein Sitzplatz am Teich:
Ein Teich beherbergt vielseitiges pflanzliches und tierisches Leben und lädt ganz besonders zum Beobachten ein. Das Plätschern, Sprudeln und Gluckern des Wassers trägt zur Entspannung bei und vermittelt Ferienstimmung im eigenen Garten. Außerdem hat die Nähe von Wasser immer eine Verbesserung des Kleinklimas zur Folge. Allein die Verdunstung bringt Erfrischung und Abkühlung. In vielen Fällen genügen schon eine Bank, ein Liegestuhl oder Sessel, um sich einen Ruheplatz oder Beobachtungsposten am Wasser einzurichten. Auch Findlinge, Sitzsteine oder niedrige Mäuerchen sind geeignete Plätzchen am Rand des Wassers und lassen sich bereits bei der Teichanlage mit einplanen. Zum Platznehmen und um die Füße im Wasser baumeln zu lassen, laden auch Plattformen und Stege ein. Noch schöner aber ist es, mit der ganzen Familie und/oder Freunden am Teich zu sitzen und laue Sommerabende zu genießen – vor allem, wenn dann auch noch die Beleuchtung stimmt und Unterwasserleuchten und dezent eingesetzte Strahler die ganze Szenerie verzaubern. Doch denken Sie daran, dass dieser interessante Ort auch große Anziehungskraft auf Kinder ausübt. Ihre Sicherheit hat bei allen Gestaltungsplänen Priorität!

WASSER AUF DER TERRASSE

Sitzplätze in Verbindung mit Wasser auf der Terrasse sind besonders attraktiv, weil sie hier am häufigsten genutzt und genossen werden.

★ Kleine Wasserbecken oder Wasserspiele auf oder am Rand der Terrasse tragen zum Wohlbehagen bei und sind darüber hinaus geschätzter Blickfang. Sie können entweder auf die vorhandene Oberfläche aufgesetzt, oder es müssen kleine Schächte ausgehoben werden.

★ Eine reizvolle Lösung ergibt sich, wenn die Holz beplankte Terrasse in strenge Stege über-

Ein Traumsitzplatz: harmonisch eingefügt zwischen Rasenfläche, Haus und Teich mit herrlichem Rundumblick.

geht, die ein oder mehrere Wasserbecken an ein bis zwei Stellen überbrücken und dann weiter in den Garten führen.

★ Besonders bei einem etwas geneigten Grundstück kann die Terrasse die Wasseroberfläche wie eine Aussichtsplattform überragen. Schützen Sie den Rand der Terrasse durch ein Geländer und/oder bepflanzte Tröge, damit niemand ins Wasser fallen kann.

★ Eine interessante Lösung stellt ein Wasserlauf oder ein Brunnen dar, der aus der Hauswand an Ihrer Terrasse »entspringt«. Dies erfordert ein besonders gut gestaltetes, zum Haus passendes Becken mit einem Wasserspeier. Sie können die erforderliche Wassertechnik leicht frostsicher im Keller Ihres Hauses installieren.

Eine solche Wasserstelle sollte allerdings für sich wirken – auf eine Bepflanzung können Sie hier gut verzichten.

Links: Hier stimmt einfach alles: Farben, Formen und Materialien, Bepflanzung und spiegelnde Wasserfläche – der ideale Sitzplatz im Garten.

★ Schon ein kleines, flaches Becken in der Nähe der Terrasse, das nicht einmal an einen Wasserlauf angeschlossen werden muss, sorgt für spannende Unterhaltung, wenn es den Vögeln als Badeplatz dient. Vögel stören sich kaum an den Menschen, benötigen aber einen übersichtlichen Standort mit Landeplatz, damit sie ungehindert an- und abfliegen können.

SICHERHEIT FÜR KINDER

Da bereits die kleinste Pfütze für ein Kleinkind gefährlich sein kann, müssen Sie Ihren Gartenteich notfalls für einige Jahre durch einen Zaun sichern – auch wenn das rein gestalterisch betrachtet nicht gerade schön aussieht. Bei etwas größeren Kindern ist der optimale Schutz ein Metallgitter oder ein straff gespanntes Netz direkt unter der Wasseroberfläche. Lassen Sie sich auf jeden Fall professionell beraten, wenn Sie einen Gartenteich anlegen wollen und kleinere Kinder im Hause sind!

Wie helle Wolken am Himmel wirkt dieser praktische textile Sonnenschutz.

Sonnenschutzmaßnahmen

Der schönste Sonnenschutz ist natürlich ein Baum, kein immergrüner, sondern einer, der seine möglichst großen Blätter so spät treibt, dass sie erst zur Sommerzeit voll ausgewachsen sind. Schnell soll er wachsen und auch schön blühen. Ein idealer Schattenbaum ist zum Beispiel der Trompetenbaum (*Catalpa bignonoides*). Und wenn es stimmt, was man so sagt, dann spendet dieser Baum nicht nur Schatten, er hält auch die Mücken fern. Aber im Regelfall benötigt man im Sommer an ganz verschiedenen Stellen und zu unterschiedlichen Zeiten einen Sonnenschutz: auf der Terrasse, am Sitzplatz im Garten und am Teich, es müssen also andere Sonnenschutzmaßnahmen eingesetzt werden, an manchen Stellen fest eingerichtete, an manchen Stellen mobile. Sonnenschutz ist zwar nur ein Detail im Garten, und das auch nur für relativ kurzeZeit, aber eines, das durchaus die Gestaltung beeinflusst, weil diese Maßnahmen doch große Flächen bedecken und in der Farbgebung beeinflussen.

NATÜRLICHER SONNENSCHUTZ: DIE BEGRÜNTE PERGOLA

Der Sitzplatz am Haus, auch die Terrasse als erweiterter Wohnraum, benötigen einen zum Haus passenden Sonnenschutz. Eine Pergola ist hier die geeignete Lösung, besonders dann, wenn Haus, Pergola und Bepflanzung aufeinander abgestimmt sind. So wird beispielsweise eine aus profilierten Kanthölzern gebaute, weiß gestrichene Pergola, die mit Rosen bewachsen ist, jedermann als »stimmig« empfinden. Das gleiche Haus mit einer Pergola aus naturbelassenen Rundhölzern, berankt mit einer zarten Trichterwinde, wird dagegen immer fremd erscheinen. Eine Pergola ohne Bepflanzung ist wie ein Topf ohne Deckel – das geht gar nicht! Auch eine Pergola über einem Sitzplatz im Garten

An einem Sitzplatz am Wasser ist man in besonderem Maße der Sonne ausgesetzt. Hier ist der flexibel einsetzbare Sonnenschirm gut angebracht. Die rote Farbe von Schirm und Bezügen schafft einen echten Blickfang.

An diesem mehrfach geschützten Terrassenplatz übernimmt das leichte Sonnensegel nicht nur seine ursprüngliche Funktion, es verhindert auch die Einblicke der Nachbarn von oben.

sollte immer Schattenspender und Träger von blühenden und duftenden Kletterpflanzen sein. Hier darf es auch einmal wild wuchern. Es ist ein wunderbares Erlebnis, unter blühenden Glyzinen (*Wisteria*) einen Nachmittag zu verbringen. Ob das Laubengerüst über dem Sitzplatz aus Holz, Stein und Holz oder Metall besteht, ist in erster Linie mit dem Gesamtgestaltungskonzept in Einklang zu bringen. Aus Metall lassen sich filigran wirkende Gebilde entwickeln, während Steinpfeiler mit verbindenden Hölzern immer einen wuchtigen Eindruck machen. Vermeiden Sie möglichst einen auffälligen Farbanstrich, ein Nachstreichen ist nur machbar, wenn Sie vorher alle Pflanzenteile entfernt haben.

MARKISE, SONNENSCHIRM UND SONNENSEGEL

Ein klassischer Sonnenschutz für die Terrasse – und nur hier – ist die Markise. Sie bietet rasch Schutz, ist variabel einsetzbar und heutzutage so stabil, dass auch ein heftiger Windstoß ihr nichts anhaben kann. Der Stoff muss ja nicht immer gestreift sein – einfarbig ist hübscher und passt sich dem Umfeld besser an!

★ Groß in Mode gekommen ist das Sonnensegel. Die Installation ist weniger aufwändig und preiswerter als bei einer Markise, aber insgesamt nicht so stabil. Aufgrund der relativ großen, dominanten Segelfläche spielt hier die Stofffarbe eine wichtige Rolle.

★ Heute hier, morgen dort, gespannt oder gefaltet, ein einfacher Sonnenschirm begleitet Sie durch den ganzen Garten. Da er nicht so großflächig ist, kann er auch mal farbenprächtiger und bunt daherkommen.

Groß dimensionierte ortsfeste Schirme haben leider auch große Füße, die viel vom nutzbaren Schattenbereich wegnehmen. Prüfen Sie, ob nicht zwei kleine Schirme sinnvoller und flexibler einsetzbar sind als ein großer.

Kochen und essen im Freien

Wenn Sie zu der Spezies Mensch gehören, die immer dann, wenn es draußen wärmer wird, nicht mehr warten können und die wenige freie Zeit, die man hat, nicht in der Küche, sondern im Garten verbringen möchten, dann ist wahrscheinlich eine kluge Küchenplanung für den Garten unumgänglich. Outdoor-Kitchen lautet hier das Zauberwort. Dahinter verstecken sich entweder klassische Küchenmodule oder aber ein praktischer mobiler Multifunktionswagen aus Holz und/oder Edelstahl mit den wichtigsten Elementen, die man zum Kochen im Freien benötigt: Herd, Arbeitsplatte und Spüle.

Lagerfeueratmosphäre und Grillgenuss in einem, das bietet diese formschöne Feuerschale.

Kochen im Freien hat nur wenig mit der beliebten Freizeitbeschäftigung, dem Grillen, zu tun. Die mobilen Grillgeräte können an jedem Sitzplatz im Garten aufgestellt werden. Er sollte allerdings nicht zu weit vom Haus entfernt sein, aber auch nicht zu nah am Nachbarn liegen, und die Stellfläche sollte möglichst eben sein, damit nichts umkippt.

★ Um Essen im Garten vorzubereiten, es anzurichten und mit Genuss zu essen, brauchen Sie ausreichend Platz (nicht unter zehn Quadratmeter). Er sollte zumindest teilweise überdacht sein, jedoch nicht mit einer Markise, das wäre zu gefährlich. Unmittelbare Nähe zur Küche ist anzustreben, um unnötiges Laufen zu vermeiden und die Kosten für Strom- und Wasserleitungen zu minimieren. Die »Gartenküche« braucht einen festen, am besten steinernen Untergrund, der auch leicht zu reinigen ist. Betonwerkstein mit oder ohne Kieselvorsatz ist zwar nicht die schönste Lösung, aber sehr praktisch, weil weder tropfendes Fett – beim Grillen unvermeidbar – Rotwein oder Ketchup dauerhafte Spuren hinterlassen. Natursteine und die viel hübscheren mediterranen Terrakotta-Fliesen sind in dieser Hinsicht wesentlich empfindlicher. Sie müssen frosthart und versiegelt sein.

★ Wenn im Anschluss an Ihre »Küche im Freien« noch ein vielfältiger Kräuter- und Gemüsegarten Platz hat, dann haben Sie alles beisammen, um aus einem Küchen- auch einen Gartentag zu machen.

★ Haben Sie Appetit auf selbstgebackenes Brot aus einem Ofen im Garten? Schnell kann das zur Leidenschaft werden. Ein Platz ist rasch gefunden, sofern Sie einen Ofen mit Strom betreiben. Bei einem echten Holzbackofen sollten Sie an Funkenflug und Qualm und die Nachbarn denken, bevor Sie einen Standort festlegen. Ein Backofen benötigt einen einfachen festen Untergrund von ca. drei bis vier Quadratmetern Größe.

★ Nur ganz wenige gärtnerische Vorarbeiten sind auch für einen Räucherofen notwendig. Er kann versteckt im Garten stehen, denn die käuflichen Exemplare sind selten schön. Sie können aber mit ein wenig handwerklichem Geschick schon aus einer alten stählernen Tonne so einen Ofen basteln. Mit Geduld, etwas Übung und trockenem Buchenholz können Sie zu allen Jahreszeiten Ihren Garten als Räucherstube nutzen.

Rechts: Wer Kochfreak ist und genügend Platz hat, der kann sich eine solch edle Outdoor-Küche installieren – mit passendem Essplatz gleich nebenan.

WASSER IM GARTEN

Ruhiges Wasser

Der Faszination des Wassers kann sich kaum einer entziehen. Wasser – egal in welcher Form, ob Zier- oder Naturteich, Bachlauf oder Brunnen – ist ein fast unverzichtbarer Bestandteil eines lebendigen Gartens.

Mit Wasser können Sie jedem Garten eine ganz besondere Atmosphäre verleihen. Stehende Wasserflächen strahlen Ruhe und Besinnlichkeit aus und laden zum Entspannen und Genießen ein. Bewegtes Wasser belebt und sorgt mit seinem Plätschern oder Rauschen für eine lebendige Stimmung und Geräuschkulisse. Unübertroffen sind die Lichtreflexe und Spiegelungen auf der Wasseroberfläche. Zu jeder Jahreszeit bietet Wasser eine andere Stimmung und Szenerie. Seine spezielle Flora und Fauna machen das Wasser und sein Ufer zu einem lebendigen und vielfältigen Lebensraum, in dem es immer etwas zu entdecken gibt. Hier siedeln sich Amphibien und Insekten an, kommen Vögel zum Trinken und Baden in den Garten.

Die Möglichkeiten, sich Wasser in den Garten zu holen, sind vielfältig und reichen vom Sprudelstein auf der Terrasse bis hin zu ausgedehnten Wasserlandschaften aus Teich und Bachlauf.

ZIER- ODER NATURTEICH?

Diese Fragestellung ist eigentlich falsch, denn auch ein Naturteich ist eine Zierde, und in jedem Zierteich wird sich – ob Sie es wollen oder nicht – von ganz allein etwas »Natur« einstellen.

★ Ein Zierteich ist dann die beste Wahl, wenn es Ihnen in erster Linie um die Ästhetik geht, wenn die Wasserfläche ein Spiegel der Himmels sein soll und nur einige dekorative Pflanzen am Teichrand optische Reize vermitteln sollen. Zierteiche sind Wasserflächen mit klaren Linien und geometrischen Formen – quadratisch, rechteckig, oval oder rund –, die selbst noch auf kleinsten Flächen Platz finden. Sie bieten sich in erster Linie für kleine Gärten und formale oder modern gestaltete Anlagen an. Damit Sie den Teich auch so oft wie möglich genießen können, sollte er in der Nähe des Hauses liegen und mit einem Sitzplatz verbunden sein.

★ Wer sich einen naturgetreuen Gartenteich wünscht, der entscheidet sich dafür, einem ganz besonderen Stück Natur einen Lebensraum im Garten zu geben. Dieser wird eine eigene Vitalität entfalten, in die Sie nur begrenzt eingreifen sollten. Doch auch einen Naturteich können Sie nicht sich vollkommen selbst überlassen. Er wird sonst der natürlichen Entwicklung folgen: zuwachsen und verlanden. Naturteiche sind in der Regel etwas für größere und naturnah angelegte Gärten. Oftmals liegen sie auch abseits vom Haus, damit sich die Tierwelt möglichst ungestört entfalten kann.

★ Zum Zier- und Naturteich hat sich in den letzten Jahren noch der Schwimmteich dazugesellt – eine natürliche Alternative zum Swimmingpool oder örtlichen Schwimmbad. Diese Form des Wassergartens benötigt allerdings relativ viel Platz (mindestens 50 Quadratmeter) und ist auch nicht gerade preiswert.

Sind Frösche im Teich, ist das Froschkonzert inbegriffen – leider nicht jedermanns Sache.

Formvollendet – der Zierteich

Zierteiche werden von jeher und in den verschiedensten Stilrichtungen bei der Gartengestaltung eingesetzt. So sind Wasserbecken aus klassischen Rosengärten kaum wegzudenken, und in Barockgärten findet man symmetrische, ornamentale Wasserläufe.

Ob Sie nun Ihren Zierteich frei oder formal gestalten, größer oder kleiner anlegen, die Randbereiche unterschiedlich ausbilden oder sogar mehrere kleine Wasserbecken miteinander verbinden – der Fantasie sind keine Grenzen gesetzt. Trotzdem sollte der Zierteich in Größe und Form zum Stil des Hauses und der gesamten Gartenanlage passen.

STRENG FORMALE ZIERTEICHE

Streng formale runde, ovale oder rechteckige Wasserbecken mit klaren Einfassungen sind immer ein wirkungsvolles Gestaltungsobjekt und in nahezu allen Gärten einsatzfähig, nicht nur in klassischen und konventionellen, sondern auch in modernen Anlagen. In einem von üppiger Vegetation geprägten Garten wirken die klaren Formen beruhigend. Sie lenken die Blicke stärker auf die Lichtspiegeleffekte, die das Wasser hervorzaubert.

Vor allem in ganz kleinen Gärten sollten Sie den geometrischen Beckenformen den Vorzug geben, auch wenn der restliche Garten frei gestaltet ist, das Ganze wirkt sonst zu verspielt. Die passende Randbepflanzung sorgt dafür, dass die harten Kanten des Beckens überspielt werden.

Die klare Form der Zierteiche – bodennah oder mit erhöhtem Rand – wirkt besonders gut auf ebenen Flächen, die mit Kies, Platten oder Pflaster ausgelegt sind, oder in kurz geschnittenem Rasen oder niedrigen Pflanzungen.

Wollen Sie die klare Linienführung Ihres Wasserbeckens besonders betonen, dann sollten Sie es völlig frei stellen, in eine Rasenfläche, auf einen kleinen Platz, in ein Wegekreuz oder ans Ende eines Weges.

Mit einer kleinen Wasserfontäne lässt sich die Wirkung des Zierbeckens noch erhöhen.

Sehr schön sind Zierteiche und Wasserbecken, die direkt an die Terrasse anschließen und diese mit dem Gartenraum verbinden oder nur als Blickfang die Terrasse untergliedern. Ein längliches Wasserbecken zum Beispiel, das seitlich an die Terrasse angebaut ist und zum Garten hin in eine bestehende vorgelagerte Pflanzung eingreift, kann Ihren Garten optisch vergrößern. Die formale Note des Teiches kann noch unterstrichen werden, wenn Sie den Rand deutlich hervorheben, entweder durch erhöhte Beckenränder – die zudem zum Verweilen einladen – oder durch Verwendung hochwertiger und edler Materialien wie Edelstahl, Travertin oder Schiefer. Ergänzend können Stege, Trittsteine und Skulpturen die Geometrie von Zierteichen unterbrechen, während strenge Hecken- und Beetformen im Umfeld des Wassers die formalen Elemente noch stärker betonen.

Eine lebhafte und spannungsreiche Gestaltung erreichen Sie immer durch den Kontrast – in diesem Fall einer klaren Linienführung der Teichränder und lockerem Pflanzenwuchs. Bedenken Sie jedoch: Je kleiner das Becken ist, desto weniger Pflanzen sollten in und an ihm wachsen, da sonst die Wasserfläche nicht mehr genügend zur Geltung kommt.

Wenn Sie Sumpf- oder Wasserpflanzen in Ihren Zierteich setzen, dann benutzen Sie spezielle Körbe. Auf diese Weise bleibt das Wasser im Becken klar. Es erleichtert auch das Herausnehmen und Teilen der Pflanzen, wenn dies nach 2–3 Jahren nötig wird.

Schwimmblattpflanzen reagieren empfindlich auf Spritzwasser und zu starke Bewegung im Teich, wie es von Fontänen ausgehen kann.

Frei gestaltete Zierteiche

Zierteiche mit bewegten Uferlinien, sanften Böschungen, aber auch steilen Ufern sind überall dort angebracht, wo auch Rasenflächen, Gehölzpflanzungen und Beete durch schwungvolle Linien geprägt sind oder alles ganz naturbelassen bleibt. Bei der Anlage sollten Sie darauf achten, dass der Wasserspiegel nicht höher liegt als das Gelände seines Umfeldes. Ebenso wie ein Bach, der für seinen Weg immer die tiefste Stelle im Garten sucht, sollte auch ein Teich so angelegt werden, als hätte er sich sein Bett selbst geformt. Grundsätzlich darf ein frei gestaltetes Gewässer dem Gelände nicht »aufgezwungen« werden, sondern sollte sich ganz natürlich aus dem Gelände heraus entwickeln.

Links: Malerisch präsentiert sich dieser Gartenteich. Die vielfältige Uferbepflanzung lockert das strenge Rund der Wasserfläche gekonnt auf.

Gerade Linien bestimmen diesen Garten – angefangen von der geschnittenen Hecke bis hin zum Holzdeck über dem rechteckigen Teich.

Die Vielfalt der Seerosen

Der Anziehungskraft der auf dem Wasser schwimmenden Seerosen in den verschiedensten Farben und Formen kann sich wohl kaum ein Pflanzenfreund entziehen. Das Wuchsverhalten der Arten und Sorten ist sehr unterschiedlich, so dass sich für jede Teichgröße die geeignete Seerose finden lässt. Der Standort sollte für alle Seerosen möglichst hell und warm sein. Es gibt aber auch einige Sorten, die auch im lichten Schatten noch blühen.

Zierteich-Varianten

2 **Ein formales Wasserbecken** findet in einem noch so kleinen Garten immer noch ein Plätzchen. Die Wasserfontäne sorgt für einen zusätzlichen Anreiz, sich hier niederzulassen – allerdings nicht auf dem Beckenrand, das wäre etwas feucht.

1 **Materialwiederholungen** schaffen Verbindung. Hier sind es Sitzbank und Beckenrand, die beide aus dem gleichen Natursteinmaterial bestehen. Farblich passend ist der Kiesbelag. Die Polsterpflanzen reichen zum Teil über den Beckenrand und lockern die strenge Form auf.

3 **Der dunkle Wassergrund** findet sein Pendant in der Steinstele. Die hellen Platten sorgen für den richtigen Kontrast, und die lockere Bepflanzung nimmt dem Ensemble seine Strenge.

4 Der dominante Sichtschutz und die horizontale Holzplattform am Wasser, auf der eine Schaukelliege zum Träumen bereitsteht, prägen diese Gartensituation. Große Findlinge und Blattschmuckpflanzen stellen die Verbindung zum Wasser her.

4

5

5 Der Kontrast des erhöhten Wasserbeckens zur verspielten Bepflanzung könnte nicht größer sein. Die offene Wasserfläche wird zum Blickfang und Spiegel. Verbindung schaffen die gleichfarbigen Sichtschutzelemente im Hintergrund des Gartens.

6 Die hellen Trittplatten – aus dem gleichen Material wie der Teichrand – teilen das Wasser in zwei ungleich große Flächen. Sie ermöglichen nicht nur ein Überqueren der Wasserfläche, sondern auch einen Blick von oben auf die Seerosen im Wasser.

6

Der Naturteich – Paradies für Tiere

In größeren naturnahen Gärten bietet sich die Anlage eines Naturteiches mit geschwungenen Formen und einer üppigen und abwechslungsreichen Bepflanzung im und am Wasser an. Hier wird sich schnell eine vielfältige Tierwelt ansiedeln. Das Gewässer kann teilweise in eine Sumpflandschaft übergehen und sich nahtlos in andere Gartenteile einfügen.
Die größere Wasserfläche eignet sich für See- und Teichrosen, die einen relativ großen Platzbedarf haben, sowie Rohrkolben, Binsen und Seggen. Bei einem kleineren Gartengelände muss man das Umfeld des Teiches oftmals künstlich gestalten. Hier bietet es sich an, mit dem Aushub des Weihers einen flachen Hügel als Rahmen und Hintergrund zu schieben. Steilere Stellen können Sie mit einer Mauer oder Palisaden abfangen. Bei etwas Gefälle bietet sich sogar die Anlage eines Bachlaufes an, der in den Teich mündet. Planen Sie in die Uferrandbepflanzung Steinhaufen, große Findlinge und Wurzelstubben mit ein. Hier können sich Grasfrösche, Lurche, Kröten und andere Teichbewohner zurückziehen.
Kleinere Naturteiche können Sie mit Fertigbecken aus Kunststoff, größere mit Folie anlegen. Es gibt ein paar grundsätzliche Dinge, die Sie unbedingt beachten sollten:

- Legen Sie den Naturteich möglichst immer an der tiefsten Stelle des Grundstücks an, wo sich auch auf natürliche Weise das Wasser sammelt.
- Der Teich sollte im Sommer mindestens sechs Stunden Sonne pro Tag erhalten.
- Vermeiden Sie einen Standort in der Nähe eines großen Baumes, Sie müssen sonst stets gegen das Falllaub ankämpfen (Düngewirkung). Wer aber die malerische Wirkung nicht missen möchte, pflanzt am besten die kleinen heimischen Weiden wie die Salweide (*Salix caprea*).
- Sollen im Teich große Seerosen wachsen, dann muss er mindestens 80 cm tief sein.
- Wenn die Ausbuchtungen der Ufer zu stark sind, wirkt das unruhig und künstlich.

★ Damit der Teich keine Falle für kleine Tiere wird, braucht er eine Flachwasserzone, an der sie herauskrabbeln können.
Ein gesunder Naturteich zeichnet sich durch ein stabiles ökologisches Gleichgewicht aus. Nur wenn das Verhältnis von Pflanzen, Tieren und Mikroorganismen im Wasser stimmt, können die natürlichen Stoffkreisläufe ungehindert ablaufen, und Sie haben viel und lange Freude an Ihrem Biotop im Garten. Das klappt am besten mit einer Wasserfläche von mindestens 20 Quadratmetern. Dazu sollte der Teich auf einer Fläche von mindestens einem Quadratmeter etwa einen Meter tief sein, denn nur dann lassen sich dort auch über Winter Fische halten. Kleine Teiche können sich zwar weniger gut regenerieren und sind besonders labil. Hier sind dann regulierende Eingriffe wie Falllaubentfernen notwendig, damit das Wasser nicht zu nährstoffreich wird.

VON OBEN GESEHEN

Zum Betrachten des Teiches, seiner Vegetation und Bewohner bieten sich – je nach Teichgröße – eine Plattform am Wasser, ein Steg, der teilweise über die Wasserfläche ragt, eine kleine Brücke oder im Wasser verlegte Trittsteine an. Bei einem großen Teich kann die Plattform sogar noch Platz für eine Bank, einen Liegestuhl oder eine ganze Sitzgruppe bieten. Solch ein »aussichtsreicher« Sitzplatz am Wasser wird sicherlich häufig genutzt werden.
Verwenden Sie zum Bauen natürliche Materialien wie Holz und Stein.
★ Holz ist relativ preiswert und kann oft in Eigenleistung verlegt werden. Nehmen Sie Harthölzer mit geriffelter Oberfläche, da Holz in Verbindung mit Wasser glitschig wird. Die Lebensdauer einer Holzkonstruktion ist allerdings begrenzt – mehr als zehn Jahre sind eher Zufall.

Links: So stellt man sich einen Naturteich vor: dicht bewachsen, geheimnisvoll und voller Leben. Für solch eine Anlage sollte Ihr Garten allerdings mindestens 500 Quadratmeter groß sein.

Die gerade Holzbrücke korrespondiert mit der Holzsichtschutzwand im Hintergrund.

Chancen für eine längere Lebensdauer bietet das Lärchenholz. Es hat sich seit Jahrhunderten im Gebirge beim Bachverbau bewährt und nimmt mit zunehmendem Alter eine immer schönere silbrige Färbung an. Auch Robinien- und Eichenholz ist sehr lange haltbar. Meiden Sie imprägniertes Holz und Tropenhölzer.
★ Lebenslang hält Naturstein. Der ist allerdings weitaus teurer und kann in der Regel auch nicht selbst verbaut werden. Aber auch Trittsteine erfüllen oft schon diesen Zweck.

EINE INSEL IM WASSER

In einem größeren Naturteich können Sie auch eine Insel anlegen. Größe und Lage der Insel werden bestimmt von den Ausmaßen des Teiches, seiner Lage und Ausformung. Größer als 20 Prozent der Wasserfläche sollte die Insel allerdings nicht sein. Legen Sie sie auch nicht mittig im Teich an.
★ Bei einem kleineren Naturteich reichen oftmals schon ein flach aus dem Wasser ragender Findling oder eine große Wurzel aus, um Ihnen als Blickpunkt, den Vögeln als Landeplatz, Fröschen und Lurchen als Trockenstelle zu dienen.
★ Eine noch einfachere Lösung ist ein bewachsenes Floß, das als Schwimminsel dient.

Die straff aufrecht stehenden Halme des Rohrkolbens bilden einen schönen Kontrast zum kühn geschwungenen Uferrand.

Die schlichte, fast karge Uferbepflanzung im weißen Kiesbett bringt die Seerosen erst richtig zur Geltung.

Ufergestaltung und -bepflanzung

Eine gelungene Bepflanzung verleiht jedem Wassergarten erst seinen besonderen Charme. Mit Pflanzen am und im Wasser können Sie den Teich perfekt in die Umgebung einbinden. Bei architektonischen Anlagen sollte die Bepflanzung eher sparsam sein, hier wirken in erster Linie die Form des Beckens und die offene Wasserfläche. Frei gestaltete Zierteiche mit geschwungenen Rändern verlangen in der Regel nach Bepflanzung, die dem Ufer ein natürliches Aussehen verleiht. Naturteiche benötigen auf jeden Fall eine abwechslungsreiche Bepflanzung. Pflanzen Sie jedoch nicht den ganzen Uferbereich zu, sondern lassen Sie immer wieder einmal Lücken, die einen Blick auf die spiegelnde Wasserfläche ermöglichen. Das A und O ist die Randgestaltung: Flache Ufer werden häufig mit groben Kieselsteinen verfüllt. Damit lässt sich die Uferlinie am besten modellieren und befestigen, und dazwischen kann sich auch noch Bewuchs entwickeln.

VIELFALT AUF ALLEN EBENEN

Die Pflanzenarten des Wasser- und Uferbereiches stellen unterschiedliche Ansprüche an die Höhe des Wasserstandes bzw. den Feuchtigkeitsgehalt des Bodens. Die Übergänge sind häufig fließend und die Pflanzen tolerant.
Man unterscheidet hier fünf Pflanzzonen:

★ Die Teichrandzone ist die Uferzone außerhalb des Wassers und liegt im trockenen Bereich. Hier können Gehölze mit eindrucksvollem Blattwerk stehen, die nicht zu groß werden, wie die beiden malerisch wachsenden Ahornarten *Acer palmatum* oder *Acer japonicum* 'Aconitifolium'. Auch Rhododendren und verschiedene Bambus-Sorten, die alle den lichten Schatten lieben, passen gut ans Wasser. Als blühende Stauden am Ufer- oder Beckenrand sind die feuchtigkeitsliebenden schmalblättrigen *Iris*- und *Hemerocallis*-Sorten zu empfehlen.

Bis auf die freie Sitzplatzfläche ist der Teich von einer dichten, großzügig wirkenden und strukturierten Uferbepflanzung umrahmt.

★ Die Feuchtzone ist der äußere Bereich des Teiches. Hier ist der Boden meistens nass. Diese Zone bildet den Übergang zum übrigen Garten. Hier wachsen Stauden, die feuchte oder wechselfeuchte Standorte bevorzugen, aber auch zeitweise Trockenheit vertragen, wie Blut-Weiderich (*Lythrum salicaria*), Strauß-Felberich (*Lysimachia thyrsiflora*) oder Trollblume (*Trollius europaeus*), Farne und Gräser – vor allem Sauergräser wie Binsen und Seggen.

★ Die Sumpfzone schließt sich zum Wasser hin an die Feuchtzone an. Der Wasserstand schwankt etwa zwischen 0 und 15 cm. Der Übergang von Feucht- zu Sumpfzone ist fließend, und viele Pflanzen fühlen sich in beiden Zonen wohl. Kennzeichnend sind Fieberklee (*Menyanthes trifoliata*), Hechtkraut (*Pontederia cordata*) oder Sumpfdotterblume (*Caltha palustris*), für größere Anlagen auch der starkwüchsige Rohrkolben (*Typha*).

★ In der Flachwasserzone mit einem wechselnden Wasserstand etwa zwischen 10–30 cm gedeihen Pflanzen wie Froschlöffel (*Alisma*), Igelkolben (*Sparganium*), Pfeilkraut (*Sagittaria*), Sumpf-Schwertlilie (*Iris pseudacorus*), Schwanenblume (*Butomus umbellatus*) und Tannenwedel (*Hippuris vulgaris*).

★ Die Tiefwasserzone mit einem Horizont von 30 bis zu 100 cm und darüber ist der Lebensraum der Schwimm-, Schwimmblatt- und Unterwasserpflanzen wie Wasserfeder (*Hottonia palustris*), Tausendblatt (*Myriophyllum*) und Wasserknöterich (*Polygonum amphibium*) – und last, but not least der Seerosen, die die größte Wassertiefe beanspruchen!

Achten Sie bei der Bepflanzung darauf, dass nicht die gesamte Wasserfläche mit Pflanzen bedeckt ist, damit die Unterwasserpflanzen noch ausreichend Licht zur Fotosynthese bekommen. Die tiefste Stelle für Seerosen muss nicht unbedingt in der Mitte des Teiches oder Beckens liegen, sondern kann auch am Rand platziert werden, damit die Blüten besser betrachtet werden können. Aber aus ästhetischen Gründen ist es wichtig, dass mindestens ein Drittel bis zur Hälfte der Wasserfläche von Bewuchs frei bleibt, denn sonst verlieren Sie das wesentlichste Gestaltungsmittel – den Wasserspiegel.

Blütenpracht am Uferrand

Auch die Uferrandbepflanzung zeigt in jeder Jahreszeit ein anderes Bild. Leuchtende Höhepunkte am Gartenteich schafft vor allem der Frühsommer, wenn gelbe Sumpf-Schwertlilien (*Iris pseudacorus*), die unterschiedlichen Sorten der blauen Wiesen-Iris (*Iris sibirica*) sowie *Iris ensata* und *I. laevigata* aus Fernost blühen. Auch die Japanischen Etagenprimeln (*Primula japonica*) mit ihren karminroten Blüten in etagenartig übereinanderstehenden Quirlen und andere Primelarten und -sorten fühlen sich in Wassernähe wohl. Wenn ihnen der Standort zusagt, dann versamen sie sich auch tüchtig, vagabundieren etwas und bereichern von Jahr zu Jahr den Garten. Neben den kühlen Farben von *Primula beesiana* behauptet sich auch *P. bulleyana* in orangeroten Farbtönen. Von beiden Arten gibt es eine Menge schöner Kreuzungen, die die Farbskala noch um weitere Töne ergänzen.

Wer genügend Platz in Teichnähe oder auch in einem halbschattigen, nicht zu trockenen Garteneil hat, kann mit weiteren Primelarten- und -sorten experimentieren. Ähnlichen Charakter wie die Etagenprimeln, das heißt, etwa kniehoch im Wuchs mit kandelaberähnlichen Blütenständen haben die purpurfarbene *Primula pulverulenta* und die gelbe *P. florindae*, beides gute Gartenpflanzen. Eine sehr aparte, wenn auch etwas empfindlichere Spezies ist die Orchideenprimel (*P. vialii*) mit karminrotem und bläulichem Blütenstand. Die Pflanzen treiben spät aus, darum muss man sie gut im Auge behalten. Alle diese Primelarten stammen aus dem ostasiatischen Raum und haben ähnliche Ansprüche: Sie gedeihen am besten im feuchten Milieu und in einem lehmhaltigen, humosen Boden. Die Orchideenprimel möchte einen eher kalkarmen Boden. Je sonniger der Standort, umso feuchter sollte er sein.

Während im und am Naturteich nur heimische Pflanzen ihren Platz finden sollten, bieten sich für einen Zierteich unendlich mehr Pflanzen mit zahlreichen Zuchtformen an.

★ Auf die Wasseroberfläche lässt sich vor allen Dingen mit dem riesigen Sortiment von Seerosen (*Nymphaea*) Farbe zaubern. Es gibt Sorten für jede Wassertiefe (zwischen 20–100 cm). Ihre Blütenfarben reichen von Weiß über Gelb und Kupfer bis zu hellem Lachs, Rosa und Rot und hin bis zu ganz dunklen Tönen. Blau kommt allerdings nur bei tropischen Formen vor, die dann im Haus überwintert werden müssen.

★ Achten Sie darauf, dass die Blütenfarbe mit der Uferbepflanzung harmoniert: Die wüchsige, in 40–90 cm Tiefe lebende, intensiv rosa gefärbte 'James Brydon' zum Beispiel empfiehlt sich, wenn am Uferrand violettroter Blutweiderich (*Lythrum salicaria*) und graurosafarbener bis purpurkarminroter Wasserdost (*Eupatorium fistulosum*) wachsen.

★ Gehölze am Ufer tragen zum malerischen Charakter des Gartens bei. Hier bieten sich Korkenzieher-Weide (*Salix* 'Tortuosa') und Rosmarinweide (*Salix rosmarinifolia*) oder immergrüne Arten wie Bambus und Rhododendron an.

★ Großblättrige Stauden wie das Schildblatt (*Ligularia*) und Rodgersien kommen am Uferrand besonders gut zur Geltung – aber nur, wenn auch genug Platz vorhanden ist.

Pflanzplan

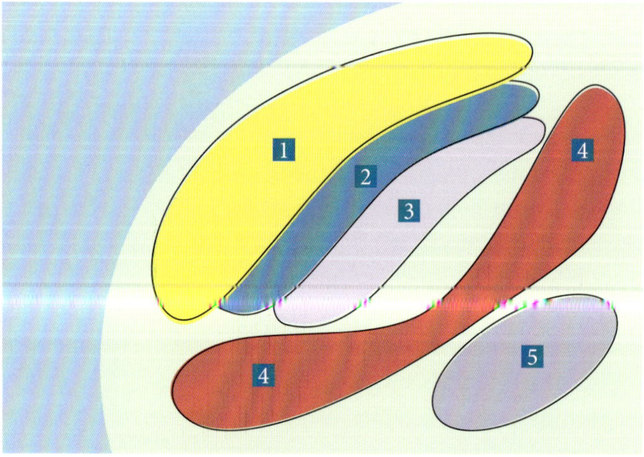

Beetgröße 2 x 3 m

Pflanzliste

1	3–5	Sumpf-Iris *Iris pseudacorus*
2	5	Wiesen-Iris *Iris sibirica* 'Caesar'
3	5	Wiesen-Iris *Iris sibirica* 'Blauer Falter'
4	10–20	Etagenprimel *Primula japonica*
5	3–5	Dalmatinische Iris *Iris pallida* 'Aureo-Variegata'

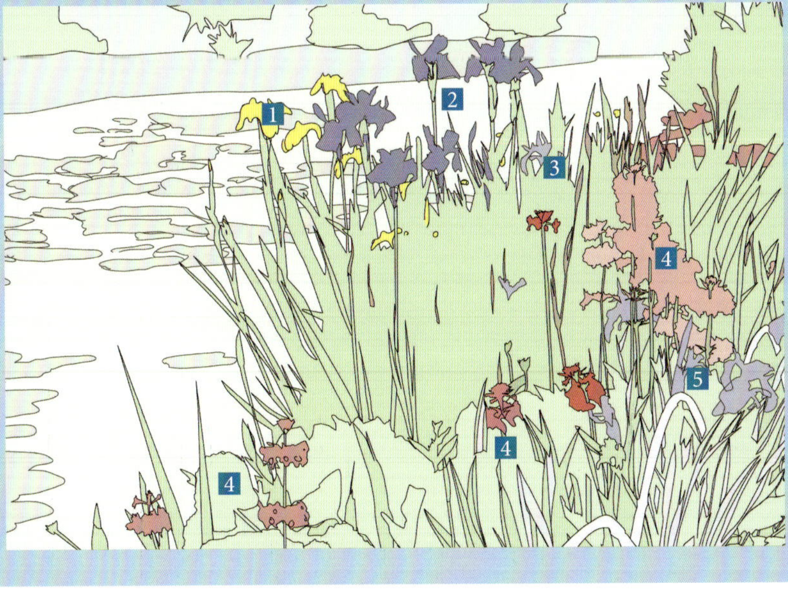

Der eigene Schwimmteich

Ein Garten mit Swimmingpool, das war und ist auch heute noch für viele Haus- und Gartenbesitzer der Traum schlechthin. Für diejenigen, die ihn sich erfüllt haben, oft aber auch ein Albtraum. Nämlich dann, wenn dichte braungrüne Algenwolken träge durch das Becken ziehen. Schwimmteiche sind die Alternative zum althergebrachten Swimmingpool. Man kann in ihnen baden und schwimmen, gleichzeitig sind sie aber auch ganzjährig ein Schmuck im Garten. Das saubere, von Pflanzen umgebene Wasser unterscheidet sich kaum von einem Zierteich.
Das Prinzip ist einfach und von der Natur abgeschaut: Pflanzen übernehmen, oft auch in Verbindung mit einer Filteranlage, die Wasserreinigung. Ungetrübtes Badevergnügen ohne Einsatz von Chemie im eigenen Garten – das ist die Idee des Schwimmteiches. In der Regel besteht ein solcher Schwimmteich aus zwei Bereichen, dem Badebereich und noch einmal einer ebenso großen Fläche für die Vegetationszone.

BADEN UND SCHWIMMEN

Es spricht alles dafür, den Schwimmteich in Hausnähe und an der sonnigsten Stelle im Garten anzulegen. Das Wasser erwärmt sich schnell, und von der Terrasse aus in den Teich zu springen, ist bequem. Allerdings begünstigt starke Sonneneinstrahlung und Wassererwärmung den Algenwuchs. Hier wäre es angebracht, wenn der Filterbereich des Schwimmteiches, also die Bepflanzung im Sommer über die Mittagszeit im Schatten liegen würde.
Wenn irgend möglich, sollte der Badebereich nicht unter 50 Quadratmeter groß sein und eine Tiefe von 1,50 m erreichen. Flache Stufen als sanfter Zugang in den Badeteich ermöglichen es auch Kindern und älteren Menschen, bequem ins Wasser zu gelangen. Treppen und Leitern

Ein gelungenes Beispiel dafür, dass Badespaß und anspruchsvolle Gestaltung einander nicht ausschließen. Der Teich ist harmonisch in den Garten integriert.

sind oft nur die zweitbeste Lösung für diese naturnahe Einrichtung. Eine mindestens 1,5 mm starke Teichfolie sorgt dafür, dass das Wasser nicht versickern und Schichten- oder Grundwasser nicht in den Teich gelangen kann. Im Badebereich deckt eine Kiesschicht die Folie ab. Besondere Sorgfalt braucht die Planung in Sachen Sicherheit, denn die Badestelle soll ja besonders den Kindern Spaß machen und sie keinesfalls irgendwelchen Gefahren aussetzen.

DER VEGETATIONSGÜRTEL

Der zweite Bereich des Schwimmteichs ist die Vegetationszone, in der das Wasser regeneriert – biologisch geklärt – wird. Unterschiedlich dicht bewachsene Pflanzzonen mit Schilf und Rohrkolben übernehmen diese Aufgabe. Der Wasserzulauf erfolgt so, dass das Wasser sehr langsam durch diesen Pflanzenbestand fließt. Dabei zersetzen Mikroorganismen organische und schädliche chemische Stoffe, die dann von den Pflanzen als Nährstoffe aufgenommen werden. Dies funktioniert, wenn das Substrat (z. B. Kies), in dem die Pflanzen wurzeln, möglichst wenig organisches Material enthält. Optimal ist auch ein Wasserzulauf, beispielsweise als Bach gestaltet, der es dem Teichwasser ermöglicht, viel Sauerstoff aufzunehmen. Für diese biologische Wasserreinigung benötigt man eine Fläche, die nicht kleiner sein sollte als der Badebereich.
Sie können aus diesen wenigen Angaben schon erkennen, dass ein Schwimmteich viel Platz braucht – die Mindestgröße liegt bei 100 Quadratmetern. Ein Schwimmteich ist auch keine Angelegenheit für den Selbstbau. Alles in allem also keine preiswerte Angelegenheit, die deshalb gut überlegt und geplant sein will!

Links: Bei diesem Schwimmteich ist noch ein flaches Schmuckbeet in die Randzone des großzügigen Schwimmbereiches eingebaut.

LEBENSRAUM SCHAFFEN

Ein Schwimmteich ist während des gesamten Gartenjahres Zierde und wird mit der Zeit auch Heimstatt für allerlei Tiere, die sich im Vegetationsgürtel ansiedeln. Ob Sie es wollen oder nicht, auch der Schwimmbereich wird sich vielfältig beleben, denn im Gefieder und an den Füßen der Wasservögel – die Ihren Teich mit Sicherheit finden – ist immer Laich von Fischen und Fröschen versteckt.

Bewegtes Wasser

Schnell und langsam fließend, sprudelnd, über Steine rinnend, leise plätschernd – bewegtes Wasser schafft eine zusätzliche Erlebniswelt im Garten, spendet Kühle und sauerstoffreiche, feuchte Luft.

Bewegtes Wasser kann sich bachähnlich durch den Garten schlängeln, in formal angelegten Kanälen fließen, über Steine hinabplätschern, aus Steinen hervorsprudeln oder wasserfallähnlich von Becken zu Becken rinnen.

Ein Wasserlauf im Garten bietet sich in erster Linie an, wenn ein natürliches oder durch Bodenmodellierung und Aufschüttung künstlich entstandenes Gefälle vorhanden ist. Die Niveauunterschiede werden genützt, um das Wasser in Bewegung zu versetzen – kleinste Höhenunterschiede genügen bereits. Je steiler die Geländeabschnitte und je größer die Wassermenge, umso dynamischer und stärker gestaltet sich der Wasserlauf. Gleichgültig, ob formal oder natürlich gestaltet, ein Bach muss einen erkennbaren Anfang – ein Quelle – haben und zu einem Ziel – Teich oder Sumpfbeet – führen.

BRUNNEN UND WASSERSPIELE

Kleine Wasserspiele – gleich welcher Art – sind Accessoires, die auch den kleinsten Gärten eine persönliche Note verleihen und sie beleben. Sie können sowohl in formalen Gärten im Zentrum einer architektonischen Anlage platziert werden als auch asymmetrisch oder am Uferrand des Teiches in einem landschaftlich geprägten Garten. Zu schmückenden Elementen können sie in einer Pflanzung oder auf der Terrasse werden.

★ Ein Springbrunnen mit Fontäne entfaltet seine Wirkung am besten vor einem ruhigen Hintergrund. Je kleiner er ist, desto näher sollte er ans Haus oder den Sitzplatz gerückt werden. Eine ganz andere Wirkung haben Wandbrunnen, die vor allen Dingen in mediterranen Innenhöfen stilprägend und beinahe unentbehrlich sind. Für moderne Gärten gibt es aber auch überraschende Brunnenlösungen aus Edelstahl, Keramik und farbigem Glas.

★ Sprudel- oder Quellsteine zählen zu den beliebtesten Wasserspielen im Garten. Sie können sowohl für sich allein in einem Kiesbett, einer einfachen Auffangschale oder einem gesonderten Becken stehen und dort für Lebendigkeit sorgen. Neben den bekannten Kugelformen gibt es inzwischen unzählige andere Sprudler-Varianten für alle Gartenstile. Bedenken Sie bei all den möglichen technischen Raffinessen auch immer die entsprechende Geräuschkulisse!

★ Wem das zu aufwändig erscheint, der hat vielleicht Freude an einer Gartendusche oder einem Wasserbecken zum Kneippen.

Wenn Wasser in Bewegung geraten soll, dann ist Technik im Spiel. Prüfen Sie, wo Sie die stromzuführenden Leitungen am besten und sichersten verlegen können, und lassen Sie sich von einem Fachmann beraten. Aufwändigere Installationen mit Wasser und Strom sollten Sie auf jeden Fall aus Sicherheitsgründen auch vom Fachmann ausführen lassen!

Der Begriff »Wasserspeier« ist hier ganz klassisch und einfach umgesetzt.

Bambus und Fächerahorn begrenzen den in Kies eingebetteten Wasserlauf und geben ihm zusammen mit dem Rot-Grün-Kontrast einen fernöstlichen Charakter.

Natürlich geprägte Wasserläufe

Je nach Größe des Gartens können Bachläufe kurz oder lang, schmal oder breit sein, sich gerade oder in Windungen durch den Garten ziehen. Und je nach Gefälle wird das Wasser schneller oder langsamer fließen – auf jeden Fall aber bringt ein Bachlauf Bewegung und Leben in den Garten. In etwas hängigem Gelände erhält ein Bachlauf einen ganz natürlichen Charakter, wenn er in einem Steingarten in engen Kurven herumgeführt wird und über Gesteinsbrocken springt – so wie dies im Gebirge passiert. Bei stark abfallendem Gelände können Sie sogar noch Wasserfälle in den Bachlauf einplanen. Im kleinen Garten werden Sie vielleicht einige Staustufen einbauen müssen, um dem Wasser mehr Fließgeschwindigkeit und Dynamik zu verleihen.

Wenn Sie Bach und Teich miteinander kombinieren können, dient der Teichaushub idealerweise gleich zur Modellierung des Bachbettes. Viel ruhiger fließt ein Bach dagegen durch nahezu ebenes Gelände. Mit der Form bestimmen Sie die Fließgeschwindigkeit: Je schmaler und flacher die Wasserrinne ist, umso schneller läuft das Wasser hindurch. Der Bach kann sich durch Gehölzgruppen schlängeln, am Rand von Staudenbeeten oder als Wiesenbach durch eine Grünfläche fließen. Unterschiedliche Tiefen und Breiten des Bachbettes bieten vielfältigste Gestaltungs- und Bepflanzungsmöglichkeiten: Er kann als schmales Rinnsal durch den Garten mäandrieren, gefasst von Holz, Steinmaterial oder Weidengeflecht, ohne die typische Uferflora, sondern mit Pflanzen besetzt, wie sie in den angrenzenden Gartenbereichen vorkommen. Wie ein lang gestreckter Teich dagegen wirkt ein breiteres Bachbett. Natursteinblöcke und Kieselsteine können einen Teil der Ränder halten, Uferstauden befestigen es an anderer Stelle. Einen naturnahen Wasserlauf im Garten anzulegen, ist eine besondere Herausforderung. Kunststoffwannen als Basis sind eine preiswerte Lösung und können auch leicht selbst eingebaut werden. Bachläufe, die mit Folie ausgelegt sind,

Eine naturhafte Situation wird hier in den Garten übertragen: ein kleiner Bach ergießt sich über einen Hang voller Geröll in den Teich. Bei der attraktiven Blattstaude handelt es sich um das schildförmige riesige Tafelblatt (*Astilboides*).

Einen starken Kontrast zum natürlich gestalteten Wasserlauf bildet diese kunstvolle Rinne. Hier genügt bereits eine geringe Wassermenge, um die Platten zu benetzen und das Gestein zur Wirkung zu bringen.

lassen sich individueller gestalten und dem natürlichen Vorbild anpassen.
Gelungen ist ein Naturteich oder ein Bachlauf dann, wenn die Künstlichkeit der Anlage nicht auf den ersten Blick bemerkt wird.

QUELLE UND MÜNDUNG

Der Ursprung des Wasserlaufs kann geheimnisvoll im Dunkel eines Gebüsches liegen oder wie in der Natur aus einem Wiesenhang quellen und zwischen Gesteinsbrocken hervortreten. Besonders reizvoll ist die Anlage einer naturnah gestalteten Felsgruppe, die ein Quellbecken fasst. Dabei sollen die Felsen so aussehen, als habe das Wasser schon seit Urzeiten daran gearbeitet. Bruchfrische Steine sind eher ungeeignet und wirken künstlich.
Als Quelle können aber auch ein Sprudelstein oder ein Wasserspeier dienen. Natürlicherweise mündet ein Bach in einen Fluss oder See. Im Garten wird dies ein Teich, ein Sumpfbeet oder ein kleines Becken sein, in dem die Tauchpumpe Platz findet, die das Wasser wieder zurück zur Quelle transportiert.

LINKS UND RECHTS DES BACHES

Bewegtes Wasser trägt neben seinem ästhetischen Reiz noch wesentlich stärker als stehendes Wasser dazu bei, die Luftfeuchtigkeit im Umfeld zu erhöhen und damit das Klima für viele Pflanzen in Ufernähe zu verbessern, zum Beispiel für Stauden auf trockenen Standorten oder auch für Gehölze – besonders die Immergrünen sind dankbar für eine höhere Luftfeuchtigkeit.
Das Kleinklima an wassernahen Standorten ist immer etwas ausgeglichener und deshalb auch für manche frostgefährdeten oder empfindlichen Pflanzen vorteilhaft.

★ Da fließendes Wasser seinen Reiz aus der Bewegung gewinnt, beschränkt sich die Bepflanzung ausschließlich auf die Ränder des Bachlaufes. Hier fühlen sich viele heimische Pflanzen aus der Feuchtwiesengesellschaft wohl.

★ Bei sehr bewegten Wasserläufen ist der ständige Wasserverlust groß und muss per Hand oder automatisch ausgeglichen werden.

Die klassisch formale Wasserachse erweitert sich zu einem runden Springbrunnen und endet in einem quadratischen Becken.

Formale Wasserläufe

In einen modernen Garten passt kein naturnaher Bach, hier sind formal angelegte Wasserläufe die bessere Lösung. Häufig erhalten kanalartige Wasserbecken ihre Bestimmung aus der Architektur des Hauses, um die Verbindung von Haus und Garten zu unterstreichen. Sie können mit einer Wasserachse ähnliche Wirkungen erzielen wie mit einem Weg, wobei die Spiegelung der Wasserfläche besonders reizvoll wirkt. Wassertreppen, Kanäle und Kaskaden lassen sich als einfache Elemente und in passenden Dimensionen in jedem noch so kleinen Hausgarten verwenden. Die strenge Linienführung korrespondiert mit einfachen Materialien wie Beton oder edlem Naturstein – sogar mit Edelmetall. Ruhig und gleichmäßig oder über unterschiedlich hohe Stufen rinnt das Wasser, oder es ergießt sich kaskadenartig von einem Becken in das nächste.

STRENG GEFÜHRTES WASSER

Ein Kanal hat mit seinem strengen Verlauf in einer ebenen Fläche eine klare Funktion als Abgrenzung oder Verbindung verschiedener Gartenbereiche oder aber als gliederndes Element von Bodenstrukturen auf einer größeren Platzfläche – einem Innenhof oder Vorplatz etwa. Diese lassen sich durch solch einen formalen Wasserlauf interessant gestalten und beleben. Zieht sich eine flache Rinne aus poliertem oder schiefrigem Gestein durch den Hof, genügt bereits eine geringe Überflutung, um die Schönheit der Steine durch das Nass zu steigern. Ein schmaler Wasserlauf kann auch eine höher gelegene Terrasse vom übrigen Garten abtrennen – dann benötigt die Terrasse allerdings ein Geländer. Die Strenge des formalen Wasserlaufes können Sie entweder durch eine seitliche Begrenzung mit geschnittenen Hecken noch verstärken oder durch sporadisch überhängende Bepflanzung brechen. Hier bieten sich vor allem locker wachsende Pflanzen als Kontrast an.

WASSER IM GEFÄLLE

Wassertreppen und Kaskaden lassen sich überall dort besonders gut einsetzen, wo das Gelände schon stufig angelegt ist. Die Kaskaden können beispielsweise parallel zu einer Treppe oder einem Weg verlaufen und deren Linienführung noch betonen. Hier ist abendliche Beleuchtung von besonderem Reiz. Der Wasserlauf kann zum Beispiel aus einem Brunnen in der Wand gespeist werden. Schön ist es auch, wenn das Wasser wie ein Vorhang herabfallen kann. Je höher die Stufen, desto stärker das Rauschen des Wasservorhangs. Je breiter die Stufen, desto mehr Wasser benötigen Sie. Wollen Sie einen mehr naturhaften Eindruck vermitteln, dann legen Sie die Wasserstufen unregelmäßig hoch an und belegen sie mit Flusskieseln, die sich im unteren Teil der Stufen häufen sollten. Mit größeren Steinblöcken oder Findlingen als Hindernisse engen Sie den Wasserlauf ein und erreichen auch in weniger starkem Gefälle eine kräftigere Wasserbewegung.

Rechts: Ein ausgefallener Stein wunderbar präsentiert in einem ausgefallenen Ambiente – die moderne Umsetzung eines maurischen Gartens.

Wasserspiele und Brunnen

1 Diese Steinkugeln sehen aus wie die Eier eines Riesenvogels in einem steinernen Nest. In Wirklichkeit handelt es sich um Sprudelsteine, an deren höchstem Punkt Wasser austritt, um dann das ganze Rund mit einem Wasserfilm zu benetzen. Auf diese Weise bekommen die Steine Leben, denn in vielen Tausend Wasserpartikeln bricht sich das Sonnenlicht, und es funkelt allerorten. Damit die Sprudelsteine auch eine Fernwirkung erzielen, sind sie von Bodendeckern und niedrigen Zwerg-Iris umgeben, deren Blattfarbe und -form hervorragend harmoniert.

2 Metall, Wasser und Stein – eine perfekte Kombination für einen modernen Garten. Der aus der Schütte kommende Wasserschwall bildet einen Vorhang, der sich elegant und schwungvoll in das flache Wasserbecken ergießt. Die streng formale Gestaltung setzt sich in der geschnittenen Buchshecke fort.

3 Krüge und Amphoren, aus denen Wasser fließt, sind uralte Motive für stimmungsvolle Brunnen. Größer dürfte das Auffangbecken hier gar nicht sein, damit der Krug gut zur Wirkung kommt.

4 Sehr sparsam fließt das Wasser durch einen steinigen Bach in einen mit Kies abgedeckten Folienteich. Im Gegensatz dazu steht das hundertfach strahlenförmig aufsteigende Wasser. Horizontale und Vertikale spielen hier ein gegensätzliches, aber sich auch ergänzendes Spiel.

GESTALTEN MIT PFLANZEN

Rasen und Wiese

Ob Sie sich für einen kurz geschnittenen Zierrasen, eine duftende Blumenwiese oder einen strapazierfähigen Gebrauchsrasen in Ihrem Garten entscheiden, hängt vor allem davon ab, wie Sie die Fläche nutzen wollen.

Es ist das Schicksal einer Grünfläche, dass sie in fast jedem Garten die Mitte besetzt und damit eine bedeutende Rolle bei der Gartengestaltung spielt. Ihre Aufgabe besteht einerseits darin, durch ihre farblich zurückhaltende Fläche die Formen und Farben der anderen Gewächse zur Geltung, aber auch Ruhe in den Garten zu bringen, ihn zu gliedern oder verschiedene Gartenbereiche natürlich miteinander zu verbinden.

Das Erscheinungsbild der begrünten Fläche hängt zum einen von ihrer Größe und Form ab, zum andern von der verwendeten Pflanzengesellschaft. Ein einheitlich grüner und kurz gehaltener Zierrasen hat eine ganz andere Wirkung als eine blumenreiche Wiese.

GRÜN IST NICHT GLEICH GRÜN

Je nach Verwendungszweck sind die Grünflächen klein oder groß, liegen zentral oder abgeschieden, setzen sich aus einigen wenigen oder vielen verschiedenen Grasarten zusammen.

★ Zierrasen ist ein kurz gemähter, dichter, unkrautfreier, grüner Teppich, der als attraktives Gestaltungsmittel dient. Er bildet ruhige Blickpunkte, dient als »Unterlage« für üppig blühende Pflanzinseln oder wird von bunten Staudenbeeten umrahmt. Seine einheitliche Farbe und Struktur bringt nicht nur Pflanzen, sondern auch Kunstobjekte aller Art hervorragend zur Geltung. Zierrasen ist nicht unbedingt zum ständigen Betreten, geschweige denn als Fußballplatz oder anderweitige Spielfläche geeignet – jedenfalls nicht zum Dauergebrauch.

★ Gebrauchsrasen setzt sich aus robusteren Gräsern als Zierrasen zusammen, ist daher vielleicht auch weniger attraktiv. Dafür eignet er sich aber als Tummelplatz für die ganze Familie. Er ist trittfest und kann schonungslos benutzt und strapaziert werden.

★ Blumenwiesen, die mit zahlreichen Wildblumen und Wildkräutern durchsetzt sind, wirken ganz allein für sich. Sie dienen hauptsächlich der Betrachtung und sollten möglichst nicht betreten werden. Die Zusammensetzung der Arten richtet sich vor allem nach dem Untergrund. An einem feuchten Standort wird die Flora ganz anders aussehen als auf einem trockenen, auf einem mageren Kalkschotterboden anders als auf einem lehmhaltigen Untergrund.

Für welche dieser drei Begrünungsmaßnahmen Sie sich entscheiden, hängt davon ab, welchen Gartentyp Sie bevorzugen und wie Sie die Fläche nutzen wollen: als Gestaltungselement, Tummel- oder Spielplatz oder einfach als artenreiches Biotop. Aber auch Klima, Bodenverhältnisse und Lage spielen eine Rolle: Auf einem nährstoffreichen Untergrund werden Sie kaum mit Erfolg eine artenreiche Blumenwiese erhalten – das dauert Jahre. Andererseits bietet schlechter, karger oder gar feuchter Untergrund keine Grundlage für einen Zierrasen.

Den Margeritenwiesen-Traum kann man sich auf dem kleinsten Fleckchen Erde erfüllen.

Grünflächen für jeden Geschmack

Rasen wird im Gegensatz zur Wiese nur kurz gehalten. Seine Gräser kommen nicht zur Blüte, dadurch wachsen sie in die Breite und bilden einen mehr oder weniger dichten Teppich, der kaum Platz für Kräuter lässt. Dieser Idealtypus eines Rasens ist trittfest, äußerst strapazierfähig und sieht zudem frisch und grün aus. In einen gepflegten Garten mit Rabatten und Schmuckbeeten gehört ein schöner Rasen. Rosen, Stauden, Solitärgehölze und Pflanzenraritäten aller Art kommen durch das beruhigende Grün erst voll zur Geltung. Auch ein formaler Garten kommt nicht ohne Rasen aus. Selbst in naturnahen Anlagen, die für Wiesen prädestiniert sind, sind belastbare Grünflächen unverzichtbar, vor allem am Haus, wo gespielt und gewohnt wird. In entlegeneren Teilen des Gartens können dann Rasenstücke als Wiesen oder Blumenwiesen angelegt werden.

DER FEINE ZIERRASEN

Der typische englische Rasen mit seiner gleichmäßig grünen Grasnarbe, fein in der Struktur, ohne Unkräuter, ist der Traum vieler Gartenbesitzer. Doch abgesehen vom feuchten Seeklima – einem entscheidenden Faktor für schönen Rasen – muss viel Pflege in solch eine Grünfläche investiert werden. Nur durch häufiges Mähen (zwei- bis dreimal die Woche) entsteht ein dichter Rasenteppich. Bei ständigem Schnitt müssen jedoch Wasser und Nährstoffe regelmäßig nachgeliefert werden, um das Wachstum zu unterstützen. Zur speziellen Pflege gehören Vertikutieren, Lüften und eventuell Walzen. Wer sich mit den typischen Rasenunkräutern, die sich unweigerlich einfinden werden, nicht anfreunden mag, dem bleibt nichts anderes übrig, als sie in mühevoller Handarbeit immer wieder auszustechen – das führt jedoch in Richtung des erwünschten Golf-Rasens.

Erst durch einen gut gepflegten Zierrasen erhält Ihr Garten seine großflächige grüne Grundstruktur, die eine vielfarbige Rahmenbepflanzung dringend braucht. Mit einigen schönen Gehölzen und Solitärpflanzen können Sie ent-

Die in die Rasenfläche gesetzten Platten lockern die grüne Fläche auf und leiten auf die Terrasse über – allerdings eine pflegeintensive Gestaltung.

Alles in diesem Garten wirkt elegant und passt formschön zusammen: geschnittene Gehölze, Natursteinplatten und Zierrasen.

weder Schwerpunkte setzen, oder Sie schaffen mit Beeten und Rabatten den erforderlichen Rahmen – in allen Fällen bleibt die Rasenfläche das Herzstück des Gartens. Seine Ausmaße und die Form bestimmen das gesamte Gartenbild.

★ In kleinen Gärten sollte der Rasen geometrische Formen haben. Ist der Garten quadratisch, bieten sich runde und ovale Rasenformen an.

★ Ein schmaler, schlauchförmiger Garten kann durch mehrere versetzt angelegte, quadratische Rasenflächen optisch verbreitert werden.

★ In streng architektonischen Gärten steht die ruhige Rasenfläche in spannungsreichem Gegensatz zu den vielen gliedernden vertikalen Elementen wie geschnittenen Hecken und Säulen, Laubengängen und Kleinarchitekturen.

★ Unregelmäßig und frei gestaltete Rasenflächen bringen Bewegung in den Garten. Mit den fließenden Linien der Rasenkanten können Weite angedeutet sowie Blicke in bestimmte Richtungen gelenkt werden.

Links: Der ebenmäßige grüne Rasenteppich setzt die erhöhte Holzterrasse und ihre Rahmenbepflanzung erst ins richtige Licht.

GEBRAUCHSRASEN

Seitdem ökologische Aspekte beim Planen und der Anlage von Gärten immer größeren Einfluss bekommen haben, ist der teppichgleiche grüne Zierrasen ein wenig aus der Mode gekommen. Nicht zuletzt auch deshalb, weil die »Mitte« des Gartens häufig zweckbestimmt ist, um sie in jeder Jahreszeit vielfältig »gebrauchen« zu können. Wir sprechen dann von Gebrauchsrasen. Sport- und Spielrasen besteht aus anspruchslosen, strapazierfähigen Grasarten wie Rotschwingel (*Festuca rubra*), Wiesenrispe (*Poa pratensis*) und Deutsches Weidelgras (*Lolium perenne*). Er benötigt lange nicht so viel Pflege wie ein Zierrasen, braucht bei stärkerer Belastung aber öfter einen Schnitt. Beim Saatgut sollten Sie auf gute Qualität achten und sich auf alle Fälle vom Fachmann beraten lassen, welche Grasmischungen für Ihren Standort am besten geeignet sind. Zwischen dem Gras werden sich nach und nach – je nach Bodenart – diverse Wildkräuter wie Löwenzahn und Wegerich, aber auch Gänseblümchen, der blaue Ehrenpreis (*Veronica*) oder die violette Braunelle (*Prunella vulgaris*) und viele andere hübsche Arten ansiedeln. Das hat auch seinen Reiz und mindert nicht die Strapazierfähigkeit der Grünfläche. Sie sollten die Blütenpflanzen allerdings rechtzeitig mähen, damit Sie beim Barfußlaufen nicht von blütenbesuchenden Bienen gestochen werden.

Wenn durch Überbeanspruchung oder Winterschäden Kahlstellen in Ihrem Rasen auftreten, genügt eine einfache Nachsaat – frühestens ab Ende April, denn keimender junger Rasen ist etwas frostempfindlich. Lockern Sie mit einer eisernen Harke die Fläche, damit die obere Bodenschicht den Samen aufnehmen kann. Dann wird das Saatgut ausgestreut und einen Zentimeter dick mit Komposterde bedeckt – Walzen oder Festklopfen nicht vergessen!

DIE BLUMENWIESE

Eine Blumenwiese enthält neben Gräsern viele verschiedene ausdauernde Wildblumen. Die Artenzusammensetzung ist von Standort zu Standort verschieden und ändert sich auch im Laufe der Jahre. Je trockener und nährstoffärmer ein Boden ist, desto mehr Wildkräuterarten sind vertreten, umso blütenreicher und ökologisch wertvoll ist die Wiese. Die meisten Wildkräuter bevorzugen magere Standorte. Düngen und Wässern begünstigt wiederum das Wachstum der Gräser, die dann als Konkurrenten auftreten. Sie können Ihren Gartenboden nicht grundsätzlich verändern, aber Sie können die Gräser etwas aushungern, um die Kräuter zu fördern.

Wildpflanzen für die Blumenwiese

Botanischer Name	Deutscher Name	Blütenfarbe	Standort
Cardamine pratensis	Wiesenschaumkraut	zartlila	feucht
Centaurea scabiosa	Flockenblume	rot	trocken
Chrysanthemum leucanthemum	Margerite	weiß	neutral
Geranium pratense	Wiesenstorchschnabel	blau	neutral
Knautia arvensis	Wiesenskabiose	hellblau	trocken
Lychnis flos-cuculi	Kuckucks-Lichtnelke	rosa	feucht
Malva moschata	Moschusmalve	rosarot	neutral
Primula veris	Himmelsschlüssel	hellgelb	feucht
Salvia pratense	Wiesensalbei	blau	trocken

Die gesäte Blumenwiese – ein Traum für eine kurze Zeitspanne. Aber es lohnt sich, denn die Natur kann mit dieser Flora herrliche Bilder malen.

Blumenwiesen passen zu ländlichen Gärten, aber auch zu solchen mit natürlichem Charakter. Gemäht wird nur dort, wo Bedarf für einen Zugang besteht. Blumenwiesen eignen sich vorzugsweise für unzugängliche Plätze wie trockene Hänge, steile Böschungen oder feuchte Stellen im Gartenbereich.
Eine Blumenwiese ist auch für den erfahrenen Gärtner immer ein gewisses Experiment und eine jährliche Überraschung. Ob eine Wildblume sich wirklich auf Ihrem Boden heimisch fühlt, ist schwer vorherzusagen. In jedem Fall ist eine Blumenwiese ein besonders zu schützender Gartenbereich, hier gilt: Betreten verboten! Bevor Sie eine Blumenwiese anlegen, sprechen Sie am besten mit Ihren Nachbarn, denn Wildblumen haben die Neigung, sich auszubreiten. Und was der eine für eine hübsche Wildblume hält, ist für den anderen schlicht Unkraut.
★ Sie können eine Blumenwiese entwickeln, indem Sie in die vorhandene oder frisch angesäte Grasnarbe inselartig ausdauernde Wildpflan-

Narzissen und Osterglocken tauchen diese feuchte Wiese im Frühjahr in üppiges Gelb und Weiß und wildern immer mehr aus. So schön kann ein naturnaher Garten nach Jahren aussehen.

Eine Margeritenwiese entwickelt sich auf möglichst trockenem und magerem Boden am besten.

zen setzen oder aussäen. Mit Hilfe dieser Initialpflanzungen, dem Beenden der Düngung und nur zweimaligem Mähen (nicht vor Ende Juni) stellt sich langsam ein schöner Blühaspekt ein.

★ Attraktive Frühlingswiesen entstehen, wenn Zwiebelpflanzen in der Grasfläche verwildern dürfen und erst nach dem Vergilben des Laubes gemäht wird. Zwiebelblumen sind besonders attraktiv an einem Standort unter laubabwerfenden Bäumen. Hier wächst die Blumenwiese ohnehin nicht so üppig, zur Verwilderung neigende Zwiebelpflanzen aber schon.

★ Bei »Blumenwiesen aus der Samentüte« ist oftmals die Enttäuschung groß, wenn im zweiten Jahr nach der Aussaat der einst farbenprächtige Flor ausbleibt. Die kurzlebigen einjährigen Pflanzen versamen sich üblicherweise gern. Die beliebte blaue Kornblume und der rote Klatschmohn sind allerdings Ruderalpflanzen. Sie benötigen einen offenen Boden zum Keimen, was im zweiten Jahr meist nicht mehr der Fall ist. Erfolgversprechender ist es dagegen, Margeriten anzusiedeln. Den Samen können Sie im Sommer leicht auf Wiesen sammeln. Lockern Sie die Grasnarbe an einigen Stellen etwas auf, und halten Sie die Saat feucht.

Rasenersatz

In winzigen Gärten und Innenhöfen oder in schwierigen Geländesituationen erscheint es oft wenig sinnvoll, einen Rasen, geschweige denn eine Blumenwiese anzulegen. Am Hang liegende Grundstücke sind häufig schwer zugänglich und schlecht zu mähen, oder Bäume und Sträucher werden nach und nach größer und schränken das Licht am Boden ein, so dass die Rasengräser nicht mehr wachsen – da können andere Pflanzen einen Ersatz bieten:

★ Ideal zum Begrünen von Böschungen sind Zwerggehölze und bodendeckende Rosen.

★ In schattigen Partien lässt sich eine einheitliche Begrünung mit Efeu (*Hedera helix*) oder Immergrün (*Vinca minor*) erzielen.

★ Als Rasenersatz für kleinere Flächen eignen sich auch Fiedermoos (*Leptinella squalida*) und Sternmoos (*Sagina subulata*), die auch noch im Halbschatten gut gedeihen.

★ Sonnige und trockene Partien können mit einer Vielzahl von niederwüchsigen Steingartenpflanzen oder trittfesten Kräutern wie der Römischen Schein-Kamille (*Chamaemelum nobile)*, verschiedenen Thymianarten oder kriechendem Bohnenkraut bepflanzt werden.

Abgrenzungen von und zum Rasen

1 **Der zunächst breite Rasenweg** wird zu einem schmalen Durchgang, um sich danach wieder zu öffnen. Er trennt zwei wunderbar bepflanzte Beete und verbindet sie doch. Wie ein grüner Fluss durchzieht der Weg die lang gestreckten Rabatten.

2 **Polygonale Natursteinplatten** in einer Rasenfläche laden zum bewussten Schreiten ein. Das Gleichmaß der Platten zwingt zur Konzentration auf den Weg durch den Garten. Rasen und Staudenbeet werden durch eine Reihe von Rasenkantensteinen voneinander getrennt.

3 **Zwei streng geschnittene Buchsbäume** sind nicht nur »Wächter des Weges« und Orientierungshilfe, sondern stehen auch in gelungenem Kontrast zu einer ganz natürlichen und blütenreichen Wildwiese. Der Rasenweg von etwa zwei Mähbreiten setzt klare Grenzen.

4 **Exakt verlegte Formsteine** grenzen die Rasenfläche in leichtem Bogen vom Frühlingsbeet ab. Die breite Rasenbegrenzung ist aber nicht nur Mähkante, sondern gleichzeitig Wegweiser zu einer Sonnenuhr, die hier eine zentrale Rolle spielt.

4

5

5 **Lavendel** wird oft und gern in Reihen gepflanzt, ganz den beeindruckenden Bildern aus der Provence folgend. Hier wird der Lavendel zur blühenden kleinen Hecke – ein charmantes und duftendes Trennelement zwischen Beet und Grünfläche.

6 **Geschnittener Buchsbaum** ist als Beetbegrenzung sehr geeignet. Die kleine niedrige Hecke wirkt wie ein Sockel, auf dem die Irisblüten zu stehen scheinen. Der immergrüne Buchs gibt Schutz und macht aus einem engen Pflanzstreifen einen eindrucksvollen Blickfang. Rasen und Beet sind durch eine zusätzliche Aufkantung säuberlich voneinander getrennt.

6

Bäume und Sträucher

Bäume und Sträucher sind die wichtigsten Gestaltungselemente im Garten, denn sie schaffen Räume und geben ihm seinen individuellen Charakter – und sie bestimmen über Licht und Schatten.

Bäume und Sträucher wirken raumbildend, grenzen ab und unterteilen. Der Baum am Haus symbolisiert von jeher Schutz und Geborgenheit. Schon ein einziger Baum oder großer Strauch gibt dem Haus einen eigenständigen Charakter. Solche Solitärgehölze können auch wie Schmuckelemente Blickfänge im Garten bilden. Größere Gehölze sind wichtige Gliederungselemente, die zwischen Haus und Garten vermitteln und das notwendige Raumgefühl entstehen lassen. Sie bieten aber auch Wind-, Sicht- und Lärmschutz. Neu angelegten Gärten fehlt häufig lange Zeit der wohltuende Eindruck, den alteingewachsene Gärten mit ihrem Gehölzbestand hervorrufen. Dies verleitet oftmals dazu, bei Neuanlagen viel zu viel zu pflanzen. Kleine, noch unscheinbare Bäumchen oder Sträucher werden dicht an dicht gesetzt, um rasch ein geschlossenes Bild zu erreichen. Bald schon sprengen die Gehölze jedoch den Gartenrahmen, bedrängen sich gegenseitig und können ihre typische Wuchsform nicht entwickeln. Niedliche Koniferen, wie Scheinzypressen und Lebensbäume, Zedern und Fichten, können im Laufe von zehn Jahren zu stattlichen Exemplaren heranwachsen und Haus und Garten in den Schatten stellen. Spätestens jetzt muss ausgelichtet werden, und dann stellt sich gerade bei den immergrünen Nadelgehölzen heraus, dass es durch die Konkurrenz der Nachbarn Kahlstellen oder schiefen Wuchs gegeben hat, der sich kaum mehr regulieren lässt. Die richtige Auswahl und Anzahl von Gartengehölzen ist also immens wichtig und von langfristiger Bedeutung.

Haben Sie das Glück und stehen schon ältere Bäume und Sträucher auf dem Grundstück, dann sollte diesen Ihre besondere Fürsorge gelten. Wägen Sie ganz genau ab, was stehenbleiben kann und was unbedingt weg muss. Warten Sie lieber eine Vegetationszeit ab, dann sehen Sie, wann wo Schattenwurf entsteht.

GEHÖLZE FÜR KLEINE GÄRTEN

Für kleine Gärten sollten Sie Gehölze mit lockerer Krone bevorzugen, da sie transparenter wirken. Kleines und helles Laub (Birke, Eberesche, Robinie) engt den Gartenraum optisch weniger ein als große, dunkle Blätter. Koniferen lassen sogar im Winter keinen Lichtstrahl durch. Wählen Sie Gehölze aus, die sich gleich durch mehrere Attribute auszeichnen, so dass Sie monatelang Freude haben. Das Gehölz sollte also nicht nur durch eine schöne Wuchsform auffallen, sondern im Frühjahr Blüten tragen und im Herbst mit buntem Laub oder leuchtenden Früchten geschmückt sein, wie dies zum Beispiel bei Zieräpfeln und Zierkirschen und der Felsenbirne der Fall ist. Ein Großstrauch wie Feuerahorn (*Acer ginnala*) oder Flieder kann die Aufgabe eines Hausbaumes erfüllen.

Zierendes Laub, Blüten und Früchte erhöhen den Wert eines Gehölzes ungemein.

Ein Hausbaum braucht Platz

Die Liste schöner Bäume ist lang, die Auswahl schwer. In ländlichen Gegenden war es früher üblich, Großbäume vors Haus zu pflanzen, die von besonderem Mythos umgeben waren wie Eiche, Linde oder Walnuss. Bei den heutigen Grundstücksgrößen scheiden solche Großbäume in der Regel von vornherein aus, denn sie brauchen sehr viel Platz und würden mit zunehmendem Wachstum immer mehr vom Garten beschatten und nicht viel anderen Pflanzenwuchs zulassen. Selbst Rasen gedeiht im Wurzelbereich großer Bäume kaum.
Je höher das Haus und je größer das Grundstück, umso größer kann der Hausbaum natürlich sein. Der normale Hausbaum sollte eine Höhe von zehn Metern jedoch nicht überschreiten, um die Proportionen des Gartens nicht zu sprengen. Flachbauten wirken unter dem Schutz eines breitkronigen Baumes besonders gut. Mehrgeschossige Gebäude auf schmalem Gelände verlangen dagegen schlanke Baumsilhouetten. Dunkle Nadelgehölze und bis zum Boden voll beastete Laubbäume können den Garten vollkommen verstellen und abdunkeln. Sie lassen auch kaum eine Unterpflanzung zu.
Bevor Sie einen größeren Baum pflanzen oder entfernen, sollten Sie sich unbedingt über die aktuelle Baumschutzverordnung in Ihrer Stadt oder Gemeinde informieren.

Zur Buchsbaumkugel passt als Hausbaum der »von Natur aus« rund wachsende Kugel-Ahorn (*Acer globosum*).

WOHIN MIT DEM HAUSBAUM?

In Hausnähe werden vor allem solche Bäume gepflanzt, die die Wohnräume nicht zu sehr beschatten, gleichzeitig aber einen schönen Anblick bieten und das Haus großzügig begrünen. Im Vorgarten, in einigem Abstand von Haus und Eingang, etwas asymmetrisch angeordnet, sind häufig dauerhafte und einladende Pflanzenstrukturen erwünscht. Wollen Sie sich zur Straße hin mehr abschotten, dann wählen Sie Laubgehölze mit großen Blättern aus, etwa den herrlich weiß blühenden Trompetenbaum (*Catalpa bignonioides*), der jedoch bis 15 m hoch werden kann. Zierlicher bleibt der Fächer-Ahorn (*Acer palmatum*). Kleine, rundkronige Bäume wie die Kugel-Akazie (*Robinia pseudoacacia* 'Umbraculifera'), der Kugel-Ahorn (*Acer platanoides* 'Globosum') und der kleine Kugel-Trompetenbaum (*Catalpa bignonioides* 'Nana') können in architektonisch geprägten Gärten paarweise eine Eingangssituation sehr schön betonen – entweder direkt an der Straße stehend oder im Innern des Vorgartens beidseitig des Hauseinganges.
Hinter dem Haus, im Wohngarten, hat der Hausbaum eine ganz praktische Seite als Schattenspender an Terrasse und Sitzplatz. Außerdem schützt er vor Blicken aus der Nachbarschaft oder von oben. Geeignete Gehölze sind zum Beispiel Zierkirschen oder Zieräpfel, die im Frühjahr mit ihrem reichen Blütenschmuck und im Herbst mit Früchten und farbigem Laub die Blicke auf sich ziehen.

Rechts: Alte Bäume verkörpern Kraft und Fruchtbarkeit und bieten Schutz. Erhalten Sie sie, wo immer es Ihnen möglich ist.

Die kugelförmig geschnittenen Fliederbäume korrespondieren in einzigartiger Weise mit dem gleichzeitig im Mai blühenden Kugellauch (*Allium*).

Farbenpracht das ganze Jahr

Ziersträucher zeichnen sich durch besonders üppige Blüten, mehrfarbige Blätter, farbenprächtiges Herbstlaub oder eine außergewöhnliche Wuchsform aus und bringen das ganze Jahr über Farbe in den Garten.

FRÜHLINGSBOTEN

Bei entsprechender Witterung erblüht bereits im Februar die Kornelkirsche (*Cornus mas*). In zartem Gelb öffnen sich die kleinen kugeligen Knospenbällchen. Vor allem in naturnah gestalteten Gärten sollte dieser langsam wachsende Strauch nicht fehlen, denn er gehört zu den ersten Nahrgeholzen für Insekten. Wer sich für das leuchtende Gelb der Forsythien entscheidet, der kann auch noch rote Blutjohannisbeeren (*Ribes sanguineum*) und/oder orangerote Zierquitten (*Chaenomeles*) dazusetzen. Ein Dreiklang wird daraus mit der reinweißen Brautspiere (*Spiraea arguta*). Diese Gehölze sind allesamt sehr gärtnerisch geprägte Züchtungen, bei denen es in erster Linie auf Fern- und Farbwirkung ankommt. Das heißt, Sie sollten bei der Auswahl eher vorsichtig herangehen. Andererseits sehnt man sich im Frühling auch geradezu nach Farbe, und diese unkomplizierten, rasch wachsenden und auch preiswerten Sträucher stellen eine gute Ergänzung zu all den schönen Zwiebelblumen dar. Wichtig ist immer die richtige Einbindung in das Konzept des Gartens. Wenn der Frühling sich verabschiedet hat, muss es an anderer Stelle neue Höhepunkte geben.

SOMMERBLÜTE

Etwas später in den Mai hinein können Sie mit violettem Flieder (*Syringa vulgaris*), gelbem Ranunkelstrauch (*Kerria japonica* 'Pleniflora') und weißer Prachtspiere (*Spiraea vanhouttei*) oder verschiedenen weiß blühenden Schneeball-Arten (*Viburnum*) reizvolle Gruppen bilden. Spät blühende Fliedersorten wie die dunkle 'Andenken an Ludwig Späth' verbinden sich besonders eindrucksvoll mit den langen, gelben Rispen des Goldregens (*Laburnum* x *watereri*

Blütenreich präsentiert sich der Judasbaum (*Cercis siliquastrum*) über den bunten Tulpen. Seine Besonderheit ist die Kauliflorie, das heißt, die Blüten kommen direkt aus dem Holz der einzelnen Triebe, sind also nicht gestielt.

Hortensienpracht im Eingangsbereich. So fröhlich kann es im Hochsommer an halbschattigen Stellen Ihres Gartens aussehen – insbesondere an den etwas problematischeren Nordost-Seiten des Hauses.

'*Vossii*') oder dem duftenden Pfeifenstrauch (*Philadelphus*). Im Juni, dem Rosenmonat, scheint es besonders viele rosablühende Ziersträucher zu geben. Es beginnt mit dem reizenden Perlmuttstrauch (*Kolkwitzia amabilis*) und dem zartlila Verwandten des Schmetterlingsstrauchs (*Buddleja alternifolia*). Eine schöne Kombination sind auch *Weigelia*-Hybriden in Rot und Rosa mit weißen und rosafarbenen Deutzien und weißen Pfeifensträuchern. Im Hoch- und Spätsommer lässt die Blütenpracht nach. Nur der Schmetterlingsstrauch (*Buddleja-Davidii*-Hybriden) zeigt je nach Sorte weiße bis dunkelviolette Blüten. Der Roseneibeisch (*Hibiscus syriacus*) blüht in vielen Weiß-, Rosa- und Blautönen, und die Hortensien (*Hydrangea*) entfalten ihre prachtvollen weißen, roten und blauen Scheinblüten.

HERBSTLAUB UND FRÜCHTE

Der Herbst steht ganz im Zeichen von Fruchtbehang und Laubfärbung, die den Garten nochmals in einen Farbrausch versetzen. Man denke nur an die gelb- und rotblättrigen Ahorn-Arten, allen voran *Acer ginnala*, ein Großstrauch, der ein wahres Feuerwerk in Rottönen entfacht. Auch Pfaffenhütchen (*Euonymus europaeus*), Perückenstrauch (*Cotinus coggygria*) und gelb oder rot fruchtende *Cotoneaster*-Arten stehen ihnen in Leuchtkraft nicht viel nach. Nicht zu vergessen der malerisch wachsende, aber stark Ausläufer bildende Essigbaum (*Rhus typhina* 'Dissecta').

FARBTUPFER IM WINTER

Im Winter blühende Sträucher wie Winterblüte (*Chimonanthus*), Duftschneeball (*Viburnum farreri*), Zaubernuss (*Hamamelis*) und Winterjasmin (*Jasminum nudiflorum*) oder *Cornus alba* 'Sibirica' mit seiner roten Rinde sollten Sie auf jeden Fall in Hausnähe – also in direktem Blickkontakt – pflanzen. Die Farben können zwar mit denen des Herbstes nicht konkurrieren, doch jede Blüte im Winter ist ein Wunder und hat bei näherem Betrachten ihren Reiz.

Unterpflanzung von Gehölzen

Sind Bäume und Sträucher noch jung, wie es hier der Fall ist, dann hat die Sonne noch leichtes Spiel. Lichter Schatten wird dieser Standort fachgerecht genannt – hier fühlen sich sehr viele Pflanzen wohl, denn durch die leichte Beschattung bleibt der Boden länger frisch. Ein gelungenes Beispiel dafür zeigt diese gemischte frischgrüne Bepflanzung aus kleineren Gehölzen, Blattschmuckstauden, Farnen und Zwiebelgewächsen.

Alte, höhere und ausladende Gehölze dagegen stellen eine echte Herausforderung für den Gartenliebhaber dar. So malerisch sich die Silhouetten größerer Bäume in einem Garten auch machen, es gibt nur wenige Pflanzen, die dem Wurzeldruck und der damit eng verbundenen Trockenheit auch standhalten. Auf keinen Fall sind Rasengräser geeignet – jeder Versuch unter Großgehölzen einen Rasen anzulegen, wird auf Dauer scheitern. In schattigen Bereichen sind bodendeckende Stauden besser geeignet. Besonders hübsch präsentieren sich diese Pflanzen im Gehölzbereich in den Frühlingsmonaten.

Pflanzplan

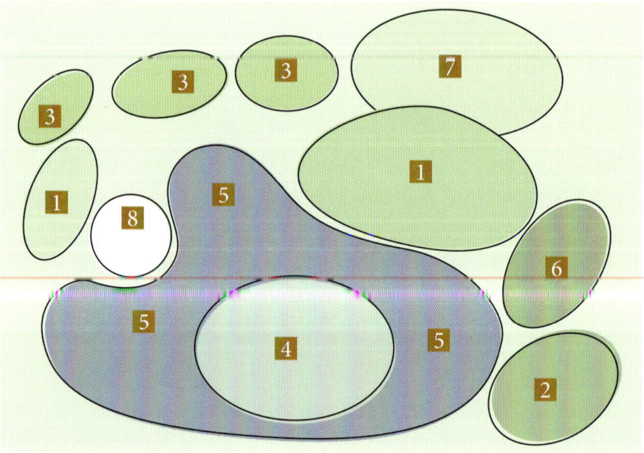

Beetgröße 2 x 3 m

★ Eine hübsche Gemeinschaft ergibt sich aus Gundermann, blau blühendem Kriechendem Günsel (*Ajuga reptans*), rosafarbener Gefleckter Taubnessel (*Lamium maculatum*), dem unverwüstlichen Waldsauerklee (*Oxalis acetosella*) und dem nahezu immergrünen Veilchen (*Viola odorata*), Lerchensporn (*Corydalis cava*) und Schneeglöckchen (*Galanthus nivalis*) oder Märzenbecher (*Leucojum vernum*).

★ Eine andere schöne Kombination besteht aus Haselwurz (*Asarum*), die sich mit ihrem hübschen rötlich glänzenden Laub ganzjährig im Baumschatten hält, dazu blau blühendes Immergrün (*Vinca minor*), Waldmeister (*Galium odorata*), Kaukasusvergissmeinnicht (*Brunnera macrophylla*), Maiglöckchen (*Convallaria majalis*), Storchschnabel (*Geranium*-Arten), Farnen und Gräsern.

★ Zu den reizendsten Bodenbegrünern gehören die 20–40 cm hohen Elfenblumen (*Epimedium*), die im Frühling cremefarbene, rosa oder gelbe Blütchen tragen, danach ziert ihr lederartiges grünes oder bronzefarbenes Laub den Boden.

★ Einen besonders ausdauernden und dichten Staudenteppich webt man aus gelber Waldsteinie und blauem Gedenkemein (*Omphalodes*).

PFLEGELEICHTE BODENDECKER

Wer auf geschlossene Bestände und weniger auf Vielfalt Wert legt und wenig Pflege investieren möchte, der wählt als Bodendecker am besten den heimischen Efeu (*Hedera helix*) oder Goldnessel (*Lamium galeobdolon*) aus. Letztere ziert etwas mehr, da sie gelbe Blüten ausbildet und geflecktes Laub besitzt. Der Efeu bildet auch im Winter noch einen grünen Teppich.

Zu den ganz robusten Bodendeckern, die auch unter ungünstigsten Bedingungen im Schatten von Bäumen und Sträuchern überleben, dafür aber andere Pflanzen verdrängen können, gehört der Beinwell (*Symphytum*) – in erster Linie *Symphythum grandiflorum*, eine Wildstaude mit rahmgelben Blüten. Ebenso widerstandsfähig ist der niedrige Halbstrauch Ysander (*Pachysandra terminalis*), auch Dickmännchen genannt.

Pflanzliste

1	2–3	Funkie *Hosta fortunei* 'Albomarginata'
2	1–2	Funkie *Hosta*- Hybride 'Golden Sculpture'
3	5	Trichterfarn *Matteuccia struthiopteris*
4	1–3	Storchschnabel *Geranium gracile*
5	50–100	Hasenglöckchen *Hyacinthoides non-scripta* (Blue Bells)
6	5–10	Kaiserkrone *Fritillaria imperialis* 'Lutea'
7	1	Duftazalee *Rhododendron luteum*
8	1	Sandbirke *Betula pendula*

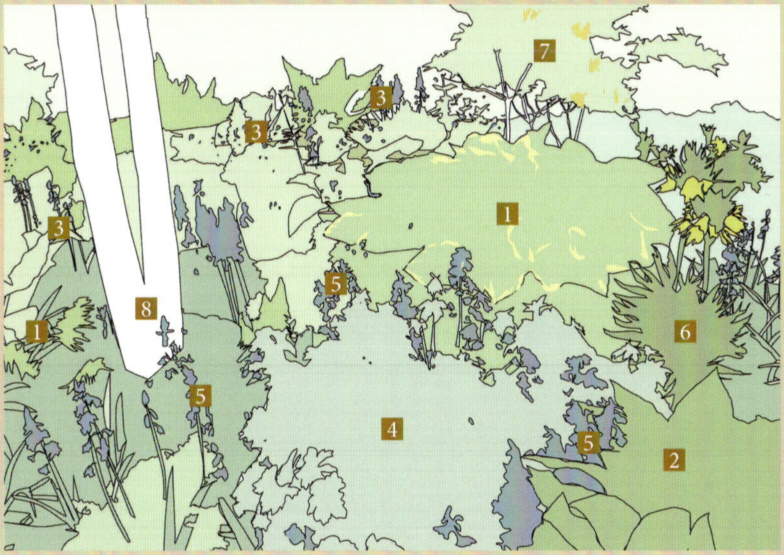

Waldgarten mit Rhododendron

Gehört ein Waldstück zu Ihrem Garten oder grenzt Ihr Garten an einen Wald, dann stellt sich Ihnen vielleicht die Frage, welche Art von Pflanzen könnte diese Situation gärtnerisch bereichern. Viel hängt hier von der Art der benachbarten Bäume ab. Sind es Koniferen (Kiefer, Fichte, Tanne) oder Laubbäume? Dementsprechend sind die Licht- und Bodenverhältnisse und das Wurzelwerk beschaffen. Ein lichter Birkenwald bietet gänzlich andere Bepflanzungsmöglichkeiten als ein nasser Erlenbruch. Aber auch ein eingewachsener Garten mit altem Baumbestand und vielen schattigen Bereichen wird nach und nach zum Waldgarten. Wenn der Platz es erlaubt, lässt es sich vielleicht einrichten, dass Sie dort eine Farnschlucht oder einen primelgesäumten Bachlauf anlegen.

Für eine Unter- oder Vorpflanzung bieten sich die schattenliebenden Stauden und speziell einige Bodendecker an.

Wer sich jedoch einmal von den wunderbaren Parkanlagen Englands inspirieren ließ und sich in Rhododendren verliebte, der hat nur den einen Wunsch: Ähnliches in seinen Garten zu holen. Große Blütenbälle in leuchtendem Rot, strahlendem Gelb oder einem reinen Weiß – welcher Blumenfreund gerät da nicht ins Schwärmen? Das milde Klima und die Moorböden im Nordwesten Deutschlands eignen sich perfekt zur Anlage von Rhododendren-Gärten. Aber auch in anderen Regionen können die Sträucher angepflanzt werden, wenn Sie auf die Bedürfnisse dieser herrlichen Sträucher eingehen: Die immergrünen Laubgehölze wollen ein wintermildes und luftfeuchtes Klima sowie einen sauren Boden mit niedrigem pH-Wert. Sie lieben einen geschützten Standort in lichtem Schatten. Spezielle Baumschulen haben in der Zwischenzeit aber auch schon Rhododendron-Sorten gezüchtet, die auch kalkverträglich sind. Diese neuen Sorten bieten nicht nur viele Farben, dazu wurde vor allem die Eignung für sonnige Plätze zum Zuchtziel erklärt.

★ Kombinieren Sie immergrüne Sorten mit laubabwerfenden Gartenazaleen. Das macht die Anlage abwechslungsreicher, denn die Sommergrünen färben sich im Herbst zusätzlich sehr schön orange und rot. Auch die unterschiedlichen Höhen dieser Gehölze und ihre Blattformen gilt es bei der Planung zu berücksichtigen.

★ Als passende Begleiter dieser Waldgesellschaften eignen sich Gehölze, die den gleichen Anspruch an Boden und Klima stellen wie die Lavendelheide (*Pieris*) oder auch die Lorbeerrose (*Kalmia*). Mit ihren zarten creme- und rosafarbenen Blüten besänftigen sie hervorragend die oft kräftigen Farbtöne der Rhododendren.

★ Um das kompakte Aussehen der Rhododendren etwas zu mildern, sollte man sie nicht zu dicht pflanzen. Die Anlage wirkt gefälliger, wenn Sie größere Lücken lassen und diese dann mit passenden Stauden wie Farnen, Waldgräsern, Funkien, Salomonsiegel, aber auch Astilben, Waldgeißbart, Fingerhut, Etagenprimeln, Sterndolde oder Scheinmohn füllen – nicht zu vergessen Zwiebelblumen wie Narzissen, Hasenglöckchen und Hundszahn im Frühling und Lilien im Sommer.

Rechts: **In keinem Garten sollte im Mai die gelbe Duftazalee (*Rhododendron luteum*) fehlen. Die laubabwerfenden Azaleen gedeihen fast überall.**

Rose ist nicht gleich Rose

Rosen spielen schon seit langer Zeit eine Hauptrolle in unseren Gärten, und daran wird sich auch nichts ändern. Jahr für Jahr erscheinen zahlreiche Neuheiten. Die Größe des Sortiments scheint unerschöpflich zu sein, für jeden Geschmack, jede Gartensituation und jeden Gartenstil ist das Passende zu finden:

★ Alte Rosen faszinieren durch die dicht gefüllten und typisch altmodisch geformten Blüten, die feinen Farben und ihren unvergleichlichen Duft. Dass viele von ihnen nur einmal blühen, wird nicht als Nachteil empfunden.

★ Englische Rosen vereinen den Charme alter Sorten mit den heutigen Anforderungen an Krankheitsresistenz. Die meisten blühen öfter, haben dicht gefüllte Blüten und einen hinreißenden Duft.

★ Moderne Rosen-Sorten remontieren gut und blühen oft bis zum Frost. Sie eignen sich vor allem für Schmuckbeete.

★ Einfache und halbgefüllt blühende Rosen mit schalenförmigen Blüten, die viele Hagebutten hevorbringen, werden im Naturgarten bevorzugt, denn neben ihrem Zierwert sind sie eine gute Nahrungsquelle für allerlei Tiere.

VIELFÄLTIGER WUCHS

Rosen gibt es in allen erdenklichen Wuchsformen und Größen. Folglich eignen sie sich auch für vielfältige Gestaltungsmöglichkeiten:

★ Kletterrosen besitzen ein ausgesprochenes Längenwachstum. Es gibt einmal- und öfterblühende, duftende und nicht duftende, stark- und schwachwüchsige, büschelblütige und solche mit großen, eher einzelstehenden Blüten. Sie eignen sich für Rosenbögen und Tore, Pergolen und Spaliere. Sie wachsen in Bäume hinein oder bedecken eine Laube, umranken Zäune und hängen über Mauerkronen herab.

★ Strauchrosen allgemein wachsen buschig verzweigt und werden höher als 100 cm. Ihre Wuchsform ist straff oder bogig überhängend. Auch die Alten und Englischen Rosen rechnet man dieser Gruppe zu.

Strauchrosen können gut allein stehen, aber auch in Gemeinschaft mit anderen Pflanzen verlieren sie nicht an Wirkung.

Die Öfterblühenden Zierstrauchrosen eignen sich sowohl zur Einzelstellung im Rasen oder Beet als auch zur Gruppenpflanzung. Kleinstrauchrosen werden auch Bodendeckende Rosen genannt – mit ihnen begrünt man größere Flächen. Durch ihren dichten Bewuchs schützen sie Böschungen vor Erosion.

★ Wild- und Parkrosen (Einmalblühende Strauchrosen) sind für kleine Gärten eher ungeeignet, weil sie ebenso breit wie hoch werden.

★ Beetrosen bestechen mit ihrer Reichblütigkeit. Ihre einfachen oder gefüllten Blüten stehen in Dolden zusammen, das macht sie auf die Ferne so wirkungsvoll. Die Blütezeit erstreckt sich über Monate und macht diese Rosengruppe zu idealen Farbträgern im Garten.

★ Edelrosen besitzen besonders edel geformte Knospen und große, gefüllte, häufig duftende Blüten, die meist einzeln auf straffen Stielen stehen und gut zum Schnitt geeignet sind.

★ Zwerg- und Hochstammrosen sind ideale Blütengehölze für ganz kleine Gärten. Stamm- und Kaskadenrosen lassen sich auch gut mit Stauden unterpflanzen.

Links: Zauberhafter Blütenmix in Form, Größe und Farbe. Die undurchdringliche Hecke scheint Dornröschens Schloss zu verbergen.

Duftende Rosen

Name/Sorte	Form	Blütenfarbe	Wuchshöhe
Charles Austin	Englische Rose	aprikotfarben	bis 150 cm
Compassion	Kletterrose	lachsorange	bis 250 cm
Ilse Krohn Superior	Kletterrose	weiß	bis 300 cm
Rosa centifolia	Zentifolie	rosa	bis 150 cm
Rose de Resht	Damaszener-Rose	lilarosa	bis 100 cm
Shocking Blue	Beetrose	magentalila	bis 70 cm
Whisky	Edelrose	bernsteingelb	bis 90 cm

Rosen in Begleitung

Rosen sind etwas ganz Besonderes – die Schönheit ihrer Blüten, ihre teils lange Blütezeit und die Sortenvielfalt machen sie so beliebt. In den vergangenen Jahrzehnten verloren sie etwas von ihrer Sonderstellung, wurden dafür aber immer mehr in die Gemeinschaft der übrigen Gartenpflanzen aufgenommen. Neue reich- und öfterblühende Sorten und die zahlreichen kleinen Zierstrauchrosen lassen sich so vielfältig wie noch nie verwenden. Sie lassen sich überall gut integrieren und brauchen kein Extrabeet, wie es früher üblich war. Es hat sich gezeigt, dass Rosen in Rosenbeeten – also in Monokultur – anfälliger für Krankheiten und Schädlinge sind als in kombinierten Pflanzungen. Durch geschickte Verbindung von Rosen mit anderen Pflanzen entstehen schöne Gartenbilder, und die passenden Begleiter können die Wirkung der Rosen noch steigern.
Je kleiner eine Pflanzfläche ist, umso wichtiger ist die Beschränkung auf wenige Farben und eine klare Zuordnung. Rosen in warmen Rottönen, in Rosa, Gelb und Weiß können kombiniert werden mit zurückhaltendem Blau, gelben und weißen Blüten sowie mit grün-grauem und grün-blauem Laub. Vorsicht bei Kombinationen von Lachsorange mit kühlem Rosa! Diese Farben müssen sehr sensibel durch Begleitpflanzen in Blau-, Grau- und Weißtönen miteinander verbunden werden. Keinen Fehler begehen Sie, wenn Sie Rosen in ausschließlich warmen Tönen (Sonnengelb, Orange, Scharlachrot) oder in rein kühlen Tönen (Weiß, Rosa, Karminrot) kombinieren. Immergrüne Nadelgehölze eignen sich hervorragend als Rahmen für helle und farbintensive Rosen. Vor dunklen Eiben oder Hecken aus blaugrünen oder grauen Zypressen und Lebensbäumen heben sie sich gut ab.

TON IN TON KOMBINIERT

Die Farben Blau, Weiß und Grau passen zu allen Rosenfarben. Besonders die graulaubigen Pflanzen sind ideale Partner, denn sie rücken mit ihrem zurückhaltenden Wesen die Rose erst recht ins richtige Licht. Die graue und graublaue Farbe wirkt wie ein Aufheller und Weichzeichner zwischen dem dunkelgrünen und rötlichen Laub der Rosenbüsche. Hier wurde eine Ton-in-Ton-Pflanzung gewählt:
Zu den hellen Rosenblüten bildet magentafarbener Storchschnabel (*Geranium*) einen starken Kontrast. Die Farbe wiederholt sich jedoch nochmals in einer gleichfarbigen Rose. Sanftere Töne stimmen zart blauviolette Blüten von Kandelaber-Ehrenpreis (*Veronicastrum virginicum*) im Hintergrund und die Katzenminze (*Nepeta* x *faassenii*) am Rand an. Die Silberraute (*Artemisia ludovica*) beruhigt zusätzlich das Gartenbild. In der Staudenrabatte darf z. B. der blaue Rittersporn als ebenbürtiger Partner nicht fehlen. Wichtige Begleiter sind auch Sommersalbei (*Salvia nemorosa*), Feinstrahl (*Erigeron*) und Ehrenpreis (*Veronica*). Als graue Eminenzen gelten Heiligenkraut (*Santolina*) und Lavendel. Der Wollziest (*Stachys*) ist ein hervorragender Bodendecker und als Vorpflanzung bestens geeignet. Fast unverzichtbar sind Polsterglockenblumen (*Campanula portenschlagiana* und *C. poscharskyana*), wenn es um die Unterpflanzung von Stammrosen geht.

Pflanzplan

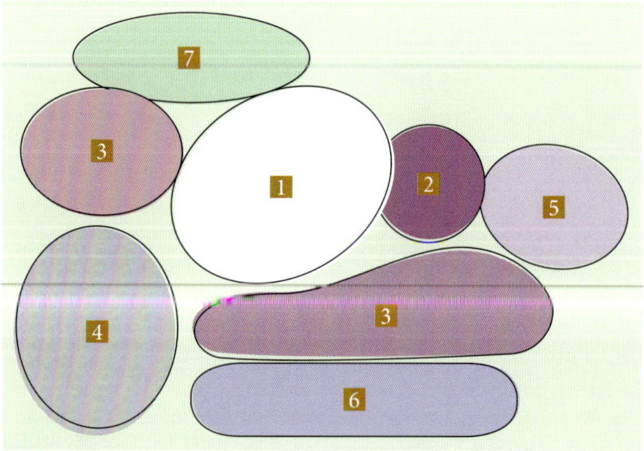

Beetgröße 3 x 3 m

Pflanzliste

1 – 2	je 1	Strauchrose
3	7	Storchschnabel *Geranium psilostemon* 'Patricia'
4	3	Edelraute *Artemisia ludoviciana* 'Silver Queen'
5	3	Katzenminze *Nepeta* x *faassenii* 'Walkers Low'
6	5	Lavendel *Lavandula angustifolia*
7	3–5	Ehrenpreis *Veronica longifolia* 'Blauriesin'

Rosen – vielfältig eingesetzt

1 **Hochstammrosen** nehmen nicht viel Platz in Anspruch, überragen die Pflanzung und können sehr gut unterpflanzt werden.
In einem Rosengarten wird es voraussichtlich nie blaue Rosen geben – kein Schaden, denn die rosa blühenden Hochstammrosen und blau blühende Stauden zu ihren Füßen sind ein unschlagbares Team.

2 **Beetrosen** sorgen zur Hauptblütezeit im Juni für kräftige Farbakzente. Blickfang dieser zarten Anpflanzung sind großblumige rosa und violettfarbene Beetrosen.

3 **Kletterrosen** schmücken diesen alten Baum und ranken weit hinauf ins Geäst. Die Möglichkeit, mit Ramblerrosen kahle Baumstämme zu beleben, ist eine viel zu wenig genutzte Rezeptur.

4 Strauchrosen können überaus vielfältig im Garten verwendet werden: als Solitärstrauch, Rosenhecke oder Teil einer blühenden Rabatte. Hier bringen die großen gelben Blüten Sonne zwischen die hellblauen Glockenblumen.

4

5

5 Strauchrosen werden sehr gerne als reine Rosenhecke oder in gemischten Rabatten gepflanzt. Sie werden bis zwei Meter hoch und versprechen im Sommer eine üppige Blütenfülle. Man unterscheidet zwischen den modernen, öfterblühenden Strauchrosen und den Alten Rosen, die in der Regel nur einmal blühen. Hier die alte Sorte 'Raubritter' von 1936 mit den typischen kugelförmigen Blüten.

6 Kleinstrauchrosen können auch flächendeckend eingesetzt werden und verwandeln sich im Sommer in ein duftendes Blütenmeer. Diese reich blühende Rose erzeugt mit ihren Schalenblüten und den leuchtend gelben Staubgefäßen ein besonders natürliches Flair.

6

Mit einjährigen Kletterpflanzen wie der Prunkwinde (*Ipomoea tricolor*) lassen sich Sichtschutzwände und Spaliere sehr schnell begrünen – allerdings nur für eine Saison.

Kletterpflanzen – vielseitiges Grün

Kletterpflanzen gibt es in großer Vielfalt – einjährige Pflanzen zählen ebenso dazu wie Stauden und Gehölze. Die einen lieben die Sonne, die anderen den Schatten, dazu wachsen, blühen und fruchten sie sehr unterschiedlich. Allen gemeinsam ist jedoch die Fähigkeit, in die Höhe zu klettern und mit sehr wenig Bodenfläche auszukommen. Entweder wachsen sie aus eigener Kraft (Selbstklimmer) oder mit Hilfe einer Stütze in die Höhe. Kletterpflanzen sind – gestalterisch betrachtet – die am vielseitigsten verwendbaren Gewächse.

Bestens geeignet sind sie zum Begrünen von Raumtellern. Als lebender Zaun können sie für Sicht-, Wind- und Sonnenschutz sorgen. An Gittern, Säulen, Bögen und Pergolen können sie zauberhaft in alle Richtungen geleitet werden, wobei die Kombination von verschiedenen Kletterpflanzen besonders hübsch ist. Kletterpflanzen bilden sogar grüne Dächer, sei es als Bohnenzelt, dicht bewachsene Laube oder fantasievolles Pflanzenhaus. Unter einem Geflecht von mehrjährigen Kletterpflanzen lässt sich einerseits manches Unschöne verstecken, kann andererseits aber auch das Besondere hervorgehoben werden. Kletterpflanzen werden überdies zu attraktiven Hängepflanzen, wenn sie über Mauern und Böschungen hinabwuchern. Nicht zu vergessen: Im Schutz ihres dichten Blättermantels finden viele Tiere Unterschlupf.

AUF DEM WEG NACH OBEN

Kletterpflanzen brauchen eine geeignete Unterlage oder künstliche Stütze, um nach oben wachsen zu können. Nur Selbstklimmer finden ohne Kletterhilfe den Weg nach oben. Zu den selbstklimmenden Kletterpflanzen gehören die Wurzelkletterer wie die Kletterhortensie (*Hydrangea anomala*), die Trompetenblume (*Campsis radicans*) oder der Efeu (*Hedera helix*). Diese Pflanzen bilden an Sprossen und Trieben Haftwurzeln aus, mit denen sie sich auf der Unterlage festhalten können. Eine andere Art, ohne Hilfe in die Höhe zu kommen, wenden die Haft-

Die zartgelbe vielblütige Kletterrose bildet einen wunderschönen luftigen Kontrast zu den dunklen Gitterstäben. Sie hält neugierige Blicke ab, ist aber nicht vollkommen blickdicht.

Die Heckenkirsche (*Lonicera* x *heckrottii*), ein Geißblattgewächs, gehört zu den besonders aparten reich blühenden und süß duftenden Schlingern mit außergewöhnlich langer Blütezeit von Juni bis Oktober/November. Der buschig aufrecht wachsende Strauch kann sich mit Hilfe einer Stütze auch als frei wachsendes Blütengehölz entwickeln.

scheibenkletterer wie der Wilde Wein (*Parthenocissus quinquefolia*) an. Hier sind die Spitzen der Blattranken zu Haftscheiben umgewandelt, mit denen sich die Pflanze auch auf glattem Untergrund festheften kann.

★ Schlinger und Winder wie Blauregen (*Wisteria sinensis*) und Knöterich (*Fallopia aubertii*) schlingen und winden sich mit dem ganzen Spross an einer Stütze empor. Diese Art des Hochkletterns ist am weitesten verbreitet. Als Kletterhilfen eignen sich Gerüste aller Art, oft genügen schon kräftige Spanndrähte.

★ Ranker wie Waldreben (*Clematis*) und Wein (*Vitis vinifera, V. coignetiae*) haben Kletterorgane, die auf die Umwandlungen von Spross, Blatt oder Blattstiel zurückzuführen sind. Kletterhilfen sind hier Drähte, Gitter und Spaliere mit kleinem Querschnitt.

★ Spreizklimmer wie Kletterrosen oder Winterjasmin (*Jasminum nudiflorum*) besitzen lange, biegsame, teils bedornte oder bestachelte Triebe, mit denen sie sich festhalten. Ihre Kletterhilfen brauchen möglichst viele waagerechte Sprossen, durch die sie ihre Triebe hindurchschieben können. Meistens muss man aber nachhelfen.

Mehrjährige Kletterpflanzen

Botanischer Name	Deutscher Name	Wuchshöhe	Kletterart
Aristolochia macrophylla	Pfeifenwinde	10 m	Schlingpflanze
Campsis radicans	Trompetenblume	10 m	Haftwurzler
Clematis montana	Anemonenwaldrebe	8 m	Rankpflanze
Fallopia aubertii	Knöterich	8 m	Schlingpflanze
Hedera helix	Efeu	20 m	Haftwurzler
Hydrangea petiolaris	Kletterhortensie	15 m	Haftwurzler
Lonicera henryi	Heckenkirsche	8 m	Schlingpflanze
Parthenocissus quinquefolia	Wilder Wein	20 m	Haftscheiben
Parthenocissus tricuspidata	Jungfernrebe	15 m	Haftscheiben
Vitis vinifera	Weinrebe	10 m	Rankpflanze
Wisteria sinensis	Blauregen	8 m	Schlingpflanze

Hecken – lebende Zäune

Hecken eignen sich als Einfassung und Einfriedung, als Rahmen und Kulisse für andere Pflanzen, als Raumteiler, Trenn- und Sichtschutzelement. Sie können aber auch als grüne Architekturen zum Selbstzweck werden. Ihre Vielfalt an Formen, Farben, Strukturen, Höhen und Breiten ist immens.
Je nach Gartenstil, Platzangebot und Verwendungszweck unterscheidet man zwischen Schnitthecken und frei wachsenden Hecken, zwischen Hecken, die nur aus einer Gehölzart bestehen und solchen, die sich aus verschiedenen Sträuchern und Bäumen zusammensetzen.

IN FORM GESCHNITTENE HECKEN

Geschnittene Hecken eignen sich am besten für kleine Gärten. Sie werden ein- bis zweimal jährlich gestutzt und sprengen somit nicht die Dimension des kleinen Grundstücks. Gleichzeitig können Sie den knapp bemessenen Raum mit ihrer Hilfe klar gliedern und durch geschickte Linienführung optisch erweitern und interessant gestalten. Schnitthecken sind lebendige Architektur, mit der Sie Ihren Garten gestalten können. Sie strukturieren den Garten und erfüllen die Funktion von Mauern und Zäunen. Es dauert allerdings seine Zeit, bis sie so groß geworden sind, dass sie ihre Aufgabe als grüne Mauer ganz übernehmen können. Ob Sie sich für eine immergrüne oder eine sommergrüne Hecke entscheiden, hängt von Ihren persönlichen Vorlieben ab und davon, welchen Zweck die Hecke erfüllen soll. Als Abgrenzung nach außen oder zur inneren Strukturierung des Gartens sind immergrüne oder wintergrüne Hecken am besten geeignet.

★ Niedrige Hecken aus Buchs (*Buxus*) oder mit Berberitze (*Berberis*) eingefasste Beete engen den Blick nicht ein, schaffen eine gewisse Ordnung und bringen die Pflanzungen innerhalb der geometrischen Formen gut zur Geltung.

★ Mannshohe Hecken aus Eibe (*Taxus*), Scheinzypresse (*Chamaecyparis*), Lebensbaum (*Thuja*), Hainbuche (*Carpinus betulus*) oder Rotbuche

Frei und ungezwungen können sich diese Großsträucher hier ausbreiten, und ihre überhängenden Zweige dürfen den Boden berühren.

(*Fagus sylvatica*) schaffen abgeschlossene Gartenräume, oder sie rahmen und schützen zusammen mit Zäunen den gesamten Garten – können aber auch einengen.

★ Gemischte Schnitthecken aus unterschiedlichen Laubgehölzen wie rot- und grünblättrigen Buchen (*Fagus*) oder Berberitzen (*Berberis*) wirken nicht nur im Herbst, sondern auch in den Sommermonaten sehr lebhaft.

Gemischte Hecken aus immergrünen Laub- und Nadelgehölzen und einzelnen rotlaubigen oder panaschierten Sträuchern bieten ganzjährig Farbigkeit. Niedrige Hecken aus einer einzigen Art sind hervorragend als Einfassungen und zur Abgrenzung geeignet. Für solche Zwecke eignen sich Zwerggehölze wie Spierstrauch (*Spiraea*), Fingerstrauch (*Potentilla*), Hortensien (*Hydrangea*), niedrige Berberitzen (*Berberis*) und Rosen.

FREI WACHSENDE HECKEN

Freiwachsende Hecken sind die natürlichste Art, etwas zu umzäunen, zu gliedern oder voneinander abzugrenzen. Sie können aus kleinen, mittleren und großen Sträuchern oder Bäumen, aus Wildgehölzen, aber auch aus Ziersträuchern bestehen. Für eine frei wachsende Hecke müssen Sie bis zu fünf Meter Höhe und Breite rechnen – mindestens aber drei Meter – wenn sie sich in ihrer typischen Schönheit entfalten soll.

Links: Repräsentativer kann ein Sitzplatz wohl kaum gestaltet sein. Dieses Heckenkabinett wirkt schlicht und schön zugleich.

KOSTEN EINER SCHNITTHECKE

- Laubgehölze ohne Ballen in einer Höhe von 80–100 cm: Hainbuche (*Carpinus betulus*): 10 €/Pflanze; Rotbuche (*Fagus sylvatica*): 11 €/Pflanze. Sie brauchen pro laufendem Meter 2–3 Pflanzen. Liguster (*Ligustrum ovalifolium*): 5 €/Pflanze. Sie brauchen pro laufendem Meter 2–4 Pflanzen.
- Nadelgehölze mit Ballen in einer Höhe von 60–80 cm: Scheinzypresse (*Chamaecyparis lawsoniana*): 15 €/Pflanze; Eibe (*Taxus baccata*): 35 €/Pflanze; Lebensbaum (*Thuja occidentalis*): 13 €/Pflanze. Sie brauchen pro laufendem Meter 2–4 Pflanzen.

Buchs, in Form geschnitten, quadratisch, rechteckig oder kugelig, große und kleine Exemplare, hat seit langem schon in unsere Gärten Einzug gehalten.

Immergrüne Gehölze

Immergrüne Gehölze werfen ihr Laub nicht im Herbst ab, sondern ersetzen überalterte Blätter das ganze Jahr über durch neue. Sie bilden auch im Winter in den Gärten dauerhafte Strukturen und bringen Farbe. Ob frei wachsend oder geschnitten, immergrüne Gehölze lassen sich hervorragend als gliedernde, struktur- und raumbildende Elemente verwenden oder als solitäre Blickfänge einsetzen. Da sich Immergrüne im Laufe des Jahres kaum verändern, bringen sie Ruhe in den Garten und dienen als dunkle Kulisse, vor der hellere und bunte Laubtönungen oder bunte Blütenfarben erst richtig zur Geltung kommen.
Immergrün sind nicht nur Nadelgehölze, auch eine ganze Reihe schöner Laubgehölze wie Kriechspindel (*Euonymus fortunei*), Lorbeerkirsche (*Prunus laurocerasus*), Rhododendron, Skimmie (*Skimmia japonica*) und Stechpalme (*Ilex aquifolium*) geben unseren Gärten die ganzjährig grünen Strukturen und Unterteilungen und sind unentbehrlich, wenn es auch im Winter um Sichtschutz geht.

KLEINWÜCHSIGE NADELGEHÖLZE

Nadelbäume wie Tanne, Fichte oder Kiefer schaffen das ganze Jahr hindurch zwar grüne Strukturen und Sichtschutz, sie werden allerdings rasch zu groß und sprengen die Dimensionen eines kleinen Gartens. Die Bäume lassen sich auch ohne »Gesichtsverlust« nicht schneiden. Sie vegetieren dann nur als Krüppel weiter und haben ihren schönen Habitus verloren. Zudem passen Nadelbäume nicht in jedes Landschaftsbild und wirken oft fremd. Wenn Sie Nadelgehölze in Ihrem Garten verwenden wollen, dann sollten Sie auf kleinwüchsige Sorten setzen. Gehölze mit Zwergwuchs wie Balsam-Tanne (*Abies balsamea* 'Nana'), Muschelzypresse (*Chamaecyparis obtusa* 'Nana Gracilis'),

Immergrüne Laubgehölze wirken im Garten oft natürlicher als Koniferen. Heimisch sind allerdings nur Efeu, Stechpalmen und Wacholder. Die anderen Arten und Sorten sollten in nördlichen Breiten einen geschützten Standort erhalten.

Verschiedene Heidekräuter überragt von Wachholdersäulen, etwas überhängender Ginster und ein paar Gräser und dann noch den einen oder anderen Findling dazu – der Inbegriff eines Heidegartens.

Silber-Kiefer (*Pinus sylvestris* 'Watereri') oder Zuckerhutfichte (*Picea glauca* 'Conica') gibt es in sehr großer Farben- und Formenvielfalt, in Grün-, Grau-, Blau-, Silber- und Goldtönen. Sie eignen sich besonders für Steingärten und Böschungen und zur Einrahmung von Rosen- und Staudenbeeten. Ein sehr wichtiger Vertreter der Gruppe ist auch unsere heimische Eibe (*Taxus baccata*), die sich in frei wachsender Form zum kleinen Baum entwickelt, aber auch im Unterholz größerer Bäume zurechtkommt. In geschnittener Form ist sie ebenso beliebt wie der Buchsbaum (*Buxus*).

Immergrüne Zwergsträucher

Heidekräuter (*Erica, Calluna*) sind immergrüne Zwergsträucher, deren Arten- und Sortenspektrum so groß ist, dass Sie nahezu ganzjährig blühende Partien schaffen können. Besonders im Herbst und Winter besteht die Wirkung in der sehr unterschiedlichen Laubfärbung einzelner Sorten, die einem Blühaspekt täuschend ähnlich ist. Durch die verschiedenen Blütezeiten und die lang andauernden Knospenstadien werden stetig wechselnde Bilder erzeugt.

Heidekräuter lassen sich sehr gut mit Gartenazaleen kombinieren. Diese Gehölze überspielen mit ihrem lockeren Wuchs die Heidepflanzung. Im Herbst leuchten dann noch einmal warme Rot-Orange-Töne auf, wenn das Laub sich verfärbt. Die immergrünen oder halbimmergrünen, niedrigeren und kompakt wachsenden Azaleen bewahren dagegen ihr Aussehen und schmücken sich nur im Frühling mit einem dichten Blütenkleid. Um der Farbharmonie willen, sollten Sie auf die unterschiedlichen Blühzeiten achten. Eine Heidekrautgesellschaft mit passenden Begleitpflanzen wirkt zu allen Jahreszeiten intereressant. Sie kann sowohl im Vorgarten, in Steingärten oder Hanglagen zum Blickfang werden.

Gut in Form geschnitten

1 **Renaissancegärten** standen für diesen modern gestalteten Gartenraum mit verschiedenen in Form geschnittenen Buchssträuchern Pate. Die zeitgenössische Skulptur in der Mitte steht dort, wo üblicherweise ein Brunnen platziert war.

2 **Ornamentale, barocke** Opulenz braucht den entsprechenden Platz und viel Pflege, um immer ansprechend zu wirken.

3 **Topiari,** die Kunst des Gehölzschnittes, bietet demjenigen, der Zeit, Lust und Fantasie hat, ein riesiges Betätigungsfeld. Mit solch einem einfachen Hahn sind die Möglichkeiten noch lange nicht erschöpft.

4 **Bonsaiartig** ist dieser immergrüne Großstrauch in Form geschnitten und verleiht dem Garten damit auch eine asiatische Note.

5 **Formvollendet** ist diese grün-rote Kombination von geradlinigen Buchsumrandungen, kegelförmigen Buchsbäumen und der rund geschnittenen Krone der Blutbuche. Kugel- und Kegelform wiederholen sich in den lilafarbenen Blütenständen von Zierlauch und Mehl-Salbei.

6 **Knotengärten** haben seit dem 15. Jahrhundert in schöner Regelmäßigkeit Konjunktur: Pflanzenbänder aus schnittverträglichen Gehölzen werden so gesetzt, dass sich die Linien überschneiden und durchdringen.

Beete und Rabatten

Ziel fast aller Gartenbesitzer, vor allem aber derer mit kleinem Grundstück, ist ein »immerblühendes Beet«. Das lässt sich auf Dauer jedoch nur mit sehr vielen Kunstgriffen verwirklichen!

In der Natur wachsen Pflanzen gesellig zusammen. Bestimmte Pflanzenarten herrschen je nach Lage und Bodenart auf einer Fläche vor. Pflanzen mit starker Wuchskraft und Durchsetzungsvermögen breiten sich nach allen Seiten aus und verdrängen dabei schwächere Arten – so lange, bis sie ihrerseits Grenzen gesetzt bekommen. Das Wachsen, Blühen, Fruchten und Vergehen unterliegt einem ständigen Kreislauf und richtet sich allein nach den Bedürfnissen und dem Rhythmus der jeweiligen Pflanzengesellschaft. Dabei gibt es Blühhöhepunkte und ruhigere Zeiten.
Im Garten haben Sie die Möglichkeit, die Pflanzen so zusammenzustellen, dass Blühhöhepunkte in dichter Abfolge und durch geschickte Arten- und Sortenwahl gänzlich neue Vegetationsbilder entstehen. Ob Sie großflächige Beete anlegen, die Sie mit Rosen, Prachtstauden, Frühlings- und Sommerblumen bepflanzen, oder gemischte Rabatten, auf denen Gehölze, Stauden und einjährige Pflanzen Platz finden, oder nur kleine blühende Inseln im Rasen verteilen, das liegt am Platzangebot, den verschiedenen Standortbedingungen und dem Gestaltungskonzept. Mit Beeten und Rabatten lässt sich ein Garten besonders wirkungsvoll gliedern, da diese Pflanzflächen stets einen Blickfang bilden und in vielen verschiedenen Farbvarianten und Höhenstaffelungen angelegt und jedem Gartenstil angepasst werden können.

Beete und Rabatten sind klar umgrenzte Gartenbereiche für Blumen oder Obst und Gemüse. Ein Beet oder eine Rabatte hebt sich von der Umgebung ab, im Gegensatz zur Pflanzfläche, die fließend zum Beispiel in den Gehölzgürtel einer frei wachsenden Hecke, den Rasen oder eine Wiese am Teichufer übergeht.

BEETE GESTALTEN

Beete und Rabatten können Sie in unterschiedlichen Formen gestalten, je nach Größe und Stil Ihres Gartens.

★ In einem formalen Garten haben die Beete klare architektonische Formen, mit Geraden und rechten Winkeln. In einem frei gestalteten oder naturnahen Garten werden sie eher in freier Form in Rasenflächen ausschwingen oder sich an einen Gehölzgürtel anlehnen.

★ Die Beetgestaltung selbst kann ruhig andere Wege gehen. Es wirkt durchaus reizvoll, wenn ein streng geformtes Beet überbordend bepflanzt ist oder umgekehrt eine schwungvolle Beetform streng gegliedert wird.

★ Sie sollten ein klares thematisches Konzept für die Beete entwickeln und dieses mit anderen Flächen und der Umgebung abstimmen. Legen Sie sich in einem kleinen Garten besser auf ein reduziertes Farbkonzept fest, und bilden Sie Schwerpunkte, anstatt alle Ideen auf einem Beet oder einer Rabatte verwirklichen zu wollen.

Beete bepflanzen heißt auch, einen Fläche frei gestalten, wie es mit den Sukkulenten und Steinen hier geschah.

Eine gelungene Ton-in-Ton-Frühlingspflanzung mit Tränendem Herz, rosa Hyazinthen, rosa Tulpen und weißen Vergissmeinnicht.

Der Garten im Jahreslauf

Für einen Gärtner oder Gartenliebhaber besteht das Jahr nicht aus vier Jahreszeiten oder zwölf Monaten. Er richtet sich eher nach dem Phänologischen Kalender, der in zehn Jahreszeiten aufgeteilt ist: Vorfrühling – Erstfrühling – Vollfrühling – Frühsommer – Hochsommer – Spätsommer – Frühherbst – Vollherbst – Spätherbst und Winter, die sich an Beobachtungsmerkmalen im Pflanzenreich orientieren wie Blütenbeginn, Blattentfaltung, Fruchtreife, Blattfärbung und Blattfall.

Je nach Witterung können diese Entwicklungsstadien regional sehr unterschiedlich ausfallen. Bis zu vier Wochen können Blüte- oder Erntezeitpunkte allein innerhalb Deutschlands variieren. Man kennt dies aus den amtlichen Wetterberichten. Ein wichtiger Gesichtspunkt, um die klimatische Lage des eigenen Gartens mit seinen Möglichkeiten richtig einzuschätzen!

FRÜHJAHR

Wenn der letzte Schnee geschmolzen ist, dann warten nicht nur die Gartenbesitzer ungeduldig auf das erste Grün.

★ Zwischen Mitte Februar und Anfang März meldet sich der Vorfrühling – Schneeglöckchen, Haselnuss und Weidenkätzchen läuten die neue Vegetationsperiode ein. Jetzt präsentieren sich in vielen Gärten bereits die Winterblüher, wertvolle Gehölze wie Duftschneeball (*Viburnum farreri*), Jasmin (*Jasminum officinale*), Winterblüte (*Chimonanthus praecox*) und Zaubernuss (*Hamamelis*), zu deren Füßen sich oft schon das neue Gartenleben regt – wenn Sie im Herbst vorgesorgt haben.

★ Der Erstfrühling setzt ein, wenn die Forsythien in den Vorgärten blühen, das ist meist Ende März der Fall. Im April setzt die Narzissenblüte ein, dann folgen bis Ende Mai all die farbenprächtigen Tulpen, dazu weiß oder rosa blühende Gehölze wie Blutpflaume (*Prunus cerasifera*), Felsenbirne (*Amelanchier*) und Zierkirsche (*Prunus*-Arten und Sorten).

★ Mit der Apfelblüte setzt der letzte Frühlingsabschnitt ein, der Vollfrühling – in Weingegenden bis etwa 20. Mai andauernd, in raueren Lagen sogar bis Mitte Juni. Jetzt ist auch der Flieder in voller Blüte.

SOMMER

Üppige Blumenbeete und immerwährendes Blühen – das lässt sich zumindest über einige Monate hinweg mit Hilfe der einjährigen Sommerblumen erreichen.

★ Ende Mai, Anfang Juni beginnt der Frühsommer und die Zeit der Rosen und Rhododendren. Jetzt erblühen auch Iris, Rittersporn (*Delphinium*), Türkischer Mohn (*Papaver orientale*), Margerite und Päonie mit ihren unverwüstlichen Begleitern Katzenminze (*Nepeta*), Salbei und Schleierkraut (*Gypsophila*).

★ Im Hochsommer, also im Juli, werden mit zunehmender Wärme die Farbtöne intensiver – leuchtend gelbe und orangefarbene Blüten der einjährigen Sommerblumen regieren im Garten. Phloxe leuchten um die Wette, Präriestauden in

Sommerlicher Farbdreiklang: Gelbe Sonnenblumen in allen Variationen, Höhen und Blütengrößen leuchten um die Wette, dazu kontrastreich das kühle Weiß der Lilien und blau blühender Salbei.

Der Herbst zieht ein – wogende blauviolette Asternbüsche vor einer üppigen gelb-grünen Rudbeckien-Kulisse.

warmen Gelbtönen wie Sonnenbraut (*Helenium*) oder Sonnenhut (*Rudbeckia*) harmonieren mit violetten Partnern wie Wasserdost (*Eupatoria*) und Prachtscharte (*Liatris*).

★ Der Spätsommer beschert mit der tiefer stehenden Sonne einmalig schöne Lichtspiele, die Farben werden glühender, erdiger, Kupfer- und Bronzetöne kommen hinzu. Jetzt stehen die Sonnenblumen in voller Blüte, Gräser und Früchte bestimmen schon das Bild.

HERBST

Im Herbst werden die sonnigen Blütenfarben von Rosa-, Lila- und Blautönen der Herbst-Astern abgelöst. Jetzt ist die Zeit der leuchtenden Blattfärbung in Natur und Garten.

★ Der Frühherbst wird angekündigt durch die zarten lila-rosa Blüten der Herbstzeitlosen. Schön, wenn sich auch noch die blauen Herbst-Krokusse im Heidegarten dazugesellen. Das ist die Gelegenheit, schon wieder an die Blumenzwiebelpflanzung für das kommende Frühjahr zu denken. Hortensien und Dahlien haben jetzt noch ihren Auftritt.

★ Der Vollherbst ist nicht nur Erntezeit im Gemüse- und Obstgarten, die Laubfärbung der Gehölze ist jetzt in vollem Gang. Dazu bieten Astern mit ihren Blau-, Rosa- und Purpurtönen einen herrlichen Kontrast.

★ Im Spätherbst, dem November, setzt der allgemeine Blattfall ein. Das ist genau die richtige Zeit, um neue Laubgehölze und Rosen zu pflanzen. Jetzt kommen die feinen Strukturen von Gräsern und Farnen noch einmal zur Geltung

WINTER

Den Winter – die Ruhezeit im Garten – genießen wir meist nur aus der Ferne vom Fenster oder Eingang aus. Da ist es besonders wichtig, Blickpunkte zu schaffen. Das gelingt vor allem mit immergrünen Gehölzen oder Gehölzen mit interessanter Struktur wie dem Pagoden-Hartriegel (*Cornus controversa*), dem bizarren Wuchs einer Korkenzieher-Hasel (*Corylus avellana* 'Contorta') oder der korallenroten Rinde des Sibirischen Hartriegels (*Cornus alba* 'Sibirica'). Es gibt viele Gehölze, die vor allem im Winter die Blicke auf sich ziehen.

Das Frühlingsgärtchen

Die Anzahl der möglichen Frühblüher ist erstaunlich groß. Wer sich die Mühe macht und jährlich immer wieder Neues pflanzt, wird rasch eigene Erfahrungen sammeln und lernen, was wo am besten gedeiht und am schönsten wirkt. Auf keinen Fall sollten Sie sich die Gelegenheit entgehen lassen, solche Frühlingsaspekte in der Nähe des Hauses und/oder des Eingangsbereiches zu genießen. Ein geschützter Bereich ist günstig – den bietet das Umfeld des Hauses am besten –, aber noch wichtiger erscheint die Möglichkeit, die kleinen Kostbarkeiten auch aus der Nähe betrachten zu können.

Vor allem unter lichten Laubgehölzen können Sie langfristig im Frühjahr für regelrechte Blütenteppiche sorgen, wenn Sie die Gehölze mit Zwiebel- und Knollengewächsen, aber auch früh blühenden Stauden unterpflanzen. Hier sorgen neben Schneeglöckchen (*Galanthus nivalis*), zartem Elfenkrokus (*Crocus tommasianus*) und Winterling (*Eranthis hyemalis*) – den allerfrühesten Blühern – anschließend Blausternchen (*Scilla siberica*), Puschkinie (*Puschkinia scilloides*), Schneeglanz (*Chinodoxa luciliae*), Anemonen, Hundszahn (*Erythronium dens-canis*) und Leberblümchen (*Hepatica nobilis*) – allesamt kleinblütige und niedrige Arten – für zarten Blütenflor. Werden Sie aber nicht ungeduldig, es dauert einige, ehrlicherweise viele Jahre, bis sich die Zwiebelpflanzenteppiche durch Versamen und über vegetative Vermehrung ausgebreitet haben – aber das Warten lohnt sich! In alten Gärten können Sie sich davon überzeugen.

Bisher waren die Farben der Blüten noch eher verhalten, erst die bunten Krokusse bringen mit ihrem kräftigen Gelb, Lila und Blau mehr Fröhlichkeit in den Garten. Anschließend drängen schon die unterschiedlichsten Narzissen aus dem Boden: trompetenförmig, mit kleinen und großen Reifröckchen, mit rotem Auge, mit gesplitteter Krone, orchideenartig, hoch und niedrig, groß- und kleinblütig – unglaublich vielfältig in der Form! Die Farbpalette der Osterglocken beschränkt sich jedoch auf Weiß, Gelb, Orange und neuerdings auf Aprikottöne. Alles wartet auf die Tulpenblüte!

Pflanzplan

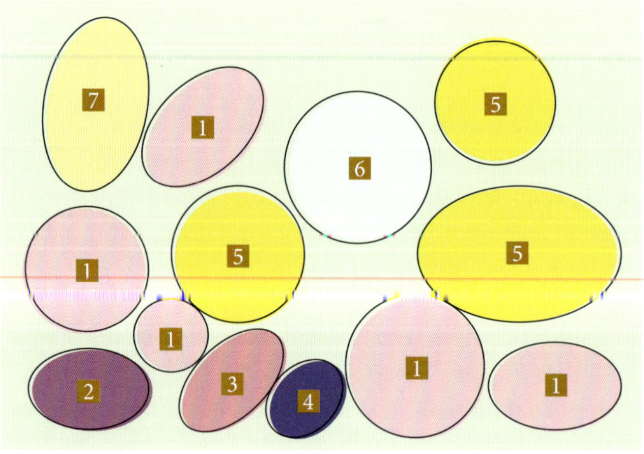

Beetgröße 2 x 2,5 m

BLÜHENDE STAUDENTEPPICHE

Christrosen (*Helleborus*) in allen Schattierungen von Weiß über Rosa bis zum dunklen Rot sorgen bei den Stauden für die ersten Farbtupfer im Frühjahr. Während Zwiebel- und Knollengewächse bald nach der Blüte einziehen, entwickeln die Christrosen erst ihr reizvolles Laub, und die langsam vergrünenden Blütenblätter zieren noch lange Zeit das Unterholz. Zusammen mit den blauen Leberblümchen und rötlichem oder weißem Lerchensporn (*Corydalis cava*) ergeben sie ein reizvolles Frühlingsbild. Daneben sind es vor allem die verschiedenen Lungenkräuter (*Pulmonaria*), auf die man nicht verzichten sollte, denn es gibt sie in mehreren Sorten und unterschiedlichen Farben.

Die Liste schöner Frühjahrsblüher endet noch lange nicht: Es folgen Elfenblume (*Epimedium*), Gedenkemein (*Omphalodes*), Golderdbeere (*Waldsteinia*) und Schaumblüte (*Tiarella cordifolia*) – allesamt hübsche und ideale Bodendecker.

Pflanzliste

1	5–7	Christrose *Helleborus Orientalis*-Hybriden
2	7–10	Lungenkraut *Pulmonaria saccharata* 'Mrs. Moon'
3	20–50	Lerchensporn *Corydalis cava*
4	50–100	Schneeglanz *Chionodoxa luciliae*
5	10–20	Trompeten-Narzissen
6	10–20	Kleinkronige Narzissen
7	10–20	Großkronige Narzissen

Blühende Frühlingsboten

Zu den allerersten Frühlingsblühern zählen Zwiebel- und Knollenpflanzen wie Blausternchen (*Scilla siberica*), Märzenbecher (*Leucojum vernum*), Schneeglöckchen (*Galanthus nivalis*) und Winterling (*Eranthis hyemalis*). Die ersten Frühblüher sind noch etwas verhaltener in der Farbe und leben am liebsten versteckt im Schatten der Gehölze, dort wo das Laub liegenbleibt und sie sich ungestört über Sommer zu-rückziehen können – was gewährleistet, dass sich über Jahre größere Blumenteppiche bilden. Der Frühling ist mit Schneeglöckchen und Co. und der bunten Krokus-Blüte aber noch längst nicht vorüber. Im März/April ist die hohe Zeit der Narzissenblüte gekommen. Sie sollten sie unbedingt dort verwenden, wo sie eine natürliche Umgebung vorfinden, entweder auch im Traufbereich von Bäumen und Sträuchern (auch wenn das Pflanzen der großen Zwiebeln dort im Wurzelfilz nicht leichtfällt) oder auf einer Parzelle im Rasen, die nach der Blüte nicht gleich gemäht wird, so dass die Blätter in Ruhe einziehen können. Auch da wo spät austreibende Stauden wie Funkien wachsen, können Narzissen und Tulpen gesetzt werden – die austreibenden Blattschmuckstauden verdecken das welkende Laub der Zwiebelblumen.

GELBE UND WEISSE NARZISSEN

Die Blütezeit der Narzissen, der Frühlingsboten schlechthin, beginnt mit den frühen Sorten bereits im März. Der Hauptflor erstreckt sich über den April, und bis in den Mai hinein erfreuen uns noch die späten Sorten. Der Standort sollte sonnig bis halbschattig, der Boden frisch bis feucht, nährstoffreich und durchlässig sein. Robuste Narzissensorten pflanzen Sie am besten unter frühjahrsblühende Ziergehölze wie Glockenhasel (*Corylopsis spicata*), Magnolie, Rhododendron, Zierapfel (*Malus*) oder Zierquitte und in den Übergangsbereich zu Rasen oder Wiese. Bei günstigen Bedingungen verwildern

sie und bilden große Horste. Sorten mit auffallenden Farben und Formen wie die mehrblütigen Engelstränen-Narzissen, Jonquillen und Tazetten wachsen besser auf Beeten und Rabatten. Niedrige Sorten wirken im Steingarten und in Wildstaudenpflanzungen am schönsten.

TULPEN – FARBENPRACHT UND FORMENFÜLLE

Die Farbenpracht im Frühlingsgarten beginnt jedoch erst richtig, wenn Anfang April die frühen Tulpen blühen. In die zumeist Weiß- und Gelbtöne der Narzissen mischen sich nun aufregendes Rot und Orange, aber auch Rosa und Purpur. Tulpen verkörpern den Frühling, ihre Farben- und Formenfülle ist beinahe unermesslich. Zur besseren Unterscheidung teilt man die Tulpen nach ihrer Blütezeit ein: Frühe (Blüte Anfang bis Mitte April), Mittelfrühe (Blütezeit Mitte April bis Anfang Mai) und Späte (Blütezeit Anfang bis Ende Mai) oder nach ihrer Form wie die eleganten Lilienblütigen Tulpen, die exotisch wirkenden Papagei-Tulpen oder die Crispa-Tulpen, deren einfache Blüten am Rand fein gefranst sind. Und dann unterscheidet man noch zwischen einfachen und gefüllten Sorten. Abgesehen von einigen echten Wildformen wie *Tulipa kaufmanniana* und *Tulipa tarda* beginnt der Reigen im Garten mit den niedrigen Botanischen Tulpen. Sie finden unter den noch kahlen Laubgehölzen einen günstigen Platz. Wer es besonders farbenfroh haben möchte, pflanzt sie zu den gleichzeitig blühenden Forsythien und Zierquitten. In Schalen und Töpfen werden sie auch zum Blickfang im Eingangsbereich.
Tulpen wirken jedoch am besten auf Beeten und in Rabatten. Kombinieren Sie die höheren Tulpen mit Hyazinthen und Kaiserkronen (*Fritillaria imperialis*) möglichst auf gesonderten Flächen, die später mit Sommerblumen bepflanzt werden. Auch über einem Teppich von Vergissmeinnicht, Stiefmütterchen und Maßliebchen können die leuchtenden Tulpenblüten ihre volle Pracht entfalten. Hier können Sie wunderbar Ton in Ton oder im Kontrast mit den Farben spielen und reizvolle Gartenbilder hervorzaubern. Tulpen lassen sich auch gut tuffweise in vorhandene Staudenbeete einbinden. Für optimale Wirkung empfiehlt sich immer eine Gruppenpflanzung – nie weniger als 10–20 Stück, je mehr umso besser!

Links: Schon Anfang April erblühen Narzissen und duftende Hyazinthen – Zwiebelpflanzen, die dem Garten jahrelang treu bleiben.

Elegant wirken die rosa und weiß blühenden Lilienblütigen Tulpen unter dem frischen Grün der austreibenden Gehölze.

Beliebte Zwiebelpflanzen fürs Frühjahr

Botanischer Name	Deutscher Name	Blütenfarbe	Blütezeit
Fritillaria imperialis	Kaiserkrone	orange, gelb, ziegelrot	April
Galanthus nivalis	Schneeglöckchen	weiß	Februar–März
Leucojum vernum	Märzenbecher	weiß	Februar–März
Muscari armeniacum	Traubenhyazinthe	blau, weiß	April
Narcissus cyclamineus	Zwerg-Narzisse	weiß-gelb	Februar–April
Narcissus poeticus	Dichter-Narzisse	weiß	April–Mai
Scilla siberica	Blausternchen	blau	März–April
Tulipa-Greigii-Hybriden	Botanische Tulpen	ein- bis mehrfarbig	März–April
Tulipa kaufmanniana	Wildtulpe	rahmweiß-rot	März–April

Frühsommerliche Staudenrabatte

Mit einer regelrechten Blütensinfonie beginnt im Juni die große Schau auf der Staudenrabatte oder dem Beet. Fröhlich und bunt stellt sich der Frühsommer vor. Das Foto zeigt den Augenblick, an dem der absolute Blühhöhepunkt in dieser Pflanzengesellschaft erreicht ist. Gelb leuchten Edelgarbe (*Achillea filipendulina)* und Königskerze (*Verbascum olmycium*) um die Wette – in der Wuchsform allerdings kontrastierend und damit spannungsvoller. Inmitten dieser hellen Fackeln stehen die dunklen Türme des Rittersporns (*Delphinium*) – ein wunderbarer Farbkontrast. Dazu passen sehr schön die zarten, zwischen Rosa und Blau vermittelnden, kerzenförmigen Rispen des Muskatellersalbeis (*Salvia sclarea*). Das helle Rosa des Türkenmohns (*Papaver orientale*) nimmt dessen Farbton noch einmal in einer anderen Form auf. Wie helle Punkte schweben die Mohnblüten über dem grünen Laub und vor der kräftig blauen Kulisse, die die Ochsenzunge (*Anchusa azurea*) im Mittelfeld bildet. Der absolute Hingucker in diesem Bild sind jedoch die exotisch anmutenden Inkalilien (*Alstroemeria*). Sie ziehen wie ein Magnet alle Aufmerksamkeit auf sich. Fast etwas laut dieses Farbenspiel von Lachs-orange und Rosa im Kreis der ruhigeren Töne, aber auch wieder eine ungeheuer faszinierende Idee, es zu wagen.

Pflanzplan

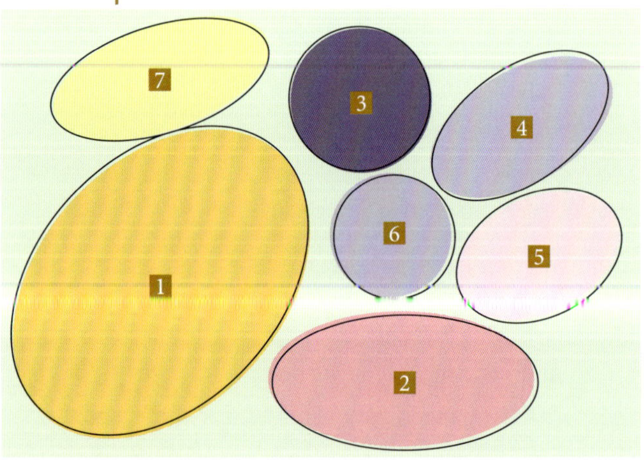

Beetgröße 3 x 3 m

VOM FRÜHLING IN DEN SOMMER

Der Übergang vom Frühling zum Sommer ist eine sehr spannende Zeit: Noch blühen die späten Tulpen, die Zweijahresblumen wie Bartnelke (*Dianthus barbatus)* oder Stockrosen (*Alcea rosea*), und die Ziersträucher haben Hochsaison. Nun treten auch die ersten Beetstauden für den Frühsommer in diesen Blütenreigen ein.

★ Der Rittersporn (*Delphinium*) ist mit seiner majestätischen Gestalt und der reichen Palette an Blautönen eine der beliebtesten Gartenblumen für sonnige Plätze. Er blüht etwa drei Wochen lang, und wenn Sie ihn direkt nach der Blüte bis auf eine Handbreit über dem Boden zurückschneiden, entwickelt sich bis September/Oktober noch eine Nachblüte. Pflanzen Sie am besten mehrere Sorten mit unterschiedlichen Blütezeiten, Höhen und Farben. Die Auswahl ist groß. Im Blickpunkt stehen immer die blau blühenden Sorten, denn dieses Ritterspornblau ist ziemlich einmalig in der gärtnerischen Farbpalette. Dazu kommt die herausragende Gestalt der Staude. Setzen Sie den Rittersporn im Beet immer in die Mitte oder nach hinten, da er nach dem Rückschnitt erst einmal eine Lücke hinterlässt, die dann von anderen Pflanzen überdeckt wird. Rittersporn passt gut zu Rosen, aber auch in den Bauerngarten.

★ Auch Schwertlilien (*Iris-Barbata*-Hybriden) und Steppen-Iris (*Iris-Spuria*-Hybriden) haben jetzt Blühsaison. Für die Staudenrabatte, die meistens in der Höhe gestaffelt aufgebaut wird, kommen sowohl niedrige (10–30 cm) Zwerg-Iris (*Iris-Barbata-Nana*-Hybriden) als auch die mittelhohen – 40–70 cm – (*Iris-Barbata-Media*-Hybriden) und die 60–120 cm hohen Sorten (*Iris-Barbata-Elatior*-Hybriden) in Frage. Diese straff wachsenden Stauden benötigen aber unbedingt einige lockerwüchsige Begleiter.

Pflanzliste

1	5–7	Edelgarbe *Achillea filipendulina* 'Coronation Gold'
2	10	Inkalilie *Alstroemeria*-Hybriden
3	3–5	Rittersporn *Delphinium belladonna* 'Sternenhimmel'
4	3–5	Muskatellersalbei *Salvia sclarea*
5	3	Mohn *Papaver orientale* 'Karina'
6	1–2	Ochsenzunge *Anchusa azurea*
7	3–5	Königskerze *Verbascum olympicum*

Typisch englische Rabatte mit Kletterrosen an der hohen Mauer, davor eine üppige Blütenpracht – perfekt in den Höhen gestaffelt.

Prachtstauden für den Hochsommer

Zu den Prachtstauden, die in den Sommermonaten Juli und August für Farbe und Aufsehen in Beet und Rabatte sorgen, gehören in erster Linie die Taglilien (*Hemerocallis*-Hybriden) und die vielen in allen Gelb-Brauntönen blühenden Korbblütler.
Die sternförmigen, lilienähnlichen Blüten der Taglilien gibt es in vielen Gelb-, Orange- und Rottönen, oft auch zweifarbig oder gebändert. Die pflegeleichten Pflanzen bilden mit der Zeit dekorative grasartige Horste, die auch noch an halbschattigen Plätzen gedeihen. Hübsche Begleiter sind die Wiesen-Iris (*Iris sibirica*) am Teich oder sonnigen Gehölzrand.

LILIENPRACHT IM STAUDENBEET

Zu den im Sommer blühenden Zwiebelpflanzen mit aufsehenerregendem Äußeren gehören zweifellos die Lilien. Blühzeiten, Blütenformen sowie ihre Farbenpracht sind derartig vielfältig, dass man sie in den unterschiedlichsten Gartenbereichen verwenden kann. Asiatische Lilien-Hybriden – die größte Liliengruppe – wachsen in voller Sonne und auf nicht zu schweren Böden. Sie sind am besten für die Staudenrabatte geeignet. Türkenbundlilien (*Lilium martagon*) und Orient-Hybriden gedeihen auch im Halbschatten gut.

★ Blauer Rittersporn, rote Rosen und weiße Madonnen-Lilien (*Lilium candidum*) bilden einen klassischen Dreiklang.

★ Orangerote Feuer-Lilien (*Lilium bulbiferum*), Margeriten und die frühe gelbe Taglilie sind eine schöne Kombination für den Bauerngarten.

GELB – DIE FARBE DES SOMMERS

Unverzichtbar für den sommerlichen Garten sind die typischen Korbblütler, die schon die Sonne im Namen tragen: Sonnenauge (*Heliopsis helianthoides*), Sonnenbraut (*Helenium*-Hybri-

Rechts: Dieser Garten bietet alles – eine lang gestreckte Rabatte, einen ruhigen Gehölzrand im lichten Schatten und ein buntes Inselbeet im Rasen.

den), Sonnenhut (*Rudbeckia fulgida*) oder Roter Sonnenhut (*Echinacea purpurea*). Sie sind alle recht anspruchslos, blühen etwa zur selben Zeit und bis auf den Roten Sonnenhut meist in warmen Gelbtönen. Zur teppichartigen Vorpflanzung im Staudenbeet eignen sich die niedrigeren ebenfalls gelben Arten wie Alant (*Inula ensifolia*), Färberkamillie (*Anthemis tinctoria*) oder Ochsenauge (*Buphthalmum salicifolium*).

UNVERZICHTBAR: PHLOX

»Ein Garten ohne Phlox ist ein Irrtum.« Diese Lebensweisheit stammt von Karl Foerster, dem Garten-Guru des 20. Jahrhunderts. Er hat viele kluge Dinge veröffentlicht, Bücher geschrieben und vor allen Dingen Stauden gezüchtet. Eine Reihe davon existiert auch heute noch, wird weiter vermehrt und gehört seit mehr als einem halben Jahrhundert zum Repertoire der Staudengärtnereien. Phlox (*Phlox paniculata*), auch Flammenblume genannt, blüht den ganzen Sommer über von Weiß bis Dunkelrot und Purpur und duftet angenehm. Er eignet sich auch als Schnittblume und ist hoch genug, um schon von weit her gesehen zu werden. Zudem gedeiht er so gut wie auf jedem Gartenboden und ist frosthart. Die ideale Beetstaude mithin!

Die Sortenwahl beim Phlox gestaltet sich weitaus schwieriger als bei allen anderen wichtigen Blütenstauden, weil die Farben oftmals besonders intensiv und dominant erscheinen. Harmonie untereinander und in Kombination mit anderen Partnern ist unbedingt wichtig. Es empfiehlt sich, die Rosa- und Rottöne mit etwas Weiß und Blau zu mischen. Auch ein zartes Gelb passt dazu. Mit den dunkel- und goldgelben Farbtönen vieler Korbblütler sollten Sie besser auf etwas Distanz gehen. Immer gelingen Kombinationen mit weißem Schleierkraut (*Gypsophila paniculata*) und weißem oder blauem Ehrenpreis (*Veronica*), der sich auch aufgrund seines schlanken kontrastierenden Blütenstandes gut als Partner eignet. Stets passend gestaltet sich auch die Nachbarschaft mit Gräsern. Sie neutralisieren die kräftigen Farben durch ihre zarten Blätter und die warme Tönung.

Ein flüchtiger Gast im Präriestaudenbeet ist das Hohe Eisenkraut (*Verbena bonariensis*).

Roter und Gelber Sonnenhut sind unverwüstliche Leitpflanzen in einem typischen Präriebeet.

Präriestauden sind robust

Was in Südamerika Pampa heißt und in Asien Steppe, das ist die Prärie in Nordamerika. All diese Gebiete sind Heimat von unendlich vielen Pflanzen, die Eingang in unsere Gärten gefunden haben. Ein Grund dafür ist wohl, dass sie ganz besonders anpassungs- und widerstandsfähig sind. Regelmäßiges Feuer und ständiger Wind bei lang anhaltenden Trockenperioden können sie nur überstehen, weil sie ein starkes Wurzelwerk haben. Sie merken dies selbst in Ihrem Garten, wenn Sie einmal eine Herbstaster ausgraben. Die Robustheit dieser Spezies macht sie so wertvoll im Hinblick auf die Pflege – sie sind herrlich pflegeleicht!
Zu den Präriestauden zählen u. a.: Duftnesseln (*Agastache*), Eberraute (*Artemisia*), Indianernesseln (*Monarda*), Mädchenauge (*Coreopsis*), Myrten-Astern (*Aster ericoides*), Prachtkerze (*Gaura*), Prachtscharte (*Liatris*), Schafgarbe (*Achillea*) und Sonnenhut (*Rudbeckia*).

Präriestauden werden immer in großem Umfang von Gräsern begleitet. Erst diese Mischung macht auch die schöne Präriepflanzung aus. Und – je größer sie ist, desto wirkungsvoller kommt der gewünschte Eindruck zur Geltung.

GRÄSER – IMMER IN BEWEGUNG

Das Synonym für Prärie ist »Bewegung«. Die Ähren und Blütenrispen der Gräser sollten ununterbrochen durch den Wind in Bewegung bleiben – das trägt zur Originaltreue bei.
Das ausgesprochen unterschiedliche Klima in Amerikas Präriegebieten schafft die Voraussetzung für ein differenziertes Angebot an Gräsern. Hohe, frühe grüne Gräser, die wie in Europa sich im Sommer gelb verfärben, wachsen dort seltener als solche, die spät austreiben und erst im Spätsommer blühen, um dann zusammen mit den beeindruckenden Blütenstauden der Prärie in der zweiten Jahreshälfte einen wirkungsvollen Aspekt zu schaffen. Zu den schönsten gehören Blauhalmbartgras (*Andropogon*) und Rutenhirse (*Panicum virgatum*). Einige Sorten der Rutenhirse verfärben sich schon im

Das Pferdeschweifgras (*Stipa tenuissima*) sorgt für den schönen wilden Aspekt dieser Prärie aus Gärtnerhand.

Sommer rot. Wunderschöne Ähren bildet das bis zu 150 cm hohe Indianergras (*Sorghastum nutans*) – für jedes Präriebeet als strukturgebendes Gras zu empfehlen.

Natürlich gibt es auch eine Fülle von mittelhohen und niedrigen Arten wie das Pferdeschweifgras (*Stipa tenuissima*) oder die Mähnen-Gerste (*Hordeum jubatum*). All diese Gräser tragen Blütenstände, deren Bewegungen im Wind wunderbare optische Reize hervorbringen. Bewegung meint aber auch, Höhenstaffelung und Form der Pflanzen, insbesondere der Gräser, müssen stimmen. Hohe, straff aufrecht wachsende Stauden und Gräser sollen sich mit malerisch überhängenden Exemplaren zu einer überzeugenden Gesamtkomposition zusammenfinden.

Stauden aus dem Biotop Hochgras-Prärie wie die Goldrute (*Solidago*) wechseln sich mit Stauden aus den typischen Niedriggras-Prärien ab wie die hellgelb blühende Missouri-Nachtkerze (*Oenothera macrocarpa* syn. *missouriensis*). Dies ist nicht leicht, denn die Prärie blüht erst spät im Jahr auf. Das muss aber kein Nachteil sein, denn auf diese Weise ist auf der Beetfläche genügend Platz für Blumenzwiebeln im Frühjahr. Das entspricht zwar nicht der Wirklichkeit einer Prärie, aber ein Garten will, soll und kann nie ein genaues Abbild der Natur darstellen.

Leuchtende Sonnenstauden

Botanischer Name	Deutscher Name	Blütenfarbe	Wuchshöhe
Coreopsis verticillata	Mädchenauge	gelb	30–50 cm
Echinacea purpurea in Sorten	Roter Sonnenhut	rot, weiß, purpur, orange	60–80 cm
Gaillardia aristata	Kokardenblume	gelb-rot	40–80 cm
Helenium-Hybriden	Sonnenbraut	gelb bis braunrot	70–150 cm
Helianthus microcephalus	Kleine Sonnenblume	hellgelb	150 cm
Heliopsis-Hybriden	Sonnenauge	gelb	bis 60 cm
Rudbeckia fulgida var. *deamii*	Sonnenhut	gelb-schwarz	80–100 cm
Rudbeckia nitida 'Herbstsonne'	Fallschirm-Sonnenhut	goldgelb	200 cm

Die Prärie im Garten

Die Weitläufigkeit der nordamerikanischen Prärielandschaften lässt sich nicht ohne weiteres auf eine Hausgartensituation übertragen. Diese neuen landschaftlichen Konzepte haben jedoch den Umgang mit den Stauden gewaltig revolutioniert. Nicht mehr die alte Prachtstaudenrabatte, in der es von Frühjahr bis Herbst möglichst durchgängig blüht, steht im Mittelpunkt, sondern es geht nun darum, naturhafte, ökologisch vertretbare Pflanzenzusammenstellungen zu kreieren, die gleichzeitig den begehrten ästhetischen Anspruch erfüllen, obendrein noch dauerhaft Stabilität beweisen und in der Pflege nicht zu aufwändig sind. Die robusten Stauden, die wir größtenteils seit langem schätzen, werden nun neu präsentiert.
Das Gräserthema hat bereits Karl Foerster vor Jahrzehnten ins Spiel gebracht, die Züchtung brauchte allerdings Zeit, um ein breitgefächertes Sortiment bereitzustellen. Auch auf dem Staudensektor gibt es eine Fülle von Neuheiten, man denke nur an die zahlreichen Sonnenhut-Variationen. Sie kommen heute nicht mehr allein in ihrem Purpurkleid daher, sondern werden auch in elegantem Weiß und in verschiedenen Orangetönen angeboten und sind zu regelrechten Modepflanzen avanciert. Sie sind das beste Beispiel dafür, wie eine Wildpflanze zur beliebten Gartenstaude mutierte und dabei ihren natürlichen Charakter behalten hat.

EIN BILD VON WEITE

Eine Prärie müssen wir uns als überdimensionale Wiese vorstellen, auf der Stauden und Gräser in großen Gruppen zusammenstehen – so ergibt sich ein großzügiges Bild von Weite.
Steht Ihnen in Ihrem Garten eine genügend tiefe Fläche zur Verfügung, dann können Sie die Prärie im Garten zumindest ansatzweise umsetzen: Stauden und Gräser werden gruppenweise und in bandartiger Struktur gepflanzt. Wechseln Sie ab zwischen dichteren und lockeren Pflanzgruppen. Zarte Schleier bilden beispielsweise das lilafarbene Hohe Eisenkraut (*Verbena bonariensis*) oder die grasartige, rosafarbene Präriekerze (*Gaura lindheimeri*). Einen guten Kontrast zu den meist horstartig wachsenden Sonnenstauden bildet die Prachtscharte (*Liatris spicata*) mit ihren straff aufrecht wachsenden, kerzenförmigen Blütenständen in Lila oder Weiß. In dieser Pflanzung übernimmt eine gelbe Fackellilie (*Kniphofia*) diesen Part. Nicht fehlen darf das große Sortiment der Schafgarben (*Achillea*). Neuere Züchtungen haben nicht nur das Farbspektrum bereichert, sie sind auch niedriger und damit standfester. Neben den vielen leuchtend gelben und warmen Tönen der Sonnenstauden sorgen Phloxe, Indianernessel und die kleinblütigen Herbst-Astern (*Aster laevis*) für die farblichen Gegenpole in der Pflanzung. Alles zusammen wird immer wieder harmonisiert durch die feinen Strukturen verschiedener Gräser, in unserem Beispiel ist es die rötlichbraune Rutenhirse (*Panicum virgatum*). Dazwischen können punktuell auch höhere Pflanzen stehen wie hier das Chinaschilf (*Miscanthus* in vielen Sorten), aber auch die bis zu zwei Meter hohen Staudenriesen Sonnenhut (*Rudbeckia nitida*) und die weidenblättrige Sonnenblume (*Helianthus salicifolius*).

Pflanzplan

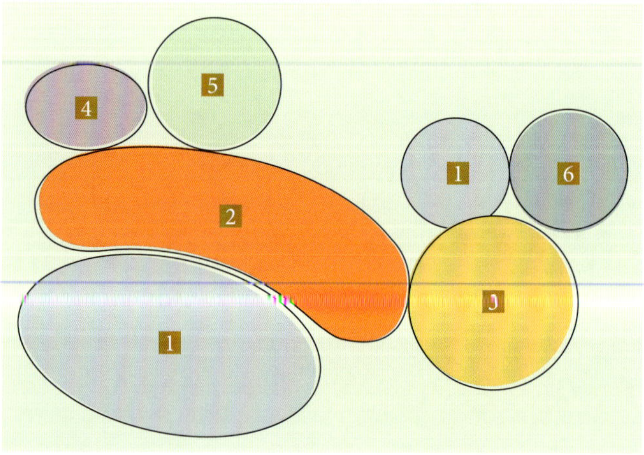

Beetgröße 3 x 3 m

Pflanzliste

1	5–7	Sommer-Aster *Aster* x *frikartii* 'Wunder von Stäfa'
2	3	Rutenhirse *Panicum virgatum* 'Rehbraun'
3	3–5	Fackellilie *Kniphofia*-Hybriden
4	10–20	Hohes Eisenkraut *Verbena bonariensis*
5	1	Chinaschilf *Miscanthus* 'Gracillimus'
6	2–3	Herbst-Aster *Aster laevis*

Strukturgebend – Gräser und Farne

Durch den Wandel in der Gartengestaltung, dem Trend zu mehr Naturnähe, wird auch den Gräsern und Farnen mehr Aufmerksamkeit gewidmet. Vorreiter dieser Idee war wieder einmal Karl Foerster, der bekannte Staudenzüchter und Gartenschriftsteller, der mit seinem 1957 erschienenen Buch »Einzug der Gräser und Farne in die Gärten« für ihre Verwendung warb. Gräser und Farne sorgen zum einen für den natürlichen Charakter einer Pflanzung, zum andern sind sie ideale Partner von Wildstauden in naturnahen Bereichen.

EIN GARTEN OHNE GRAS – DA FEHLT DOCH WAS!

Gräser sind, ob niedrig oder hoch, zum einen die Gegenspieler von derberen großblättrigen Pflanzen, andererseits bilden Halme und Ähren neben den Kontrasten auch wundervolle Strukturen innerhalb der Beete, dienen als Rahmen für Architektur und Schmuckelemente und sind oft wichtige Begleiter für benachbarte Stauden, die sich schon früh in der Saison verabschieden, wie Blumenzwiebeln, Mohn und Tränendes Herz. Da sich viele Gräser erst relativ spät im Jahr voll entwickeln, wie das Lampenputzergras (*Pennisetum compressum*), sind sie auch als wirkungsvolle Ergänzung zu den Stauden des Spätsommers und Herbstes unverzichtbar, und sogar in den Wintermonaten – wenn sich die übrige krautige Pflanzengesellschaft schon längst zurückgezogen hat– bewahren sie noch lange Haltung und werden bei Raureif und Schnee zu einem außergewöhnlichen Blickfang.

In größerer Zahl tragen Gräser zur Harmonisierung farbenprächtiger Rabatten oder bunter Sommerblumenbeete bei. Bei weniger idealen Benachbarungen harmonisieren und vermitteln sie zwischen kalten und warmen Farben.

Große Gräserhorste wie das Chinaschilf (*Miscanthus sinensis)* oder das Sandrohr (*Calamagrostis* x *acutiflora*) wirken auch raumgliedernd und übernehmen oft eine Leitfunktion im Garten. Sie können sogar als Hecke fungieren. Es

Die hellgrünen Wedel des Straußfarns (*Matteuccia struthiopteris*) erheben sich kontrastreich aus dem dunkelgrünen Pflanzenteppich.

Gräser lockern jede Pflanzung – im Wald oder auf sonniger Fläche – schwungvoll auf.

gibt für jeden Standort und Gartentyp das passende Gras. Viele sind aber so robust, dass sie an den unterschiedlichsten Standorten gedeihen.

Farne – lebende Fossilien

Die heute existierenden Farne sind Überreste einer Pflanzengruppe, von der viele Arten schon vor 300 Millionen Jahren ausgestorben und nur noch als Versteinerungen erhalten sind. Im Gegensatz zu fast allen anderen Gartenpflanzen haben Farne keine Blüten und bilden auch keine Samen. Ihre Vielgestaltigkeit an Größe, Form und Farbe macht sie zu beliebten Sammelobjekten. Die meisten unserer Gartenfarne wachsen an ihrem Naturstandort in der Gesellschaft von Bäumen und Sträuchern und oft in der Nähe des Wassers. Deshalb gedeihen sie auch im Garten am besten an schattigen, feuchten Stellen.
In einem normalen Garten, mit einer Vielfalt an Standorten, sind Gräser und Farne also gute Partner. Sie ergänzen einander als Gestaltungsmittel, jeder in seinem Bereich oder auch gemeinsam. Ähnlich wie die Gräser, bezaubern Farne nicht mit lauten Farben, sondern wirken dezent und durch ihre Wedel strukturierend. Farne können breit ausladend, fächer- oder trichterförmig wachsen. Vom zarten hellen Frühlingsgrün wechseln die Farben über frisches Sommergrün zu gelben und braunen Herbsttönen oder tiefem winterlichen Grün.

Links: Wie ein Blumenstrauß, der mit Bedacht zusammengestellt wurde, so wirkt dieses Pflanzenensemble aus Gras, Farn und Blattschmuckstauden.

Wintergrüner Bambus

Was das »Riesengras« Bambus für den Garten so interessant macht, ist sein rasches Wachstum und die Tatsache, dass es sich um eine wintergrüne Pflanze handelt.
Man unterscheidet zwischen horst- und hainbildenden Arten. Der hainbildende *Phyllostachys* bildet lange Wurzelausläufer, die Sie unbedingt mit einer Wurzelsperre (im Fachhandel erhältlich) im Zaum halten sollten. Horstartig wachsen *Fargesia*-Arten, die sowohl einzeln als auch als Hecke angepflanzt werden können.

Mit Gräsern gestalten

1 Horstartig wachsende Gräser geben immer eine gute Figur ab. Dies trifft besonders für das Lampenputzergras (*Pennisetum compressum*) zu, das nach einem kräftigen Rückschnitt im Frühjahr sehr verlässlich im Sommer wieder seinen Platz einnimmt. Seine zahlreichen Ähren schieben sich wie kleine Feuerwerkskörper in die Luft.

2 Ein Beet mit einjährigen Sommerblumen ist unvollständig, wenn Gräser fehlen, denn sie wirken nicht wie die Blumen durch kräftige Farben, sondern durch ihre Gestalt. Dieses einjährige Federborstengras (*Pennisetum setaceum*) lockert die kompakte, sehr farbintensive Pflanzung auf und macht sie damit erst attraktiv.

3 Durch ihren Formenreichtum, ihr unterschiedliches Wuchsverhalten und ihre Farbenvielfalt können Gräser im Garten sehr viele Aufgaben erfüllen. Aber selten bleiben Gräser – so wie hier gezeigt – unter sich. Sie sind prädestiniert für die Kombination mit anderen Pflanzen.

4 Eine Schönheitskonkurrenz muss das Pampasgras (*Cortaderia selloana*) selten fürchten – wie man hier ganz deutlich vor Augen hat. Außerdem zeigt dieses Gras erst sehr spät im September seine Pracht, wenn viele andere Schönheiten den Garten bereits verlassen haben.
Die großzügige Rudbeckien-Pflanzung unterstreicht in diesem Fall die Wirkung noch.

4

5

5 Unermesslicher Formenreichtum: Straff aufrecht, bogig überhängend, kompakte Horste, lockere, elegante Ähren, hoch und niedrig, monochrom und mehrfarbig, für Sonne und Schatten geeignet – all diese Attribute machen die Ziergräser für den Garten so wertvoll.

6 Gräser duften nicht, und ihre Blüten sind meist unscheinbar, umso mehr müssen sie durch schöne Formen ihren Gartenwert unter Beweis stellen. Sie tun dies mit Eleganz und Anmut, ganz besonders, wenn sie ihre filigranen Ähren schieben, so wie dieser Blaustrahlhafer (*Helictotrichon sempervirens*) zwischen hohen Schwertlilien (*Iris* x *Barbata-Eliator*-Gruppe).

6

Bunte Sommerblumenbeete

Sommerblumen sind fast alle Sonnenkinder und überwiegend einjährige Pflanzen, die in unserem Klima nicht frosthart sind. Ihre relativ kurze Lebensdauer machen sie mit einem üppigen und farbenprächtigen Blütenflor wett. Das bietet die Möglichkeit, mit Pflanzen und Farben spielerisch umzugehen und in jedem Jahr etwas anderes auszuprobieren. Mit einjährigen Sommerblumen können Sie schnell eventuell entstandene Lücken in Beeten und Rabatten oder bei neu angelegten Staudenpflanzungen die noch freien Flächen ausfüllen, niedrige Beeteinfassungen anlegen, Gemüsebeeten Farbe verleihen oder einfach für Schnittblumen sorgen.
Auch beim Umgang mit Sommerblumen sollten Sie vorab ein Pflanz- und Farbkonzept erstellen – gleichgültig, ob es sich um ein gesondertes Schmuckbeet handelt oder ob Sommerblumen in eine bestehende Pflanzung integriert werden sollen. Dabei gelten die gleichen Richtlinien wie beim Pflanzen von Stauden: Wuchshöhen und -formen und Blütenfarben sollten harmonisch aufeinander abgestimmt sein. Größere Gruppen einer Sorte erzielen eine größere Farbwirkung. Hübscher aber als das massierte Auftreten ist das Überlagern und Ineinanderfließen von Formen und Farben. Sie können niedrigere Pflanzungen auch mit Gräsern oder sommerblühenden Zwiebel- und Knollenpflanzen überstellen. Abwechslungsreiches und vielgestaltiges Neben- und Übereinander – das macht den Reiz einer Sommerblumenpflanzung aus.
In unserem Beispiel reichen die Höhenabstufungen von kriechender Kapuzinerkresse (*Tropaeolum majus*) und niederen Studentenblumen (*Tagetes tenuifolia*) bis hin zu den hohen Gestalten, den Dahlien. Das gesamte Beet ist in den warmen Farben Gelb, Orange und Rot gehalten. Einjährigen Gräsern kommt eine wichtige Bedeutung zu. Sie lockern jede Pflanzung auf – hier ist es die früh blühende Mähnengerste (*Hordeum*) – besonders die weißlichen Ähren verweben sich mit den zarten orangefarbenen Kosmeen (*Cosmos sulphureus*).
Straff aufrecht erheben sich die Ball-Dahlien über der Pflanzung. Ihre kompakten Pulks mit den dunkelroten, kugeligen Blüten dominieren die bunte Gesellschaft zu ihren Füßen.

Pflanzplan

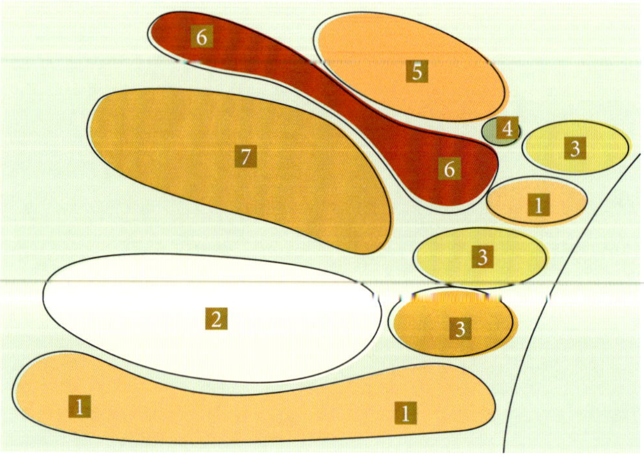

Beetgröße 5 x 5 m

DAS »SONNENBEET«

Im nächsten Jahr könnten Sie vielleicht ein »Sonnenbeet« anlegen. Dazu verwenden Sie alle möglichen Korbblütler in leuchtendem Gelb und feurigem Orange: Verschiedene Sonnenblumen, aber auch die hohe Mexikanische Sonnenblume (*Tithonia rotundifolia* 'Fackel') gehören dazu. Sie bildet einen kompakten Busch im Beethintergrund und gibt damit schwächeren Pflanzen einen gewissen Halt. Ihre kräftig orangefarbenen Blüten sind im Verhältnis zierlich, dafür aber zahlreich und den ganzen Sommer über von Schmetterlingen bevölkert. Hört man Mexiko, dann denkt man auch an die herrlich bunten Zinnien. Achten Sie bei den Zinnien um der Harmonie willen unbedingt auf die Höhe und Blütengröße. Wenn Sie Welkes immer wieder abschneiden – am besten regelmäßig Sträuße für die Vase schneiden – können Sie die Blütezeit bis weit in den Herbst hinein verlängern.

Pflanzliste

1	20	Kapuzinerkresse *Tropaeolum majus*
2	7–10	Mähnengerste *Hordeum jubatum*
3	20	Studentenblume *Tagetes tenuifolia* in Sorten
4	10	Ziertabak *Nicotiana alata*
5	10	Dahlie – Orangefarbene Balldahlien
6	10	Dahlie – Rote Balldahlien
7	20	Gelbe Kosmee *Cosmos sulphureus*

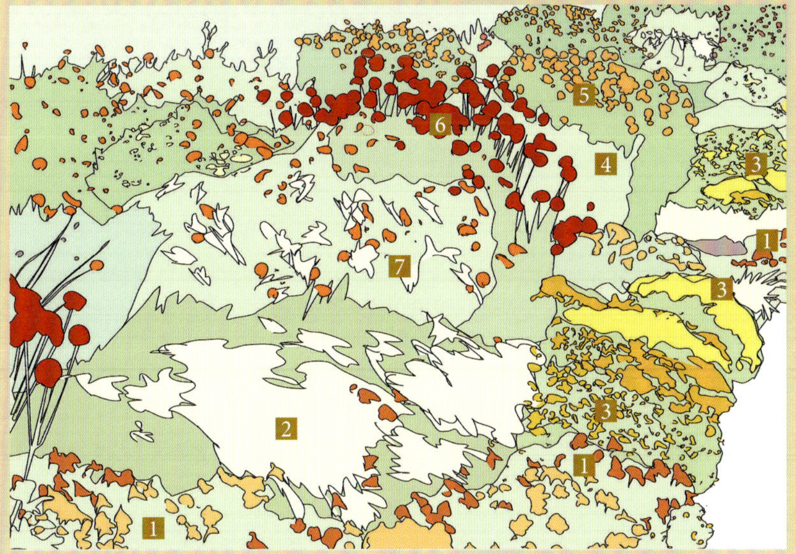

Staudenriesen trumpfen auf

Die Giganten des Staudenreiches sind sehr gut geeignet, um dem Beet und der Rabatte Struktur und Maß zu verleihen. Man zählt sie deshalb zu den gerüstbildenden Pflanzen innerhalb eines Beetes. Sie sind auch deshalb so wertvoll, weil sie trotz ihrer Größe keine besonderen Standortbedingungen brauchen, um voll zur Wirkung zu kommen. Man sollte glauben, dass Staudenriesen auch nur in riesigen Gärten Platz haben. Dem ist nicht unbedingt so – auch der kleinste Garten hat viel Raum nach oben. Eine Großstaude beansprucht in der Regel einen Quadratmeter.

Der gelbe Alant (*Inula magnifica*) dominiert diese Staudenpflanzung mit blauen Kugeldisteln (*Echinops*) und roten Taglilien.

Dort, wo man aus Gründen der Ausgewogenheit neben einer Horizontalen auch eine Vertikale benötigt, sind Staudenriesen gut verwendbar. Sie können sogar als Heckenersatz dienen.

★ Einige der Großstauden haben etwas Imposantes, Mächtiges an sich wie der attraktive Federmohn (*Macleaya cordata*) mit den mehr als handtellergroßen graugrünen Blättern und seinen reich verzweigten Blütenrispen, an denen von Juli bis September zahlreiche kleine, weiße Blütchen stehen. Die Staude wird über 2,5 m hoch. Vorsicht: breitet sich über Ausläufer sehr rasch aus. Sie eignet sich für halbschattige bis sonnige Standorte, in Einzelstellung oder in Kombination mit hohen Gräsern und wirkt in erster Linie als Blattschmuckstaude.

★ Ein Hingucker und vorrangig als Solitärpflanzen zu verwenden sind der brusthohe Kandelaber-Ehrenpreis (*Veronicastrum virginicum*) mit seinen weißen, rosafarbenen oder lila Blütenständen und die Sorte 'Johanniswolke' des Berg-Knöterichs (*Aconogonon*) mit ihren rispenartigen weißen Blütenständen. Beide Stauden bevorzugen einen frischen bis feuchten Boden.

★ Äußerst stattlich tritt auch der Riesen-Alant (*Inula magnifica*) auf, eine Heilpflanze mit großen kräftigen Blättern und gelb-orangefarbenen, bis zu 15 cm großen Blüten.

★ Die Wiesenrauten (*Thalictrum*) in Lila-Rosa und Hell-Violett wirken fast wie riesige Schleierkräuter. Zart und locker wiegen sich die mannshohen Stauden im Wind, schmiegen sich leicht an ihre Umgebung an, ohne zu stören. Wenn Sie diesen Pflanzen starke Partner zugesellen, die ihnen etwas Halt geben, entfällt das unschöne Anbinden. Farblich passend wären Wasserdost (*Eupatorium*) und hohe Sonnenhüte (*Rudbeckia laciniata* und *R. nitida*).

★ Als Solitärpflanze in voller Sonne eignet sich das 80–120 cm hohe Riesenschleierkraut (*Gypsophila paniculata*). Die üppig weißen Blütenstände setzen sich aus Tausenden winziger Einzelblütchen zusammen.

★ Zu den gerüstbildenden Pflanzen zählen auch die herrlich blühenden, wenn auch nur kurzlebigen Stockrosen (*Alcea rosea*). Ihr Vorzug: Sie säen sich bereitwillig selber aus und sorgen immer wieder für Nachwuchs. Allerdings vagabundieren sie sehr gern, d. h., Sie sollten sie am besten im Jugendstadium wieder »einfangen« und ihnen ihren Platz zuweisen. Wegen ihrer Pfahlwurzeln lassen sie sich in einem späteren Stadium kaum verpflanzen.

Rechts: Wiesenraute (*Thalictrum*) und Wasserdost (*Eupatorium*) – eine gute Kombination auch für feuchtere Standorte.

Die Staudenrabatte im Herbst

Mit der Sommersonne verschwinden im Oktober zusehends auch die gelb blühenden Stauden. Nun bestimmen eher Blau- und Rosatöne zusammen mit dem Gold und Silber der Gräser und dem sich färbenden Herbstlaub die nächsten Wochen. Die Zeit der Herbst- und Winter-Astern (*Chrysanthemum-Indicum*-Hybriden), der Herbst-Anemonen (*Anemone hupehensis*) und der Purpur-Fetthenne (*Sedum telephium*) mit ihren spektakulären Sorten beginnt.

HERBSTZEIT – ASTERNZEIT

Im Vormarsch sind jetzt Herbst-Astern (*Aster laevis*) und die hohen Sorten von Glattblatt- (*Aster novi-belgii*) und Raublatt-Aster (*Aster novae-angliae*) – sie lassen den Garten nun nochmals prachtvoll aufblühen. Astern sind robust, aber durchaus dankbar für einen guten, ausreichend feuchten Gartenboden. Sie gedeihen am besten an einem sonnigen, warmen Standort. Gut ernährt, fallen die hohen Horste bei Wind und Wetter auch nicht so leicht um. Den Kissen-Astern (*Aster-Dumosus*-Hybriden) kommt eine besondere Bedeutung im Garten zu. Da sie, wie der Name bereits andeutet, weit weniger stark wachsen (ca. 30–50 cm, je nach Sorte) und auch etwas früher blühen als die hohen Vertreter der Gattung, können sie hervorragend im Vordergrund einer Staudenrabatte verwendet werden. Manche Sorten blühen bereits ab August, andere ab September, jeweils etwa sechs Wochen lang. Es gibt sie in Weiß, Karminrot, Rosa, Blau und Silberblau. Ein weiterer Vorzug der Kissen-Astern: Sie bilden dichte Wurzelgeflechte und breiten sich nach allen Seiten aus, was gleichzeitig zur Befestigung der Beetkanten verhilft.

Wie bei anderen Pflanzengattungen mit zahlreichen Varianten, so lässt sich auch bei den Astern die Blütezeit durch geeignete Sortenwahl bedeu-

Ein völlig anderes Herbstbild: das satte Gelb der Sonnenhüte mit den unterschiedlichen Rosatönen von Astern, Fetthenne und Japanischem Blutgras (*Imperata cylindrica*).

In langen »Drifts« stehen hier Herbst-Astern in kühlen Blautönen in harmonischem Kontrast mit den goldgelben Chrysanthemen.

tend verlängern. Da sie erst relativ spät im Frühling austreiben, können in ihrem Umfeld wunderbar die unverzichtbaren Zwiebelblumen untergebracht werden. Das langsam sich entwickelnde Laub der Astern verdeckt anschließend die vergilbenden Teile der Zwiebelpflanzen.

PASSENDE BEGLEITER

Herbstastern, ob hoch oder niedrig, brauchen keine Konkurrenz zu fürchten, deshalb ist es nicht schwer, die richtigen Begleiter für sie zu finden. Eher ist es umgekehrt, vor allem die hohen Sorten bedrängen schnell ihre Nachbarn. Sie sollten daher alle paar Jahre geteilt werden.

★ Dahlien eignen sich hervorragend, hier in die Bresche zu springen, denn sie werden jährlich neu gesetzt und lassen sich den Platzverhältnissen anpassen. Außerdem sind Dahlien in Habitus und Farbe den Astern ebenbürtig – sofern Sie die richtige Auswahl treffen. Und das wird in dem großen Sortiment aus den verschiedensten Blütengrößen, -formen und -farben nicht einfach werden.

★ Gräser, straff aufrecht oder überhängend wachsend, sind ideale Partner zu Astern, weil sie in natürlicher Gemeinschaft mit ihnen leben.

Links: Noch Spätsommer oder schon Frühherbst? Die Pflanzen halten sich nicht an unseren Kalender, die Witterung entscheidet über ihr Wachstum.

Empfehlenswerte Herbstblüher

Botanischer Name	Deutscher Name	Blütenfarbe	Wuchshöhe
Aconitum carmichaelii	Eisenhut	blau	100
Aster laevis	Kahlblättrige Aster	hellblau	bis 150 cm
Bistorta amplexicaule	Kerzenknöterich	rosa, rot	80–120 cm
Ceratostigma plumbaginoides	Chinesische Bleiwurz	enzianblau	30 cm
Chrysanthemum-Hybride	Winteraster	viele Farbsorten	40–100 cm
Gaura lindheimeri	Präriekerze	weiß	80–100 cm
Leucanthemella serotina	Herbst-Margerite	weiß-gelb	150 cm
Scabiosa ochroleuca	Blassgelbe Skabiose	hellgelb	40–80 cm
Sedum telephium-Hybride	Große Fetthenne	purpurrosa	40–60 cm
Tricyrtis hirta	Purpur-Krötenlilie	rosa, purpur gefleckt	40–80 cm

Halbschatten- und Schattenstauden

Ein schattiger Garten muss kein Nachteil sein. Es gibt eine Fülle attraktiver Pflanzengesellschaften, die im Schatten gedeihen, und reiche Gestaltungsvarianten. Pflanzen in schattigen Lagen haben ihren eigenen Reiz, besonders im Zusammenspiel mit Licht und Schatten. Der Begriff Schatten ist sehr vielschichtig. Die Bepflanzung eines schattigen Bereiches wird ganz unterschiedlich ausfallen, je nachdem, ob es sich um tiefen oder lichten Schatten handelt, die Pflanzfläche den ganzen Tag im Schatten liegt oder nur einige Stunden.

AUCH DER SCHATTEN KANN BLÜTEN TREIBEN

Neben den Astilben gehören vor allen Dingen die Herbst- und Japan-Anemonen (*Anemone hupehensis, A.-Japonica*-Hybriden) zu den wichtigsten Leitstauden auf Beeten in halbschattiger Lage. Zu den besonders dankbaren und langlebigen höheren Blütenstauden in diesem Bereich zählen auch die eleganten Silberkerzen (*Cimicifuga racemosa*) und die nur aus der Nähe wahrnehmbaren zauberhaften Sterndolden (*Astrantia major*). Noch mehr Schatten vertragen Waldstauden wie der mannshoch werdende Geißbart (*Aruncus dioicus*) und die cremefarben blühenden Liliengewächse Salomonsiegel (*Polygonatum odoratum*) und Schattenblume (*Smilacina racemosa*) und die Christophskräuter (*Actaea*) mit ihren leuchtend roten Fruchtständen. Nicht vergessen sollte man die Weiße Wald-Aster (*Aster divaricatus*), buschig im Wuchs, mit lockeren weißen Blütendolden sowie die weißen und purpurfarbenen Fingerhüte (*Digitalis*). Eine wertvolle Blüten- und Blattschmuckstaude muss unbedingt noch genannt werden: die edle zartgelbe Wachsglocke (*Kirengeshoma palmata*) mit ihrem ahornähnlichen Laub. All diese Arten zeichnen sich durch eine starke Leuchtkraft zwischen oder unter dunklen Gehölzen aus.
In ihrer Doppelfunktion als Blüten- und Blattschmuckstauden eignen sich aber auch Pflanzen wie Ligularien (*Ligularia*) und Schaublatt (*Rod-*

gersia) hervorragend als Solitärpflanzen, zum Beispiel am Wasser, am Gehölzrand oder im Winkel eines Gebäudes.

FUNKIEN – VIELFÄLTIGE BLATT-SCHMUCKSTAUDEN

Dort, wo die Sonne kaum oder nur wenige Stunden am Tag hingelangt – zwischen immergrünen Gehölzen etwa oder im lichten Schatten größerer Bäume – gedeihen Blattschmuckstauden wie die aus Japan stammenden Funkien oder Herzlilien (*Hosta*). Sie gehören aufgrund ihrer herrlichen Blattformen, -farben und -strukturen und ihrer unterschiedlichen Größen mit zu den schönsten Schattenstauden. Die Vielfalt der Arten und Sorten kann zur Sammelleidenschaft werden, und es können äußerst interessante Pflanzflächen entstehen. Grob kann man die Funkien nach der Grundfärbung ihrer Blätter in Blaublatt-, Gelbblatt-, Grünblatt- und Weißblatt-Funkien einteilen. Abgesehen von ihrer ungeheuren Vielfalt, sind Funkien zudem noch äußerst pflegeleicht, allerdings sind sie bei Schnecken sehr beliebt! Funkien lassen sich sehr schön mit schattenliebenden Farnen und Gräsern kombinieren, die mit ihrem lockeren Wuchs und der hell- bis graugrünen Farbe für Ausgleich sorgen.

FARNE UND GRÄSER IM SCHATTEN VON GEHÖLZEN

Mit schattenliebenden Farnen und Gräsern, die durch ihr filigranes Blattwerk und die verschiedenen Grüntöne auffallen, lassen sich selbst Stellen, an denen andere Stauden nicht mehr gut gedeihen, schön und ausdrucksvoll gestalten. Sie eignen sich aber auch zur Auflockerung zwischen Schattenstauden. In kleinen Gruppen oder als Solitärpflanzen heben sich Gräser und Farne aus einer niedrigen Bodendecke heraus und gestalten die ruhige, einheitliche Fläche wirkungsvoller. Der Königsfarn (*Osmunda regalis*) gehört mit seinen 1,50 m Höhe zu den größten Farnen. Der Hirschzungenfarn (*Phyllitis scolopendrium)* ist mit 50 cm deutlich niedriger. Er hat keine gefiederten Wedel, wie die meisten Farne, sondern längliche, blattartige.
Unter den Gräsern sind es vor allem die Seggen-Arten (*Carex*), die meist sehr tolerant sind und im Schatten sehr gut zurechtkommen.

Blüte und Blatt, Farbe und Struktur im ausgewogenen Verhältnis – mit diesen Komponenten entsteht eine perfekte Pflanzung.

Links: Ganz ohne Blüten bedeutet nicht schmucklos! Funkie und Farn ergänzen sich in ihrer Form sehr gut, und den Akzent setzt die antike Vase.

Blütenstauden für schattige Bereiche

Botanischer Name	Deutscher Name	Blütenfarbe	Wuchshöhe
Aconitum napellus	Eisenhut	blau	100–140 cm
Anemone hupehensis	Herbst-Anemone	rosa, weiß	80–100 cm
Aquilegia vulgaris	Akelei	blau, rosa, weiß	40–60 cm
Aruncus dioicus	Waldgeißbart	weiß	150–180 cm
Astilbe-Hybriden	Prachtspiere	weiß, rosa, rot	60–120 cm
Astrantia major	Große Sterndolde	rosa	50–70 cm
Campanula latifolia	Wald-Glockenblume	blau, weiß	80–100 cm
Cimicifuga racemosa	Silberkerze	cremefarben	150–200 cm
Digitalis purpurea	Fingerhut	rosa, weiß, purpur	100–140 cm

Blattschmuckstauden für schattige Bereiche

2 **Elfengleich tanzen** in lockeren Rispen die weiß-gelben, orangefarbenen, rötlichen oder auch violetten Blüten der Elfenblume (*Epimedium*) über dem rot-grünen Laub. Der hervorragende Bodendecker liebt einen leicht schattigen Standort. Wenn er waldähnliche Verhältnisse vorfindet, breitet er sich schnell aus.

3 **Straff aufrecht** bilden die weißgestreiften Blätter der Schwertlilie (*Iris pallida* 'Variegata') einen auffälligen Kontrast zum rotbaunen Laub des Kastanienblättrigen Schaublatts (*Rodgersia aesculifolia*).

1 **Alles nur Blätter** und trotzdem abwechslungsreich und vielgestaltig in Größe, Form und Farbe und attraktiv gestaltet – ein echter Hingucker im lichten Schatten.

4 Ein blühender Riese ist das Greiskraut (*Ligularia*). Das Blattwerk ist nicht nur großflächig, sondern auch besonders üppig. Einige Sorten können bis zum Spätsommer mannshoch werden.

5 Neben den sattgrünen Bergenien zeigt das rotlaubige Purpurglöckchen (*Heuchera*), warum es eine so wichtige Blattschmuckstaude für fast jeden Garten ist. Vor allen Dingen die Sorten mit dunklem Laub erfreuen sich in letzter Zeit großer Beliebtheit – allen voran 'Palace Purple'. Sie werden oft großflächig verwendet und bilden einen guten Kontrast zu allen Grüntönen.

6 Funkien bringen in noch so schattige Bereiche Licht und Farbe. Müssten sie sich auf ihre oft wenigen blass lilablauen Blüten verlassen, stünden sie wahrscheinlich in keinem Garten. Aber die Gattung hat eine solche Vielfalt bei der Ausbildung ihres Laubes entwickelt, dass sie inzwischen zu begehrten Sammelobjekten avancierten.

Die Pracht der Astilben

Zu den begehrtesten Blütenstauden für halbschattige Lagen gehören mit Abstand die Prachtspieren oder Astilben (*Astilbe*). Prächtig sind sowohl Blütenfülle als auch Farbvariationen. Mit Hilfe zahlreicher Sorten können Sie die gesamte Palette der Rottöne – von zartem Rosa und Lila bis zu dunklem Rot, Violett, Purpur und Karmin – durchspielen und mit lichten, cremefarbenen Sorten Kontraste setzen.
Astilben sorgen vor allem in naturhaften Anlagen, die im Allgemeinen nur dezente Farbtöne aufweisen, für ein absolutes Farbenfeuerwerk.
Astilben benötigen eher frische bis feuchte, humose Böden. Ist dies der Fall, dann kann man sie auch gut auf einer sonnigen Staudenrabatte integrieren. Andernfalls fühlen sie sich im lichten Gehölzschatten wesentlich wohler.

★ Empfehlenswert sind die auf straffen Stielen wachsenden Gartenformen (*Astilbe-Arendsii*-Hybriden), die alle zwischen 60–100 cm hoch werden und von Juli bis September blühen. Die weiß blühenden Sorten wie 'Brautschleier' oder 'Diamant' entwickeln vor allem in dunkleren Gartenbereichen ihre Leuchtkraft. 'Glut' nennt sich eine intensiv rosarote Sorte, 'Cattleya' brilliert in kräftigem Rosa.

★ Für größere naturnahe Waldgärten bieten sich die hohen Spieren (*Astilbe-Thunbergii*-Hybriden) an, mit der gleichen Farbpalette, aber etwas höher werdend (80–120 cm) und mit locker überhängenden Rispen. Sie blühen im Juli und August. Empfehlenswert sind die Sorten 'Jo Ophorst' mit rubinroten, 'Professor van der Wielen' mit weißen und 'Straußenfeder' mit karminrosa Blütenrispen.

★ Die Japan-Spieren (*Astilbe-Japonica*-Hybriden) blühen im Juni und Juli und werden 50–60 cm hoch. Die Sorte 'Deutschland' hat milchig-weiße, 'Mainz' kräftig lilarosa und 'Red Sentinel' tief karminrote Blütenrispen.

★ Eine Ausnahmeerscheinung ist die spät blühende Chinesische Zwergspiere (*A. chinensis* var. *pumila*). Sie wird nur etwa 25 cm hoch und breitet sich durch Ausläufer aus, kann also auch als Bodendecker eingesetzt werden. Sie hat sich auch auf trockeneren Plätzen bewährt und erblüht erst im August/September.
Bei guter Sortenwahl erreichen Sie eine schöne Höhenstaffelung und ein breites Farbspektrum und können die Blütezeit von Juni bis September ausdehnen.

Pflanzplan

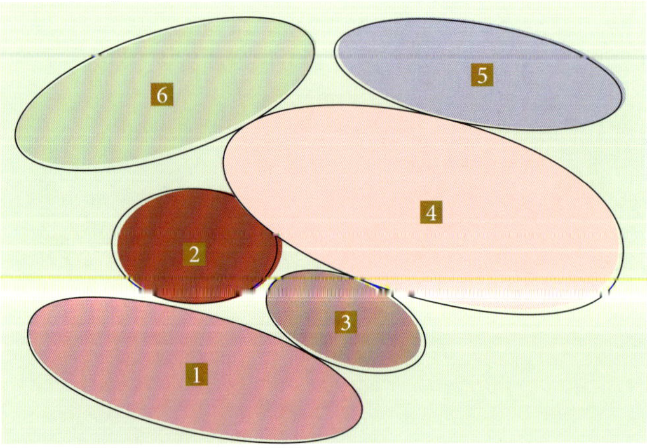

Beetgröße 2 x 3 m

AUF GUTE NACHBARSCHAFT

Passende, jedoch nur vereinzelt eingesetzte Nachbarn, die gleichzeitig mit den Astilben blühen, sind der rahmweiße Waldgeißbart (*Aruncus dioicus*), die Silberkerze (*Cimicifuga racemosa*) oder Rodgersien.
In guter Gesellschaft befinden sich die Astilben, wenn Gehölze aus ihrer ostasiatischen Heimat sie begleiten, etwa verschiedene Schneeball-Arten (*Viburnum*), Japanischer Ahorn und Fächer-Ahorn (*Acer japonicum, A. palmatum*), Hortensien, Bambus, Azaleen und Kolkwitzien. Dunkle Eiben (*Taxus*), glänzender Kirschlorbeer (*Prunus lauroceraus*) und Stechpalmen (*Ilex crenata*) bilden einen ebenso guten Hintergrund wie der dunkellaubige Perückenstrauch (*Cotinus coggygria* 'Royal Purple').

Pflanzliste

1	10	Etagenprimel *Primula japonica*
2	3	Prachtspiere *Astilbe-Arendsii*-Hybride 'Fanal'
3	5	Prachtspiere *Astilbe-Arendsii*-Hybride 'Cattleya'
4	7	Prachtspiere *Astilbe-Arendsii*-Hybride 'Anita Pfeiffer'
5	3	Kronwicke *Coronilla varia*
6	3	Japanische Immergrüne Azalee *Rhododendron*-Hybride

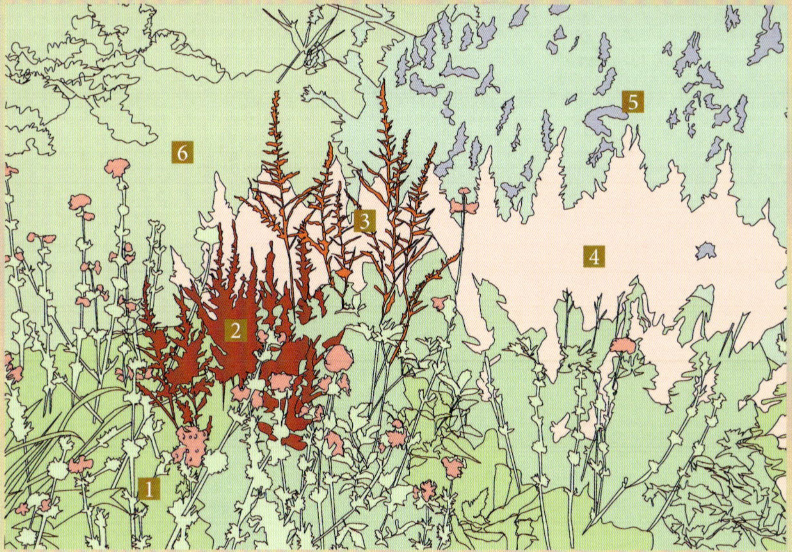

Der Garten im Winter

2 Ist es nicht grandios, wie ein wenig Raureif aus dem einfachen Fruchtstand einer Wilden Karde (*Dipsacus silvestris*) ein Kunstwerk machen kann. Nur leider – diese Kunst ist vergänglich!

1 Wie viel Freude ein Winterspaziergang durch den Garten in Eis und Schnee bereiten kann, zeigt dieses Bild. Ausdauernde, zu Kugeln geschnittene Strukturpflanzen in Grün und Grau korrespondieren mit den braun gewordenen Überresten der Saison und beweisen – auch der Charme des Vergangenen kann begeistern!

3 Diese vertrockneten Blütenstände zeigen im Winter das zweite Gesicht von *Phlomis russeliana*, dem Brandkraut. Es ist nicht weniger interessant als die ansehnlichen, in Etagen stehenden, hell-gelben Lippenblüten im Sommer. Sogar für eine dritte Saison in der Vase ist diese dankbare Pflanze geeignet.

4 'Herbstfreude' heißt diese Sorte der Fetthenne (*Sedum-Telephium*-Hybride). Richtig wäre aber auch, sie 'Winterfreude' zu nennen, denn die rostroten Blütendolden bleiben auch noch bei Schnee und Eis erhalten und bilden einen herrlichen Kontrast zum bereiften oder schneebedeckten Umfeld.

4

5

5 Während im Sommer und Herbst die Gräser sich die Aufmerksamkeit mit unendlich vielen anderen Pflanzen teilen müssen, spielen sie im Winter auf der Gartenbühne die Hauptrolle. Damit sie das mit Erfolg tun können, sollten Sie schon bei der Pflanzung darauf achten, einen Ort zu wählen, an dem ihre winterliche Schönheit auch voll zur Geltung kommen kann.

6 Einen Ehrenplatz in Hausnähe sollte dieser wirklich zauberhafte winterblühende Großstrauch, die Zaubernuss (*Hamamelis*), bekommen. Seine spinnenartigen Blüten, die sich bei Frost wieder zusammenrollen, erfreuen uns nicht nur durch ihre gelben, orangefarbenen, manchmal auch roten Farbtöne – sie duften sogar sehr fein.

6

Der Nutzgarten

Schönheit und Zweckmäßigkeit müssen sich nicht ausschließen. Das Schöne mit dem Nützlichen zu verbinden, wurde schon in den Klostergärten praktiziert und hat in den heutigen Gärten wieder an Bedeutung gewonnen.

Nutzgärten werden oft mit anderen gärtnerischen Augen betrachtet als Ziergärten. Mit bunten Gemüsesorten, unterschiedlichen Wuchs- und Blattformen, zwischengepflanzten duftenden Kräutern und vielen einjährigen Sommerblumen hat auch der Nutzgarten seine optische Anziehungskraft.

In einem großen Garten lässt sich ein Nutzgarten leicht einrichten, aber auch in einem kleinen Garten müssen Sie nicht auf frisches Obst, Gemüse, Salat und Kräuter verzichten. Es gibt viele verschiedene Möglichkeiten, innerhalb eines Ziergartens auch ein Nutzgärtchen anzulegen, entweder auf eigens dafür angelegten Flächen oder in engem Kontakt mit anderen Gartenpflanzen. Bei der Eingliederung der Nutzflächen in den Gesamtgartenraum spielen folgende Punkte eine wichtige Rolle:

★ Gemüse, Salat und vor allem Kräuter für den täglichen Bedarf sollten vom Haus aus gut und bequem erreichbar sein.

★ Nutzpflanzen gedeihen am besten an sonnigen, windgeschützten Plätzen mit besonders guten Bodenverhältnissen.

Der getrennte Nutzgarten

Ein eigener kleiner Bereich innerhalb der Gesamtanlage in offener, sonniger Lage, übersichtlich und gut von allen Seiten zugänglich und eventuell durch eine Hecke, eine Sichtschutzwand, Pergola oder eine Mauer vom anderen Garten abgetrennt, ist mit Sicherheit allen anderen Lösungen vorzuziehen. Durch Kulturwechsel, richtige Sortenwahl, das Ausnützen der Fläche und Pflegemaßnahmen können Sie selbst auf kleinen Flächen viel anbauen und ernten.

Der »integrierte« Nutzgarten

★ In einem formal angelegten Garten mit rasterförmiger Gliederung lassen sich sehr gut zwischen Zierpflanzen Flächen mit Gemüse, Obst oder Kräutern einbauen. Durch blühendes Beiwerk wie Sommerblumen und Kräuter können Sie die Nutzflächen auch farblich in das Gesamtbild des Gartens einbinden.

★ In Gärten, die in freiem Stil angelegt werden, findet sich sicherlich irgendwo ein sonniger Platz für Obst und Gemüse. Brombeeren und Himbeeren können als Zaun-, Kiwi als Hausbegrünung dienen, Johannis- und Stachelbeer-Hochstämmchen als Wegbegleiter, buntes Gemüse als Blumenschmuck, Feuerbohnen als Sichtschutz. Kräuter können Sie sehr gut in Blumenbeeten und Rabatten unterbringen, sie finden aber auch ihren Platz in Kübeln und Trögen auf der Terrasse oder neben der Haustüre.

★ In einem naturnah angelegten Garten oder einem Bauerngarten ist das Miteinander von Blumen, Gemüse, Obst und Kräutern von vornherein gewünscht.

Farbenprächtig und schön ist der Hahn – nützlicher die Henne!

Prinzip Bauerngarten

Bunte Bauerngärten finden Sie heute nicht nur mehr auf dem Land. Gerade auf kleinen Stadtgrundstücken lässt sich das Grundprinzip dieser Gartenform – Schönes mit Nützlichem zu verbinden und Zier- und Nutzpflanzen nicht streng zu trennen – ideal umsetzen.

Der Bauerngarten hat sich aus dem mittelalterlichen Klostergarten entwickelt. Seine Kennzeichen sind eine klare Gliederung durch Wege und die Verwendung schlichter Materialien.

Der traditionelle Bauerngarten ist in Kreuzform angelegt. Im Zentrum des Wegekreuzes ist entweder ein bepflanztes Rondell angelegt oder steht ein Brunnen oder Schöpfbecken. Die eingefassten Pflanzbeete können in einen Rasen oder in mit Bodendeckern bepflanzte Flächen übergehen. Die Wege bestehen meist aus Kies, Ziegelsteinen oder Pflaster. Typisch sind auch die niedrigen Beeteinfassungen – meist aus Buchs. Heiligenkraut (*Santolina*), Lavendel, Mauerpfeffer (*Sedum acre*), Monatserdbeeren und Schnittlauch eignen sich aber auch dafür. Die Einfassungen sorgen für Ruhe und Ordnung bei all der bunten, ständig wechselnden Pflanzengesellschaft innerhalb der Beete. Die Einfriedung des Bauerngartens kann aus einem Holzzaun mit senkrechten Latten oder – wenn mehr Platz zur Verfügung steht – aus einer frei wachsenden Hecke bestehen.

EIN BUNTES MITEINANDER

In einem Bauerngarten wird jedes noch so kleine Eckchen mit Pflanzen bestückt:

★ Brombeeren, Feuerbohnen, Rosen, Wicken oder andere Kletterpflanzen verschönern Pergolen, die zum Beispiel den Eingang, eine Sitzbank oder Sitzecke umrahmen können.

★ Beerensträucher oder -hochstämmchen und kleine Obstspaliere können einen Weg oder Zaun begleiten und mit Kräutern und Sommerblumen unterpflanzt werden.

★ Typisch für einen Bauerngarten ist auch das enge Miteinander von üppigen Prachtstauden,

Etwas »natürlicher« präsentiert sich dieser Garten nach dem Dauerngartenprinzip der »Bunten Mischung«.

Zwiebel- und Knollenpflanzen wie Lilien, Dahlien, Pfingstrose (*Paeonia officinalis*) und Sonnenhut (*Rudbeckia fulgida*) und einfachen Pflanzen mit Wildcharakter wie stahlblauem Borretsch, gelb-orangefarbenen Ringelblumen (*Calendula officinalis*) und duftenden Garten-Reseden (*Reseda odorata*).

★ Kräuter und Gewürzpflanzen, Duft- und Heilpflanzen dürfen auf gar keinen Fall fehlen.

OBST IM GARTEN

Zu einem Bauerngarten gehörte früher immer ein separater Obstgarten. Fehlende Flächen machen das heute selten möglich. Glücklicherweise wirken viele Obstbäume wie Ziergehölze, insbesondere Kirschen, und können dann auch wie diese eingesetzt werden. Eines der schönsten klein bleibenden Obstgehölze ist die Quitte. Wuchs, Blüte und Früchte sind gleichermaßen schön – sie lässt sich ganz bestimmt auch in den kleinsten Gärten integrieren.

Links: So reizvoll kann ein Gemüsegarten gestaltet sein. Die klare geometrische Gliederung verstärkt die Ordnung auf den Beeten zusätzlich.

Typische Bauerngartenblumen

Botanischer Name	Deutscher Name	Blütenfarbe	Blütezeit
Alcea rosea	Stockrose	rosa, rot, weiß	Juli–September
Calendula officinalis	Ringelblume	gelb, orange	Mai–Oktober
Cheiranthus cheiri	Goldlack	gelb, bronze, orange	April–Juni
Dianthus barbatus	Bartnelke	rot, rosa, weiß	Mai–August
Lathyrus odoratus	Duftwicke	rosa, violett, weiß	Juni–September
Lavatera trimestris	Bechermalve	rosa, weiß	Juli–September
Myosotis sylvatica	Vergissmeinnicht	blau	April–Juni
Tagetes-Hybriden	Studentenblume	gelb, orange	Juni–Oktober
Tropaeolum-Hybriden	Kapuzinerkresse	gelb, orange, rot	Juli–Oktober

Zierende Nutzpflanzen

Besonders in Sommerblumenbeeten lassen sich die ebenfalls einjährigen Nutzpflanzen gut verwenden, da sich ihre Ansprüche an Boden und Nährstoffversorgung ähneln.
Je sonniger solch ein Platz, umso günstiger für Blühen und Fruchten. Wenn es Ihnen aber richtig ernst ist mit dem Ernten, dann müssen Sie unbedingt darauf achten, dass es auf der Schauseite des Beetes bei Saisonbeginn nicht gleich größere Lücken gibt. In den Vordergrund und am Rand platzieren Sie am besten niedrige Sommerblumen wie Kapuzinerkresse, Tagetes, niedrige Zinnien und Rudbeckien.
Besonderen Schmuckwert besitzen auch Doldenblütler wie Dill, Fenchel und Kümmel. Sie verleihen den Beeten und Rabatten mit ihren schirmförmigen Blütenständen und dem filigranen Laub Höhe, Struktur und Grazie.
Sonnige Staudenbeete sind über kurz oder lang zu sehr durchwurzelt, um gute Bedingungen für Salat oder Gemüse zu bieten. Hier ist der geeignete Ort für ausdauernde Pflanzen wie Obst und Kräuter, in erster Linie für die sonnenhungrigen mediterranen Kräuter wie Oregano, Salbei und Thymian in den verschiedensten Arten und Sorten. Setzen Sie sie an den Beetrand – hier sind sie leicht erreichbar, um immer wieder ein paar Zweiglein zu ernten. Für dauerhaftere »Zwischenkulturen im Blumenbeet« eignen sich am besten robuste Gemüse- und Obstarten. Salate, die nur eine relativ kurze Kulturzeit haben, können Sie nutzen, um Anfangslücken im Randbereich bei langsam sich entwickelnden oder spät austreibenden Pflanzen zu schließen.
Eine moderne Variante des ästhetischen Nutzpflanzenanbaus ist in unserem Pflanzbeispiel zu sehen: Abwechslungs- und farblich kontrastreich wurden die Blumen mit verschiedenen Kohl-Arten kombiniert. Hier wurde kein aufwändiges Konzept verfolgt, nur eine schlichte Reihung in diagonaler Richtung – weil das optisch interessanter wirkt.

Pflanzplan

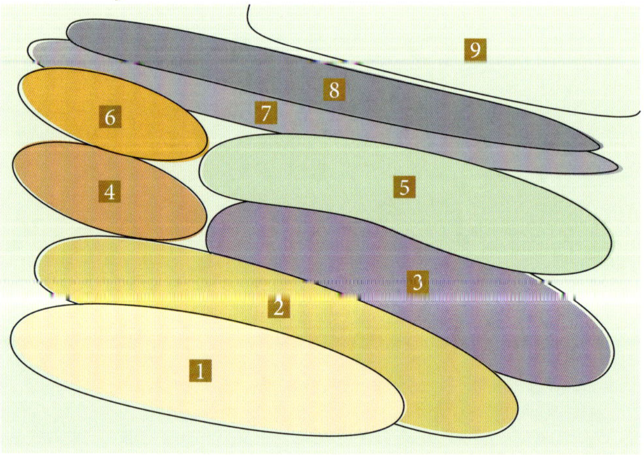

Beetgröße 2 x 3 m

ZIERENDER KOHL

Der Markt für buntes Gemüse ist gewachsen! Im Handel befinden sich inzwischen neben bunten Salaten auch verschiedenfarbige Tomaten, Paprika, Zucchini und blaue Bohnen – übrigens eine alte Sorte. Gemüse wie der Mangold mit grünen, gelben und roten Blattstielen oder verschiedene Kohlarten mit ihren großformatigen, oft schön gefärbten Blättern haben sich längst als ideale Ergänzung für die bunte Sommerblumenpracht bewährt und inzwischen auch Einzug in städtischen Anlagen gehalten. Sie sind geradezu eine Bereicherung für die Beete, denn das attraktive Laub verleiht der Pflanzung Struktur, und viele Kohl-Sorten halten überdies bis weit in den Herbst hinein ihr gutes Aussehen. Allen voran der purpurfarbene Grünkohl (*Brassica* 'Redbor') und der attraktive 60–70 cm hohe Toskanische Palmkohl (*Brassica oleracea* var. *palmifolia*), mit seinen schwarzgrünen Blättern, die wie Palmen en miniature aussehen.
Die Züchtung beschert uns auch vermehrt attraktive Sorten des echten Zierkohls (*Brassica oleracea* var. *acephala*): bunte Kohlköpfe, deren Blätter geschlitzt, gewellt oder gekraust sind, andere schweben wie kleine Blüten auf hohen Stielen. Diese Sorten sind sogar essbar!

Pflanzliste

1	7	Edelgarbe *Achillea-Filipendulina-*Hybride
2	10	Mädchenauge *Coreopsis tinctoria*
3	7	Sommersalbei *Salvia nemorosa* in Sorten
4	5	Schafgarbe *Achillea*-Hybride 'Terracotta'
5	7	Fuchsschwanz *Amaranthus caudatus*
6	7	Ringelblume *Calendula officinalis*
7	10	Wirsing
8	10	Rotkohl
9	10	Palmkohl

Verschiedene Blattformen und -farben lassen keine Eintönigkeit aufkommen. Einjährige Sommerblumen sorgen für zusätzliche Farbe.

Der naturnahe Nutzgarten

Einen naturnahen Nutzgarten können Sie ohne weiteres auch auf kleine städtische Verhältnisse übertragen, denn Gemüse, Kräuter und Blumen – ob Einjährige oder Stauden – können wunderbar miteinander kombiniert und in enger Nachbarschaft angebaut werden. Im engen Hausgarten werden die Reihen etwas kürzer, die Beete etwas kleiner und die Pflanzenauswahl eher darauf ausgerichtet sein, was besonders rar zu kaufen ist oder was frisch geerntet werden sollte – taufrische Kräuter, voll ausgereifte Tomaten oder zuckersüße Beeren.

GESCHICKTE PLATZEINTEILUNG

Um den wertvollen Platz gut zu nutzen, sollten Sie so planen, dass

★ zwischen Gemüse mit langer Kulturzeit – wie Tomaten, Bohnen und Kohlarten – solche gesät oder gepflanzt werden, die bereits nach sechs bis acht Wochen erntereif sind – zum Beispiel Pflücksalate, Kresse, Rettiche und Radieschen.

★ zwischen breit ausladendem Gemüse wie Kohl und Kopfsalat Wurzelgemüse wie Möhren und Rettiche oder schmale Gemüsesorten wie Lauch und Zwiebeln gepflanzt werden,

★ sich Flach- und Tiefwurzler wie Erbse oder Radieschen und Möhre ergänzen.

ERFOLG DURCH MISCHKULTUR

Die Mischkultur basiert auf uralten Regeln und Erfahrungswerten, die sich mit der gegenseitigen positiven und negativen Beeinflussung der Pflanzen befassen. Gerade zwischen Gemüsepflanzen und Kräutern gibt es intensive Wechselwirkungen, sei es durch Wurzelausscheidungen im Boden oder durch Duftstoffe, die von ätherischen Ölen hervorgerufen werden, mit deren Hilfe die Schädlingsabwehr funktioniert. Die Prinzipien der Mischkultur stützen sich auf Fruchtfolge und Fruchtwechsel.

★ Der Nährstoffbedarf von Gemüsepflanzen ist ganz unterschiedlich. Bezogen auf ihren Stickstoffbedarf unterscheidet man zwischen Stark-, Mittel- und Schwachzehrern. Sie werden auf ein und derselben gut gedüngten Parzelle nacheinander angebaut (Fruchtfolge), so dass der

Kunst im Gemüsegarten – mal was Neues! Denn als Vogelscheuche ist die Strohpuppe viel zu hübsch. Und überhaupt ist alles schön gestaltet – wo ist hier der Unterschied zwischen Zier- und Nutzgarten?

Ein großes Sortiment auf kleinster Fläche: Kohl, Mangold, Schnittlauch, Kapuzinerkresse, Tagetes und Ackersenf.

Nährstoffvorrat im Boden optimal genützt, die Versorgung dem Bedarf der Pflanzen angepasst wird. Zu den Starkzehrern mit hohem Nährstoffbedarf zählen fast alle Kohlarten, Tomaten, Sellerie, Lauch, Gurken, Paprika, Mangold, Zucchini und Kürbis. Mittelzehrer sind Möhren, Kohlrabi, Rote Bete, Schwarzwurzeln, Zwiebeln, Fenchel, Auberginen, Spinat und alle Blattsalate. Schwachzehrer mit niedrigem Nährstoffbedarf sind Erbsen und Bohnen, Radieschen, Kresse und alle Kräuter.

★ Fruchtwechsel – abwechselndes Anbauen verschiedener Gemüsearten auf ein und derselben Fläche – verhindert einseitiges Auslaugen des Bodens und fördert die Gesundheit von Boden und Kulturen.

Kräuter dürfen nicht fehlen!

Kräuter gehören einfach in jeden Garten, und wenn er noch so klein ist. Selbst gezogen und frisch geerntet besitzen sie ein unvergleichliches Aroma. Viele sind auch attraktive Gartenpflanzen, verbinden also Nutzen mit Schönheit. Die meisten Kräuter lieben einen sonnigen und warmen Standort. Hier können sie Duft und Aroma auf unvergleichliche Art und Weise entfalten. Für Gewürzkräuter, Heil- und Duftpflanzen findet sich immer ein Plätzchen. Sie können die Kräuter entweder anderen Pflanzen zuordnen, ein gesondertes Beet anlegen, eine Kräuterspirale bauen oder Kübel und Töpfe mit ihnen bestücken. Sie sollten aber auf jeden Fall immer im Bereich eines Sitzplatzes oder in Hausnähe untergebracht sein – am besten noch erhöht –, um den Duft und das Aroma einatmen zu können.

Anspruchslose Kräuter

Heil-, Gewürz- und Küchenkräuter stellen keine besonderen Bodenansprüche – mäßig feuchte Böden sind ihnen recht. Minzen generell vertragen mehr Feuchtigkeit und die mediterranen Kräuter lieben es trocken und warm. Möglichst nicht düngen, das kann sich im Aromaverlust auswirken.
Alle Pflanzen oder Teile davon, die man nicht frisch erntet und sofort verarbeitet, werden am besten an einem luftigen, aber schattigen überdachten Platz getrocknet und anschließend möglichst dunkel aufbewahrt.

Duftende Kräuter – variantenreich untergebracht

2

1

2 Schnittlauch gibt dieser Rabatte einen Rahmen und optischen Halt. Darüber neigt sich der herrliche Zierlauch – größer und sehr harmonisch in Farbe und Form auf den kleineren Partner zu Füßen abgestimmt.

1 Ein Kräuterrasen lässt sich gut auf einem sonnenexponierten Hang oder einem trockenen Sandboden anlegen. Solch ein duftender, rosa Thymianteppich stiehlt einem grünen Rasen zumindest in den Sommermonaten die Schau.

3

3 So ein kleines Kräuterbeet ist in jedem Garten begehrenswert. Wenn es dann auch noch so nett gestaltet ist, kann es durchaus zum Blickfang am Garteneingang werden. Ein paar schöne Natursteine als Umrandung genügen schon, um ihm einen besonderen Status zu verleihen.

4 **Kräuter aller Art,** aber insbesondere die mediterranen Kräuter wie Thymian, Rosmarin und Salbei, in Töpfe gepflanzt, finden überall Platz. An oder auf Mauern, die Wärme abstrahlen und den speziellen Lebensraum der aromatischen Pflanzen verbessern, fühlen sie sich besonders wohl.

5 **Ideen muss man haben!** Das Körbchen am Spazierstock ist eine liebenswerte und praktische Erfindung. Damit wird das Basilikum zum Pflücken und gelegentlichen Schnuppern in erreichbare Höhe gehoben, den gierigen Schnecken aber entzogen.

6 **Duftende Kräuter** in den verschiedensten Farben: Origanum und Minze mit dunklem Laub und zartrosa Blütchen stehen kontrastreich neben dem goldenen Zitronenthymian. Mit seiner grasartigen Struktur und seinen weißen Blütendolden wirkt der Knoblauch wie hellgrünes Beiwerk.

BESONDERE GARTEN-SITUATIONEN

Rund ums Haus

Ein gut gestalteter Garten ist vergleichbar mit einer Sinfonie voller Harmonie und Kontrapunkte. Auch in ihr wird ein Thema in immer neuen virtuosen Variationen durchkomponiert.

»Vorne hui und hinten pfui« – das ist mit Sicherheit der falsche Ansatz zur Gestaltung Ihres Gartenparadieses. Natürlich sind Vorgarten und Eingangsbereich Ihre Visitenkarte und Sie sollten diesem Gartenteil große Aufmerksamkeit schenken, aber eben nicht nur ihm! »Rund ums Haus« ist die Aufforderung, Ihren Garten als Gesamtwerk zu sehen, neue Ideen zu entwickeln, auf Gewöhnliches zu verzichten und jeden einzelnen Bereich so schön und interessant wie möglich zu gestalten.
Je extremer eine Gartensituation, je kleiner ein Grundstück, umso schwieriger werden Gestaltung und Problemlösung. Denken Sie nur an die Bepflanzung und Ausgestaltung eines Innenhofs oder die Begrünung von Haus oder Dächern. Was immer Sie planen und sich wünschen, denken Sie parallel auch daran, dass Sie Ihren Garten erhalten und weiterentwickeln wollen. Sie machen sich das Gartenleben leichter, wenn Sie sich immer wieder fragen, wie Sie rund ums Haus die Gartenpflege am besten organisieren und erledigen können.

PRÄGENDE ELEMENTE

Mit der Wahl von Ausstattungselementen prägen Sie den Grundcharakter Ihres Gartens – und das meist für ziemlich lange Zeit. Dazu gehören nicht nur Zäune, Wege, Treppen, Terrassen und Pavillons, sondern auch zierende Gegenstände wie Möbel, Gefäße und Kunstobjekte. Ein Garten kann auch der Ort sein, an dem Sie beispielsweise Ihre persönlichen Sammlungen – seien es Erinnerungsstücke oder Kunstwerke – unterbringen dürfen. Derart individuelle Objekte sind das i-Tüpfelchen in der Gestaltung und geben Ihrem Garten die persönliche Note. Es gibt unzählige Möglichkeiten, Schmuckelemente im Garten einzusetzen. Sie können als Blickfang dienen und eintönige Plätze beleben. Sie machen kleine Gärten interessant und geben in einem großen Garten dem Auge Halt. Wichtig ist, dass die Schmuck- und Kunstgegenstände mit den Pflanzen harmonieren, die für sie Rahmen und Kulisse darstellen.

★ Große Skulpturen etwa können strenge horizontale Linien – zum Beispiel Hecken – unterbrechen und auflockern.

★ Kleinere Objekte rücken dagegen bestimmte Teile des Gartens ins Blickfeld.

DIE RICHTIGE BELEUCHTUNG

»Rund ums Haus« heißt auch »Rund um den Tag« – durch Licht am Abend und in der Nacht Gartenerlebnisse der besonderen Art zu genießen. Dabei geht es nicht allein darum, eine Fläche im Garten zu beleuchten, sondern darum, Details im Garten anzustrahlen und damit Form, Farbe und vor allem Strukturen in der Dämmerung hervorzuheben.

Fackeln sind dekorativ und stimmungsvoll. Es gibt sie in einfacher und exklusiver Version.

Das kühle Blau-Grau von Fensterrahmen und Tür bildet zusammen mit den zartrosa blühenden Hortensien eine dezente einladende Eingangssituation.

Einladend – der Vorgarten

Der Vorgarten, der Raum zwischen Straße und Haus, ob groß oder klein, schafft den Übergang zwischen öffentlicher und privater Sphäre und vermittelt den ersten Eindruck von Haus und Garten und seinen Bewohnern. Vorgärten können das Haus ins rechte Licht rücken, seinen Charakter unterstreichen oder ein wenig ansprechendes Gebäude kaschieren.

Vorgärten gibt es in jeder Größe und Form, sie lassen sich geometrisch, ornamental oder ganz frei gestalten. Die Bepflanzung allerdings ist stets von der Größe und Tiefe des Grundstücks, der klimatischen Lage und den Bodenverhältnissen des Vorgartens abhängig. Der Vorgarten, sofern er sich nicht hinter Mauern, Hecken und Zäunen verbirgt, ist immer auch ein Stück öffentlicher Raum. Dieser Gedanke sollte ebenso in Ihre Planung mit einfließen wie etwa historische Bezüge, wenn es sich um ältere und denkmalgeschützte Straßenzüge handelt. Der Stil von Haus und Umgebung prägt idealerweise den Stil des Gartens, oder dieser ordnet sich durch möglichst schlichte Ausstattung der Architektur unter. Beim Vorgarten hat dieser Grundsatz besondere Bedeutung, weil jeder Hausbesitzer zum Erscheinungsbild der gesamten Gegend beiträgt.

OFFEN ODER GESCHLOSSEN?

Ob offener oder geschlossener Vorgarten, das liegt an den örtlichen Vorgaben und/oder an Ihrer Einstellung. Wollen Sie sich lieber abschotten, oder sind Sie kommunikativ? Möchten Sie den Vorgarten für sich allein genießen, oder sollen sich auch andere daran erfreuen?

★ Der offen gestaltete Vorgarten ohne Umzäunung, Mauer oder Einfassung durch eine hohe Hecke wirkt großzügig und einladend. Steht genügend Platz zur Verfügung, können Sie eine Rasenfläche anlegen, die durch einen Baum oder Strauchgruppen untergliedert wird. Zu modernen Bauten passen auch gut Kies- und Schotterflächen mit trockenheitsliebenden Grä-

Die kugelrunde Baumkrone der Scheinakazie (*Robinia pseudoacacia* 'Umbraculifera') gibt die Form vor für weitere formvollendete typische Vorgartenpflanzen wie Buchs und Frauenmantel.

Mit lebhaftem Grün in den verschiedensten Strukturen und rosafarbenen Kletterrosen präsentiert sich dieser Eingang.

sern und wenigen Gehölzen. Auf sandigen, leicht sauren Böden können Sie einen Heidegarten anlegen. Einige große Findlinge sehen nicht nur attraktiv aus, sie schützen die Pflanzen auch vor rangierenden Autos. Für Sichtschutz sorgt eine dichtere Bepflanzung direkt am Haus, beispielsweise eine malerische Felsenbirne.

★ Einen kleinen Kompromiss zwischen ganz offenen und vollkommen abgeschlossenen Vorgärten können Sie durch niedrige Hecken aus dornigen oder stacheligen Pflanzen wie Apfelrose (*Rosa rugosa*) und Sauerdorn (*Berberis*) erreichen. Solche Hecken geben etwas Schutz und fügen sich meist gut ins Gartenbild ein.

★ Beim abgeschlossenen Vorgarten bilden hohe Mauern und dichte Hecken einen wirkungsvollen Schutz gegen Staub und Schmutz, Lärm und Sicht, schließen den Garten aber auch hermetisch ab und verschatten möglicherweise den dahinterliegenden Gartenteil. Je kleiner und schmaler die Vorgartenfläche ist, desto niedriger und durchsichtiger sollte die Umzäunung sein. Besonders hübsch sind hier transparente Gitterzäune aus Holz oder Metall, die mit Kletterpflanzen begrünt werden.

VORGARTEN-VARIATIONEN

Für den Vorgarten gelten die gleichen Planungskriterien wie für den Wohngarten: Architektur und Grundstücksform können stilbestimmend sein, Klima- und Lichtverhältnisse haben Einfluss auf die Bepflanzung. Ob modern, klassisch oder naturnah, selbst auf kleinstem Raum können Sie Ihren eigenen Stil entwickeln.

★ Wenn sich der Vorgarten gut auf die Symmetrie des Hauses beziehen lässt, beispielsweise Eingangstor und Haustür in einer Flucht liegen, Grenze und Baukörper geradlinig und eben verlaufen, dann bieten sich formal gestaltete Vorgärten an. Mit Buchs eingefassten Beeten, jahreszeitlich geprägtem Blumenschmuck aller Art, Rosen und/oder Stauden links und rechts des Hauptweges oder entlang der Einfahrt können Sie fast ganzjährig eine einladende Wirkung erzielen. Je nach Größe und Tiefe des Gartens werden die Beete im Rasen oder nur zwischen Wegen angelegt. Ihre Umrisse können unterschiedliche geometrische oder ornamentale Formen haben.

★ Durch niedrige Zäune oder Hecken erscheinen schmale Vorgärten optisch größer. Transparente Zäune oder lichte Hecken werfen weniger Schatten auf dahinterliegende Anpflanzungen. Vertikale Strukturen, wie sie bei größeren Flächen sonst durch Bäume und Sträucher erreicht werden, lassen sich mit Kletterpflanzen aufbauen – entweder direkt am Haus oder durch Begrünen des Zaunes. Eine gute Alternative zum winzigen, meist aber pflegeaufwendigen Rasenstück bieten niedrige Pflanzenteppiche. Einige ausgesucht schöne Kübelpflanzen, zum Beispiel Fuchsien- oder Margeriten-Hochstämmchen oder in Form geschnittener Buchsbaum, rechts und links der Haustür, und eine klare Gliederung lassen auch den kleinsten Vorgarten zu einem Blickfang werden.

★ Ein sonniger, offener Vorgarten kann mit Zwerggehölzen, Wildrosen und Gräsern in Verbindung mit einigen größeren Steinen (Findlingen) als kleine Heidelandschaft gestaltet werden. Eine Hängebirke (*Betula pendula* 'Youngii') oder eine Eberesche (*Sorbus aucuparia*) eignen sich dabei als Hausbaum. Eine andere Variante für sonnige und trockene Lagen bieten extensive Bepflanzungen zum Beispiel mit Gras-Kräuter-Mischungen oder Mauerpfeffer (*Sedum*) an. Kies- und Schotterflächen und kleinere Gehölze lockern die Pflanzung auf. Und wie wäre es mit einer Hausbank?

★ Auch ein halbschattiger oder nach Norden orientierter Eingangsbereich kann einladend bepflanzt werden. Im Winter und zeitigen Frühjahr blühen dort vielleicht schon eine Zaubernuss (*Hamamelis*), Schneeheide (*Erica carnea*) und Christrosen (*Helleborus*) begleitet von blauen Frühblühern wie Blausternchen (*Scilla siberica*) und Anemonen. Im März begeistert der ganz frühe *Rhododendron* 'Praecox' mit seinen lila Blüten, lange bevor die eigentliche Rhododendronblüte in Rosa, Rot, Weiß und Violett beginnt. Ende April/Mai erblühen die frühen Sorten, im Mai/Juni dann die späten. Für farbenfrohe Ablösung sorgen anschließend die Hortensien. Ab Juli bis zum Frost können dann die Fuchsien in großen Töpfen den Pflanzenschmuck im sonnenabgewandten Eingangsbereich übernehmen.

Was anderes als ein ländlicher Vorgarten mit Steinmäuerchen, Rosen und Stockrosen würde diesen Haustyp besser unterstreichen?

FREUNDLICHER EMPFANG

Nicht jeder hat einen mehr oder weniger großen Vorgarten. Manche Häuser haben nur einen kurzen Zugangsweg oder eine Treppe von der Straße zur Haustür. Aber auch dieser Bereich kann einladend gestaltet werden. Hier liegt die große Kunst in der Materialwahl des Weges und eventueller Treppenstufen und Geländer – und dann haben die Kübel-und Topfpflanzen ihren großen Auftritt.
Es können größere Kübelpflanzen, in Form geschnittene Buchskugeln, mit bunten Sommerblumen bepflanzte Töpfe oder Ampeln mit Hängepflanzen sein, die den Besucher freundlich empfangen. Mit der Wahl der Pflanzgefäße und der Art der Bepflanzung können Sie den Stil des Hauses unterstreichen: Hohe, eckige Metallgefäße mit in Form geschnittenem Buchs oder Lorbeer passen zu einem modernen Haus. Nostalgische Gefäße mit Rosen in verschiedenen Wuchsformen können den Eingangsbereich romantisch gestalten. Terrakottagefäße, die mit Lavendel und Vanilleblume (*Heliotropium*) bepflanzt werden, empfangen den Gast mit betörendem Duft und verbreiten eine südländische Atmosphäre.
Ein großzügiger Windfang eignet sich wie ein Wintergarten hervorragend für eine ganzjährige Präsentation attraktiver Kübelpflanzen.

Links: In Form geschnittene Immergrüne, grauer Stein und dunkelgraue Gefäße bilden eine Einheit mit der modernen Hausform.

GELTENDE VORSCHRIFTEN BEACHTEN!

Bevor Sie die ersten gestalterischen Überlegungen für Ihren Vorgarten oder Eingangsbereich anstellen, sollten Sie sich auf alle Fälle bei der zuständigen Baubehörde nach den geltenden örtlichen Vorschriften (Grenzabstände, Materialwahl, Bepflanzung) erkundigen.
Und nehmen Sie die Nachbarschaft in Augenschein, damit Sie mit Ihren Ideen nicht völlig aus dem Rahmen fallen.

Visitenkarte des Hauses – der Eingang

1 **Töpfe über Töpfe** hat dieser Blumenfreund rechts und links der Haustüre aufgestellt. Das belebt zwar den Eingang – macht ihn aber auch schlecht begehbar. Da wäre weniger mal wieder mehr.

2 **Gelunge Komposition** aus Stein und Pflanzen – wer möchte da nicht gerne eintreten? Zum Grün der Türe passen die roten Blüten- und Laubfarben ganz ausgezeichnet. Die straffen Blätter bilden einen guten Kontrast zum spiralförmigen Weg.

3 **Die roten Kletterrosen** am Haus wirken fast so, als wäre für die Besucher und alle Ankommenden ein roter Teppich ausgerollt worden – eine reizendere Begrüßung kann man sich kaum vorstellen.

4 **Eingang** in künstlerischem »Freestyle«, der verspielt und dennoch funktionsgerecht gestaltet ist. Er hat das gewisse Etwas – ist unverkennbar! Die blaue Stele und das bunte Pflaster stehen dabei in schönem Gegensatz zum konventionellen, formalen Vorgarten.

5 **Die kühle Eleganz** dieser Eingangslösung ist ein ausdrucksstarkes Signal für den Besucher: Hier herrschen Ordnung und Harmonie. Die Schlichtheit und Strenge des Designs sowie die Wahl des Solitärs – ein Japanischer Fächerahorn – sprechen für fernöstliche Inspiration.

6 **Das blaue Eingangstor** signalisiert Kühle, Ruhe und Abgeschiedenheit, die hinter dieser Pforte zu finden sind. Die blaue Farbe und der Fisch im Gartentor könnten aber auch auf einen Bezug der Bewohner zu mediterranem Flair und zur Begeisterung für Griechenland hinweisen.

Innenhöfe – grüne Oasen

Innenhöfe sind meist nicht sehr groß und bieten wenig Platz für Pflanzen – wenn man darin auch noch sitzen möchte. Mit etwas Geschick lässt sich aber selbst der kleinste Innenhof zu einer grünen Oase umgestalten. Nicht nur die Größe, sondern auch die Lage eines Innenhofes bestimmen die Nutzung und Bepflanzung. Ein Innenhof, der von großen Häusern umgeben ist, wird nur wenige Stunden am Tag Sonnenschein abbekommen – wenn überhaupt. Trotzdem lässt sich auch dieser Bereich mit Grün verschönern, Efeu ist da beispielsweise eine vielseitig einsetzbare Pflanze. Größere Gehölze haben in einem kleinen Atriumgarten meist keinen Platz. Hier eignen sich eher ein großer Strauch oder Kleinbaum wie Goldregen (*Laburnum*), Felsenbirne (*Amelanchier*) oder kleinere Ahorn-Arten (*Acer*). Vor allem sind es aber Kletterpflanzen, die hier die Aufgabe von Bäumen übernehmen, vertikale Strukturen schaffen und weniger Raum benötigen. Sie begrünen Wände und Pergolen und können an frei stehenden Gerüsten und Stützen baumähnlich gezogen werden.
Ansonsten wirken Innenhöfe vor allem durch ihren Belag. Lassen Sie nur wenige Aussparungen frei, in denen Sie dann ausgesucht schöne Solitärpflanzen zur Wirkung bringen, oder stellen Sie bepflanzte Töpfe und Kübel auf.
Ein Trick, kleine Innenhöfe optisch zu vergrößern, ist die Verwendung von Spiegeln. Diese Variante bietet sich vor allem für moderne Innenhöfe an, in denen Materialien wie Metall oder Naturstein an Wänden oder als Bodenbelag eingesetzt werden.

★ Vor weiß gekalktem Mauerwerk heben sich beispielsweise filigraner Bambus und bizarr wachsende Gehölze wie Essigbaum (*Rhus typhina*), Stachelaralie (*Aralia elata*) oder der Japanische Etagen-Schneeball (*Viburnum plicatum* 'Mariesii') besonders gut ab.

★ Immergrüne Gehölze wie Eibe (*Taxus*) oder Stechpalme (*Ilex*) sorgen im Winterhalbjahr für

Dieser kleine Innenbereich lebt vom fließenden Wasser; die Technik dazu ist in der Sitzmauer vesteckt. Duftende Kräuter im Beet und in Schalen sorgen für ein einladendes Ambiente.

Der kleine runde Platz mit seinem Sitzmäuerchen und den Blumen ringsum bietet gute Gelegenheit zu ungestörter Unterhaltung.

genügend Grün. Als Unterpflanzung eignen sich immer- oder sommergrüne Bodendecker, Gräser und Farne. Die Vegetation sollte den Boden nicht völlig überwuchern, da sonst die Schönheit des Belages nicht mehr zu sehen ist.

★ Einen hellen Innenhof können Sie auch hervorragend als Kiesgarten anlegen. Bepflanzen Sie Schotterflächen, die mit unterschiedlich großen Kieselsteinen belegt sind und wie trockene Bachbette wirken, sparsam mit sonnen- und trockenheitsliebenden Stauden und Kleingehölzen. Ist der Innenhof leicht beschattet, empfiehlt sich ein Garten im fernöstlichen Stil mit Azaleen und Bambus, aber auch mit Wasser.

★ Wasser in einem Innenhof gehört wohl zu den reizvollsten Dingen überhaupt, seien es ein einfacher Sprudelstein, ein kleines Seerosen- oder Goldfischbecken, ein Wasserbecken mit Fontäne oder ein Wandbrunnen. Als Begleitung reichen oft schon einige wenige schattenliebende Blattschmuckstauden.

Links: Auch auf kleinster Fläche kann ein grünes Paradies entstehen – wo nichts fehlt und nichts zufällig ist – alles hat seinen richtigen Platz.

Fast in jedem Innenhof herrscht obligatorischer Platzmangel, deshalb heißt es erfinderisch zu sein: Halbtransparente Raumteiler, Gitterspaliere, eine Gruppe immergrüne Gewächse bergen Möglichkeiten, Garten- und Spielgeräte oder Klappstühle optisch verschwinden zu lassen.

Kübelpflanzen – ein Muss

Ein Innenhof ist im Sommer ohne blühende Kübelpflanzen nicht denkbar. Sie bringen Farbe, Wohlgeruch und mediterrane Stimmung in den kleinen Garten. Leuchtendes Blau in den Blüten und den Accessoires erinnert an Griechenland, Terrakottafarben und Lavendelduft an die Toskana. Der Innenhof eignet sich vor allem deshalb so gut für mediterrane Pflanzen, weil er vor Wind und Kaltluft geschützt ist. In schattigen Lagen allerdings oder wenn keine Überwinterungsmöglichkeiten vorhanden sind, kommen diese Kübelpflanzen nicht in Frage. Sie können hier jedoch durch frostharte, teils immergrüne Gehölze und Blattschmuckstauden in Gefäßen ersetzt werden. Geeignet ist die malerisch wachsende Scheinbuche (*Nothofagus antarctica*), im Sommerhalbjahr sind Funkien (*Hosta*) ideal.

Grün für Wände und Fassaden

Nicht nur ein Garten, auch das Haus mit all seinen Nebengebäuden und den dazugehörigen Dächern sowie kleine Höfe können begrünt werden. Vor allem für Häuser in der Stadt bietet sich diese Lösung an, denn mit Hilfe von Pflanzen und viel grüner Laubmasse lassen sich die klimatischen Nachteile des städtischen Umfeldes wesentlich verbessern. Auch die ökologische Bedeutung der Hausbegrünung ist nicht zu unterschätzen. Zum Begrünen eignen sich in erster Linie Kletterpflanzen. Je nach Art des Kletterns unterscheidet man zwischen Haftwurzlern, Rankern, Spreizklimmern und Schlingpflanzen. Nicht alle Kletterpflanzen eignen sich gleich gut zur Begrünung bzw. brauchen ein eigenes Klettergerüst, das mit ausreichend Abstand zur Wand aufgestellt wird.

★ Die Verwendung von Selbstklimmern wie Efeu (*Hedera helix*), Wilder Wein (*Parthenocissus quinquefolia*) oder Kletterhortensie (*Hydrangea anomala* ssp. *petiolaris*) ist aus bautechnischer Sicht in der Diskussion und auch ernst zu nehmen, denn mit speziellen Haftorganen suchen die kletternden und klimmenden Pflanzen an der Unterlage einen Halt. Der Wilde Wein setzt seine Haftwurzeln oberflächlich auf den Putz – sie sind allerdings schwer wieder zu entfernen. Efeu findet schnell Risse und Löcher, die er in Beschlag nimmt. Ein intaktes trockenes Mauerwerk und ein haltbarer Rauputz sind die Voraussetzung für eine direkte Wandbegrünung. Ungeeignet sind Fachwerk, vorgehängte Wandverkleidungen, sehr glatte Oberflächen, kunststoffhaltige und Wasser abweisende Anstriche und mit Holzschutz behandelte Flächen.

★ Auch stark wachsende Schlinger wie Baumwürger (*Celastrus orbiculatus*), Blauregen (*Wisteria sinensis*) oder Knöterich (*Fallopia aubertii*) sind zur direkten Hausbegrünung ungeeignet, wenn die Bausubstanz nicht intakt ist. Ihre teil-

Selbstklimmende Kletterpflanzen wie dieser Wilde Wein sind robust und erobern schnell große Flächen.

weise lichtfliehenden Triebe schieben sich in vorhandene Hohlräume und entwickeln mit den Jahren eine außerordentliche Sprengkraft.
Es gibt zwei wesentliche Gründe für die Begrünung von Gebäuden: das Kaschieren unschöner Fassaden und Gebäudeteile und die bewusste ökologische Gestaltung von Häusern durch das Einbringen von mehr Grün.
In den meisten Fällen sollen kleine und große Schönheitsfehler unter einem grünen Kleid verborgen werden. So verschwinden zum Beispiel hässliche Brandmauern unter immergrünem Efeu oder herbstbuntem Wilden Wein. Ungünstige Gebäudeproportionen können mit Hilfe von Kletterpflanzen verschoben werden: Ein begrünter Sockel lässt die Fassade weniger hoch erscheinen, links und rechts angebrachte Rankgitter verschmälern eine breite Fassade, niedrige Gebäude lassen sich durch einzelne schmale Rankelemente optisch strecken. Hässliche Anbauten und unharmonische Materialien können mit Grünpflanzen gemildert werden. Kletterpflanzen eignen sich wunderbar als Bindeglieder und schaffen dort Übergänge, wo es irgendwelche Reibungspunkte an der Architektur gibt.

Links: Eine ganz moderne, aber auch aufwändige Wandbegrünung: verschiedenfarbige Blattschmuckpflanzen abwechselnd diagonal eingepflanzt.

Rankgerüste – nicht nur Kletterhilfen

Schling- und Rankgewächse benötigen grundsätzlich eine Kletterhilfe. Aber auch Selbstklimmer wie Kletterhortensie (*Hydrangea anomala* ssp. *petiolaris*) und Trompetenblume (*Campsis radicans*) sind für eine Verankerung dankbar, da sie im Alter zu stattlicher Größe heranwachsen und ihre Haftwurzeln das Gewicht dann nicht mehr tragen können.
Die Kletterhilfen an sich sollten schon als Gestaltungselemente dienen, das heißt, sie sollten auch ohne Bewuchs attraktiv sein, denn oft dauert es Jahre, bis sie von den Pflanzen verdeckt

sind. Schöne Holzelemente beispielsweise gliedern die Fassade, betonen die Form des Gebäudes, Eingänge, Vorsprünge und Fenster werden gerahmt und hervorgehoben. Beliebte Gestaltungsmittel sind auch Gittergerüste mit falscher Perspektive, die den Eindruck von räumlicher Weite erwecken. Mit zurückhaltenden und flexiblen Kletterhilfen (Drahtseile, Metallstäbe, Gitter) können Sie spielerisch umgehen und die Pflanzen so wachsen lassen, wie Sie es wünschen. Sie können die Wandbegrünung auf bestimmte Bereiche begrenzen, nur punktuell einsetzen oder eher flächenhaft anlegen.

PASSENDE KLETTERPFLANZEN FÜR JEDEN STANDORT

Bei der Pflanzenwahl sollten Sie darauf achten, dass Größe und Wuchsform auf die zu begrünende Fläche abgestimmt sind und der Standort den Pflanzen auch zusagt.

★ Stark wachsende Pflanzen wie die mehrjährigen Schlinggewächse Baumwürger (*Celastrus orbiculatus*), Blauregen (*Wisteria sinensis*), Knöterich (*Fallopia aubertii*) und Pfeifenwinde (*Aristolochia macrophylla*) eignen sich vorzüglich zum Begrünen großer Flächen. An größeren fensterlosen Wandflächen wirkt es gut, wenn Sie mehrere Arten zusammenpflanzen. Hier können sommer- und wintergrüne mit blühenden Arten kombiniert werden. Verschiedene Blattstrukturen und Blattfarben lassen die Wände lebhafter erscheinen. Sehr schön ist zum Beispiel eine Kombination aus dunkelgrünem Efeu, hellgrüner Kletterhortensie, deren Blüten im Sommer wie weiße Spitze wirken, und Wildem Wein, der im Herbst mit seinem roten Laub für aufsehenerregende Farbe sorgt.

★ Schwach wachsende Arten wie Geißblatt (*Lonicera*-Arten), Kletterrosen, Strahlengriffel (*Actinidia arguta*) und einige Waldreben (*Clematis*-Arten und -Sorten) wirken an großen Wänden verloren. Sie sollten besser an Eingängen, Toren oder Hausecken gepflanzt werden.

★ Vertikal wachsendes Spalierobst wird sehr gerne zur Gestaltung von sonnigen Hausfassaden verwendet, besonders wenn es sich über mehrere Etagen zieht. Diese Art der Fassadenbegrünung hat auch noch einen kulinarischen Wert, ist allerdings wegen der anfallenden Schnittmaßnahmen sehr pflegeintensiv.

Kletterhortensien wachsen zwar nicht besonders schnell , bilden aber kräftige Triebe, die ein stabiles Gerüst benötigen.

★ Für die Ostseite des Hauses eignen sich vor allem Waldrebe, Geißblatt und Wilder Wein.

★ Für Süd- und Westlagen wählen Sie Blauregen, Kletterrosen, Strahlengriffel und Wein.

★ In Südlagen vermitteln folgende Kletterer Mittelmeerflair: die Akebie, auch Blaugurkenwein genannt (*Akebia quinata*), die mit purpurroten Blüten und gurkenähnlichen Früchten lockt; der Sternjasmin (*Trachelospermum jasminoides*), dessen zarte, weiße Blüten im Mai/Juni einen süßen Duft verströmen, oder die Trompetenblume (*Campsis*), die Ende Juli mit ihren exotisch wirkenden roten, orangefarbenen oder gelben Blüten die Blicke auf sich zieht.

★ Schattenverträglich sind neben Efeu, Pfeifenwinde und Kletterhortensie auch das Geißblatt

Üppig blühende Kletterrosen am Haus, weiße Fensterrahmen und ein zart blühendes Iris-Beet vor immergrünen Eibensäulen – alles zusammen vermittelt eine sommerliche Stimmung voller Leichtigkeit.

Waldreben (*Clematis*) brauchen einen schattigen Fuß, um gut zu gedeihen. Wie viel Schatten müssen diese beiden Exemplare wohl bekommen, um so überreich zu blühen?

(*Lonicera heckrottii*), die immergrüne Geißschlinge (*Lonicera henryi*), die selbstklimmende immergrüne Kletterspindel (*Euonymus fortunei* 'Vegetus') und viele Waldreben wie Alpen-Waldrebe (*Clematis alpina*), Berg-Waldrebe (*Clematis montana*), Echte Waldrebe (*Clematis vitalba*) oder Italienische Waldrebe (*Clematis viticella*). Vor allen Dingen die Wildformen und ihre Sorten sind wüchsig und vielseitig einsetzbar.

FASSADENGRÜN – NICHT NUR DEKORATION

Neben den rein ästhetischen Gesichtspunkten zählen auch die ökologischen Vorzüge einer Wandbegrünung:

★ Gewinn an Lebensraum für Insekten und Kleintiere; Nahrungsquelle, Nistgelegenheit und Unterschlupf für Vögel.
★ Klimaverbesserung durch Luftaustausch und erhöhte Luftfeuchtigkeit.
★ Luftverbesserung und Schalldämpfung durch die Filterwirkung des Laubes.
★ Isolierung durch Luftpolster zwischen Gebäude und Pflanzen. Im Sommer Schutz vor Hitze, im Winter vor Kälte (Energieersparnis).
★ Schutz des Mauerwerks vor Wind, Regen, Schnee, Hagel und Strahlung.

HAUSBEGRÜNUNG OHNE REUE

Grüne und blühende Hausfassaden sehen nicht nur hübsch aus, sie leisten auch ihren Beitrag zur Ökologie, denn sie helfen, die Wände zu isolieren. Eine wichtige Rolle bei der Hausbegrünung spielen die Abstandshalter, die die Hauswände vor Verunreinigungen schützen, aber auch eine gewisse Luftzirkulation garantieren. Gerade bei Rosen und bei Spalierobst ist dies zur Gesunderhaltung und Pflege der Pflanzen nötig.

Es grünt und blüht auf dem Dach

Begrünte Dächer sind nicht nur öffentlichen Gebäuden und großen Häusern in Ballungsgebieten oder Industrieanlagen vorbehalten, es gibt auch im Bereich des eigenen Hauses und Gartens genügend Möglichkeiten einer zusätzlichen Flächenbegrünung über der Erde – Hausdach, Fertiggaragen, leichte Holzbauten wie Unterstellplätze für Auto und Fahrrad, Garten- und Spielhäuser, Schuppen und Vordächer, als kleinste Einheit sogar die Müllbox in Augenhöhe. Besonders im städtischen Raum bieten solche Lösungen einen kleinen Ausgleich für die vielen versiegelten Flächen. Eine solche Begrünung hat viele Vorteile.
Klima- und Luftverbesserung im Umfeld: Wobei die Wirkung abhängig ist von der Menge und Zusammensetzung der Bepflanzung.
Regulierung des Wasserhaushaltes: Je mehr begrünte Fläche, umso weniger Niederschlag läuft in den Gully und geht verloren.
Isolierung und Wärmedämmung: Ein- und Abstrahlung werden reduziert, das Wohnraumklima deutlich verbessert.

INTENSIV ODER EXTENSIV?

Die Unterschiede zwischen intensiver und extensiver Dachbegrünung ergeben sich aus der Tragfähigkeit der Dachkonstruktion.
Für eine Extensivbegrünung gilt:
Schneelast 75 kg/m^2 + 50 kg.
Für eine Intensivbegrünung gilt:
Schneelast 75 kg/m^2 + bis 1000 kg.
Dünnschichtsubstrate von 2–6 cm Höhe wirken wie eine zweite Dachhaut. Substratstärken ab sechs Zentimeter bis über einen Meter kommen für begehbare Dachgärten in Frage.
Die Schichtdicke des Substrates entscheidet über die Art der Bepflanzung. Mit ihrer Stärke wächst auch die Zahl der verwendbaren Pflanzenarten.

So schön können Mülltonnen untergebracht werden. Durch die Begrünung der Oberfläche ist das Tonnenhäuschen in den Garten integriert.

Mit verschiedenen Dickblattgewächsen (*Sedum*-Arten) lässt sich eine wunderbar blühende Dachlandschaft schaffen.

★ Eine extensive Begrünung erreichen Sie zum Beispiel mit Mauerpfeffer (*Sedum*). Die sukkulente Pflanze begrünt Dachflächen relativ leicht und schnell. Verwenden Sie mehrere verschiedene Arten, Monokulturen sind anfälliger und neigen zum Verkahlen. Außerdem können Sie mit den verschiedenfarbigen, fleischigen Blättern schöne Muster pflanzen. Besonders attraktiv sind *Sedum album* 'Coral Carpet', dessen Blätter sich im Winter rot verfärben, und *Sedum spathulifolium* var. *purpureum* mit silbrig bereiften Blättern. Als hübsche Ergänzung stehen neben den Steinbrech-Arten (*Saxifraga*) auch noch die Dachwurzen (*Sempervivum*) zur Verfügung, zum Beispiel die rosa blühende Spinnwebhauswurz (*Sempervivum arachnoideum* 'Roseum' und die bekannte Donnerwurz (*Sempervivum tectorum*) in verschiedenen Sorten.
Gras-Kräuter-Mischungen bieten eine andere Möglichkeit der extensiven Begrünung. Solche Rasen verwandeln sich allerdings im Laufe der Zeit durch Ausfälle, Selbstaussaat und Samenanflug immer wieder. In warmen Sommern kann die Fläche ganz austrocknen, erholt sich allerdings später wieder. Extensiv behandelte Dachflächen unterliegen starken Schwankungen im Wasserhaushalt, deshalb kommen hier anspruchsvollere Pflanzen nicht in Frage.

★ Zur intensiven Dachbegrünung eignet sich Rollrasen. Er ist leicht aufzubringen, bleibt jedoch nur dann ansehnlich, wenn er regelmäßig gut bewässert wird. Stauden und Gehölze können ebenfalls zur intensiven Dachbegrünung herangezogen werden. Je nach Substratstärke und klimatischer Lage des Daches müssen Sie für Sonne oder Schatten geeignete robuste und polsterbildende Pflanzen auswählen.

★ Die intensivste Art der Dachbegrünung ist wohl der Dachgarten, der alle Elemente eines echten Gartens enthält – allerdings nur, wenn es statisch gesehen keine Einschränkungen gibt. Die Mindestsubstratstärke beträgt 30 cm, um Stauden und Kleingehölze pflanzen zu können. Tief wurzelnde große Gehölze sollten Sie lieber in Trögen unterbringen.

Links: Zu einem exzentrischen Gartenhaus passt auch eine ausgefallene Dachbegrünung: Rollrasen mit Zwiebelblumen im Frühjahr.

Kunst im Garten

2 Kunstwerke wie diese teilweise überlangen, schlanken Figuren geben im Wechselspiel der Jahreszeiten immer wieder Anlass, den eigenen Garten neu und anders wahrzunehmen.

1 Die romantische Steinfigur eines jungen Mädchens, eingebunden in den beschaulichen Rahmen einer verwunschenen Gartenszenerie, macht Kunst für jedermann leicht zugänglich.

3 Das ornamentale Dekor der seltsam surrealen Skulptur verschmilzt hier mit Blumen und Blättern zu einer dynamischen Einheit. Wer so etwas kann, zeigt außergewöhnliches Talent.

4 **Lustige Gestalten.** Diese drei Metallfiguren lassen erkennen, dass heitere Beschwingtheit, auch Witz und Humor, den Stil und die Atmosphäre des Gartens bestimmen können.

5 **Harmonisches Miteinander** und ausgewogene Balance aller Elemente und Einrichtungen im Garten sind zwei Grundprinzipien der Gestaltung, die auch helfen, Werke der Bildenden Kunst kunstvoll zu platzieren. Doch auch einfache Erzeugnisse des Kunsthandwerks, so wie diese Vasen, Zapfen und Kugeln aus Ton, können Stimmung erzeugen.

6 **Glücklich und zufrieden** werden wir mit einem Kunstwerk besonders dann sein, wenn es sich harmonisch in das Gartenumfeld einfügt. Das tut das ultramarinblaue Schaf. Nichts wirkt hier konstruiert.

Stimmungsvoll beleuchtet

Nicht nur ein beleuchtetes Haus wirkt am Abend einladend und freundlich, auch ein erleuchteter Garten ist stimmungsvoll, verzaubert die Pflanzenwelt und vergrößert das Grundstück. Sie selbst haben es in der Hand, Bäume, Sträucher, Farne und Gräser gekonnt in Szene zu setzen. Licht kann so viel bieten: Farbe, Formen und Strukturen der angestrahlten Pflanzen treten deutlicher hervor, das Licht- und Schattenspiel von Zweigen, Blattwerk und Blüten macht den Garten attraktiver. Licht zeichnet aber auch die Konturen von Lauben, Wasserbecken, Beeten und Kunstobjekten nach, setzt Akzente, verändert die Stimmung und macht manche Dinge sogar erst sichtbar. Licht bedeutet aber auch mehr Sicherheit in der Dämmerung und am Abend.

Licht auf einer Wasserfläche kann ein wunderschönes spielerisches Miteinander von Hell und Dunkel zaubern.

Vor allem im Sommer, wenn die Hitze des Tages in einen lauen Abend übergegangen ist, möchte man die Zeit draußen im Garten oder auf der Terrasse verbringen. Jetzt entfalten viele Gärten einen ganz besonderen Reiz. Ruhig und entspannt können Sie die unterschiedlichsten Wuchsformen betrachten und den Duft der Pflanzen genießen. Und wie geht das besser als mit einer stimmungsvollen Beleuchtung.

BELEUCHTUNGSTIPPS

★ Die Beleuchtungskörper sollen zweckmäßig und dekorativ sein, aber auch mit dem Stil des Gartens und des Hauses harmonieren. Schlichte moderne Leuchten passen sich überall gut ein. Fackeln, Laternen, Flammtöpfe und Feuerschalen sind mobil und können dort eingesetzt werden, wo sie gerade Stimmung erzeugen sollen – viel Licht bieten sie allerdings nicht.

★ Das Licht darf nicht blenden, es soll aber auch Sicherheit und Schutz gewähren. Schneiden Sie die Lampen regelmäßig frei (besonders Bewegungsmelder!), damit sie funktionsfähig bleiben. Leuchten Sie Wege und vor allem Treppen und Stufen so aus, dass keine unübersehbaren Dunkelzonen entstehen. Oft genügen schon niedrige Lampen in Fußhöhe.
Beleuchten Sie Stufen von der Seite her, damit sie frühzeitig zu erkennen sind und keine Schatten auf die Trittflächen fallen.

★ Strahler senden einen gerichteten Lichtstrahl aus. Sie heben bestimmte Gartenausschnitte hervor. Ihr scharfer Strahl bildet das Objekt ab, der Hintergrund bleibt dagegen im Dunkeln.

★ Warmtonleuchten und weißes, kaltes Licht können reizvolle Gegensätze bilden, wenn sie in unterschiedlicher Entfernung angebracht werden. Verwenden Sie keine bunten Lampen, sondern nur verschiedene Weißtöne. Farbe und Formen der Vegetation geben genug Kontraste. Lampen und Strahler können durch zusätzliche Einrichtungen je nach Bedarf gedimmt werden. Dadurch können bestimmte Objekte optisch herausgehoben oder zurückgenommen werden.

★ Ziehen Sie bei festen Installationen unbedingt einen Elektriker zu Rate, vor allem wenn Wasser mit im Spiel ist!

Rechts: Treppe und Umgebung sind vorbildlich ausgeleuchtet. Das Licht erhellt nicht nur – es führt auch durch den Garten.

Lichtspielereien

1 Licht von unten sorgt hier für eindrucksvolle Kontraste. Das horizontale Lattengerüst wirkt durch die Beleuchtung plastisch und löst sich im Dunkeln auf, während die Vertikale des Stammes nach oben hin, in der Krone des Baumes, ihre Kraft verliert.

2 Zwei farbige Scheiben bilden eine Leinwand für Lichtspiele, die erst das Sonnenlicht am Morgen beendet – ein Gartenkino der besten Art!

3 Das Licht gibt diesem fernöstlichen Ensemble ein besonderes Ambiente, das sicher jeden Betrachter zu faszinieren vermag. Fast wartet man darauf, dass auf der Wand Stabspielpuppen in Szene gesetzt werden.

4 Wohnen im nächtlichen Garten. Der Weg vom Haus zur tiefer gelegenen Sitzfläche ist gut beleuchtet, die Lichtbänder machen die Stufen sicher und erhellen den Sitzplatz indirekt.

5 Indirekte Beleuchtung kann die besonderen Wuchsformen einzelner Pflanzen hervorheben und ihre Individualität betonen. Je nachdem, von welcher Warte aus bestrahlt wird, ergeben sich immer neue Effekte.

6 Gartenschmuck ist ein mit Recht bevorzugtes Objekt für die Ausleuchtung. Licht führt immer zu neuen und anderen Ansichten, besonders dann, wenn es so einfühlsam wie bei diesem Objekt eingesetzt wird.

Gestaltungsreich – Gärten am Hang

Ein Grundstück in Hanglage zu besitzen, gilt als besonders reizvoll, vor allem wenn damit ein schöner Blick in die Landschaft verbunden ist. Häufig ist die Sonneneinstrahlung am Hang auch höher, und im Gegensatz zum ganz ebenen Garten bieten sich viele reizvolle Gestaltungsmöglichkeiten – oft aber auch schwierige Situationen. Je kleiner das Gelände ist, desto umfangreichere Baumaßnahmen sind bei einem Hanggrundstück erforderlich. Ein größeres Areal bietet die Möglichkeit, auch flach auslaufende Bereiche anzulegen, Mulden und Böschungen natürlicher auszuformen und eine abwechslungsreiche Gartenlandschaft zu gestalten. Treppenanlagen sind meist ab 7 % Gefälle notwendig. Im natürlich geformten Gelände schlängeln sich die Wege durch den Garten, und es genügt, nur hie und da einige Stufen einzubauen, um Abkürzungen zu ermöglichen, Ruhepunkte zu schaffen oder aus gestalterischen Gründen. Auf kleinen, steilen Grundstücken dagegen kann der Garten nur über Treppen und durch Terrassierungen erschlossen werden.

VERSCHIEDENE HANGLAGEN

Je nachdem, wie Ihr Haus im Hanggrundstück liegt, wird auch der Garten zu gestalten sein.

★ Das Haus liegt oberhalb des Hanges:
Da bei dieser Konstellation der Blick größtenteils über den eigenen Garten hinweggeht, ist es besonders wichtig, im näheren Umfeld des Hauses Blickpunkte zu schaffen, damit das Auge einen Halt bekommt. Legen Sie den Terrassenbereich so großzügig wie möglich an, tief und mit seitlichem Rahmen, einer Pergola oder einem Hausbaum. Sie können aber auch die Terrasse durch Mäuerchen fassen und mit Kübelpflanzen oder Beetbepflanzungen den Vordergrund betonen.

Spezielle Gärten

Für die Gestaltung spezieller Gärten reichen einfache Rezepte zur Planung nicht aus. Hier sind zusätzlich Vorstellungskraft und Kreativität gefordert, um besondere Situationen zu meistern und Stimmungen zu erzeugen.

Dass die Geschmäcker verschieden und oft ausgefallen sind, beweist nicht nur die Mode – das zeigt sich auch in der Gartengestaltung. Der eine ist eher ein romantischer Typ, der sich gerne mit Rosen umgibt, der andere sachlich modern, der mehr Wert auf edle Materialien als auf bunte Pflanzen legt. Wieder ein anderer liebt die südländische Lebensart, den Duft nach Jasmin und Lavendel, der Nächste wünscht sich eine fernöstliche Atmosphäre im Garten mit Azaleen und Bambus, einem Teich oder die ruhige Kiesfläche eines Zen-Gartens. Im Garten ist vieles möglich und mit etwas Geschick und Kreativität auch auf kleiner Fläche umsetzbar!

★ Wenn Sie vor der Aufgabe stehen, einen Garten am Hang zu gestalten, suchen Sie bzw. erhalten Sie die Grundstimmung des Fließenden, Fallenden, indem Sie auch einige Pflanzen nach diesen Kriterien auswählen – also solche mit natürlich bogigem Wuchs. Arbeiten Sie nie gegen den Hang oder das Gefälle. Eine knorrig überhängende Kiefer passt hier allemal besser als ein steifes Nadelgehölz.

★ Einen Steingarten anzulegen, ist eine extrem schwierige Aufgabe, denn hier sollte nicht nur eine sonnenexponierte Fläche bepflanzt, sondern auch eine Stimmung geschaffen werden, die etwas von der Energie der Erde spürbar macht. So natürlich wie möglich sollten die Steine im Garten verteilt und gesetzt sein.

★ Es ist auch nicht allein entscheidend, wie groß ein Kiesgarten bemessen ist, bedeutsam ist die Wahl des verwendeten Materials – seien es Pflanzen oder Steine.

★ Das Gleiche gilt für den Wunsch nach einer mediterran geprägten Stimmung im Garten. Helles Natursteinmaterial oder Terrakottaplatten als Boden- und Wandbelag, südländische Farben und Kübelpflanzen – mit diesen Elementen können Sie auch einen Sitzplatz oder den Innenhof gestalten, wenn Ihnen nicht mehr Platz zur Verfügung steht.

★ Begeistern Sie sich für asiatische Gärten, dann bedenken Sie, diese Gärten folgen in ihrer Gestaltung einer ganz bestimmten spirituellen Grundhaltung. Verzichten Sie daher weitgehend auf die uns sonst so vertraute dekorative Wirkung von Schmuckelementen im Garten. Steinlaterne und Bogenbrücke machen noch keinen asiatischen Garten aus.

Sind Sie offen und bereit, sich nicht nur mit einfachen Feng Shui- Prinzipien auseinander zu setzen, sondern darüber hinaus die entsprechenden Korrespondenzen zu Pflanze, Farbe, Form und unbelebten Elementen zu lernen und zu akzeptieren, dann steht Ihnen eine ganz neue hochinteressante Gartenwelt offen.

Die nachfolgende Auswahl an speziellen Gartenthemen kann nur ein kleines Fenster aufstoßen, um den Blick auf unendlich viele weitere Gartenwelten zu richten.

Wind genügt, um etwas zum Klingen zu bringen – und schon hat ein neues Element den Garten verzaubert.

Stufe um Stufe ist dieser Hang terrassiert, aber trotz formaler Gestaltung mit geschnittenem Buchs artenreich bepflanzt.

★ Das Haus liegt unter der Böschung:
Da der Garten direkt im Blickfeld der Bewohner liegt, sollten Sie ihn gut gliedern und mit Blickfängen durchsetzen. Schaffen Sie möglichst für jede Jahreszeit Höhepunkte, die auch auf die Entfernung wirken. Achten Sie auf eine gute farbliche Abstimmung, da Sie einen Großteil des Gartens auf einen Blick erfassen können.

★ Das Haus liegt mitten im Hang:
Dies ist der günstigste Fall, denn die Gartenflächen erstrecken sich rund ums Haus nach oben und unten. Je nach Situation können Sie mit Hilfe von Mauern und Böschungen verschiedene Sitzplätze anlegen, einen Nutz- und einen Ziergartenbereich, Wasserläufe und einen Teich. Generell sollten Sie immer versuchen, so viele ebene Flächen zu schaffen wie möglich, um damit eine bessere und vielseitige Nutzung zu erreichen. Sie können beispielsweise auf einer zweiten oder dritten Ebene Sitzplätze anlegen, die sich nach anderen Himmelsrichtungen orientieren als die Terrasse am Haus, so dass Sie den ganzen Tag über in der Sonne oder im Schatten sitzen können – je nach Belieben.

Links: Eine Natursteinmauer bekommt Leben, wenn die Fugen breit und offen genug sind, um Polsterstauden ausreichend Lebensraum zu bieten.

Sanft gestuft oder stark terrassiert?

Ein gleichmäßig geformter Hang mit geringer Geländeneigung kann durch leichte Modellierung, kleine Mulden und mehrere flache Mäuerchen oder Steinblöcke gegliedert und durch schmale Pfade oder Trittsteine aufgelockert werden. Häufig genügt es auch, eine einzige Stützmauer zu bauen und damit den Garten auf zwei Ebenen zu verlagern. Als Alternative bleibt die ursprüngliche Böschung erhalten.
Bei stärkerer Geländeneigung können Sie mit Hilfe mehrerer niedriger Mauern den Hang auch stärker terrassieren, das heißt, es entstehen flache Stufen. Treppen sorgen für eine Verbindung zwischen den einzelnen Terrassen. Jede dieser Terrassen kann nun anders bepflanzt und genutzt werden. Solche Terrassengärten wirken ästhetisch sehr befriedigend, vor allem wenn die Mäuerchen aus Natursteinen bestehen.
Übersteigt die zu überwindende Höhe jedoch einen Meter oder mehr, muss das Gelände stärker abgefangen werden, da reichen trocken aufgesetzte Steine nicht mehr aus. Je nach Höhe benötigen Sie dann Betonfundamente und armierte Rückenstützen für die fest verfugten Steine, oder es genügen auch rein technische Konstruktionen wie Palisaden.

Nur ein Garten am Hang bietet so schöne Möglichkeiten, unterschiedliche Ebenen durch Treppen miteinander zu verbinden.

Die mit Rosen bepflanzte Mauerkrone besänftigt den Steinwall auf romantische Art.

HANGBEPFLANZUNG – NICHT GANZ SO EINFACH

Die Bepflanzung eines mehr oder weniger stark geneigten Geländes ist immer etwas schwieriger als in ebenen Bereichen – kann aber dennoch sehr reizvoll sein. Geneigte Flächen sind stets stärker der Witterung ausgesetzt als ebene. Regen und Wind können auf unbewachsenen Hängen leicht Schaden anrichten. Je steiler die Böschung, umso rascher sollten Begrünung und Durchwurzelung erfolgen, damit der kostbare Boden nicht abgeschwemmt wird.

Das Terrassieren der Böschungen schafft alle Möglichkeiten für eine vielseitige Bepflanzung, sogar für Rasenflächen und Nutzgarten. Stützmauern und Palisaden bieten zusätzlichen Raum für den Bewuchs mit hängenden oder kletternden Pflanzen. Schöne Gartensituationen entstehen auch dort, wo Mauern, Treppen und Böschungen sich abwechseln. Wenn Verebnungen, Mulden und Erhebungen die Böschung modellieren, ergibt sich ein bewegtes Bild. Beim Begrünen mit Rasen und einzelnen Gehölzen sollten Sie sich überlegen, ob das Mähen am Hang auf Dauer nicht zu beschwerlich wird bzw. dass Sie dazu spezielle Geräte (Motorsense) anschaffen müssen. Als größere Gehölze für die Randpartien eignen sich in trockener Hanglage vor allem Felsenbirne (*Amelanchier*), Perückenstrauch (*Cotinus*), Erbsenstrauch (*Caragana*), Blasenstrauch (*Colutea*), Feuer-Ahorn (*Acer ginnala*), Sanddorn (*Hippophae*), Tamariske (*Tamarix*) und Wildrosen. Dort, wo eine regelmäßige Pflege auf Schwierigkeiten stößt, müssen die Pflanzen weitgehend sich selbst überlassen bleiben. Geeignet sind dazu beispielsweise Wacholder-Arten (*Juniperus*) und/oder Zwerg-Kiefern (*Pinus mugo*). Um keine Eintönigkeit aufkommen zu lassen, sollten Sie dazwischen großflächig Bodendecker-Rosen setzen, wie die flach ausgebreitet wachsende Rose 'Max Graf' (Blüten einfach, rosa) oder *Rosa rugosa* 'Repens Alba' (Blüten einfach, weiß). Beide Sorten werden 2–3 m breit. Die

Rechts: In modernen Gärten ist das Zusammenwirken von hartem und weichem Material – Stein und Wasser – ebenso wichtig wie die klaren Linien.

bekannte Rose 'The Fairy' mit kleinen, rosafarbenen, gefüllten Blüten wächst kompakter und erreicht nur einen Durchmesser von maximal einem Meter.
Flachere Hangbereiche können Sie abwechslungsreich mit kleinen Gehölzen gestalten. Eine Mischung aus mehreren kriechenden und sich rasch ausbreitenden Arten, in die etwas höhere Einzel- oder Gruppengehölze eingestreut werden, ergibt einen lebendigeren Anblick als Monokulturen aus Zwerg-Spiere (*Spirea*) oder Schneebeere (*Symphoricarpus*).
Für sonnige, trockene Lagen eignen sich Berberitzen (*Berberis*), Felsenmispeln (*Cotoneaster*-Arten), Fingerkaut (*Potentilla*), Heidekraut (*Erica*), niedrige Rosen, kriechender Wacholder (*Juniperus*), Zierquitten (*Chaenomeles japonica*) und Zwerg-Kiefern (*Pinus mugo* in Sorten).
Für schattigere und feuchtere Lagen kommen Heckenkirsche (*Lonicera*), Kriechspindel (*Euonymus*) und Stechpalme (*Ilex*) sowie niedrige und breitwüchsige Japanische Azaleen (*Rhododendron*) in Frage.
Lockern Sie niedrige Pflanzungen stets mit einigen höheren Ziersträuchern auf, die gleichzeitig auch als Sichtschutz dienen können.
Bei allen mosaikartigen Pflanzungen aus mehreren Arten und Sorten sollten Sie innerhalb der gleichen Pflanzengruppen bleiben und auf die Wüchsigkeit der Pflanzen achten. Werden Stauden und Gehölze miteinander kombiniert, dann gewinnen die Gehölze bald die Oberhand. In einem Staudenteppich sollten deshalb Bäume und Sträucher nur als Solitärpflanzen, nicht als Gruppenpflanzung, verwendet werden.
Böschungen lassen sich gut mit bodendeckenden Stauden für sonnige oder halbschattige Standorte begrünen. Besonders günstig zur Befestigung des Bodens sind Rhizompflanzen wie Maiglöckchen (*Convallaria majalis*), Gräser und Farne sowie polster- und mattenbildende Pflanzen. Verwenden Sie den niedrigen Halbstrauch Johanniskraut (*Hypericum calycinum*), der als idealer Hangbegrüner gehandelt wird, mit Vorsicht: Er breitet sich durch Ausläufer aus und lässt andere Pflanzen kaum hochkommen.

Steine und Findlinge dürfen im Steingarten nicht einfach abgelegt werden. Sie werden in natürlicher Lage ins Erdreich eingebaut.

Die Liebhaberei, Pflanzen der Gebirgsflora zu sammeln, ist so weit verbreitet, dass bei manchen Steingärten der Begriff »Alpinum« berechtigt ist.

Steingärten und Trockenmauern

Das Steingartenthema ist nicht nur für große Gärten in Hanglage geeignet, es lässt sich sogar oftmals wider Erwarten gut in kleinen Gärten unterbringen – ganz besonders dann, wenn das Gelände uneben ist und an bestimmten Stellen Brüche aufweist. Jegliche Niveauunterschiede können mit einem Mäuerchen aufgefangen werden, und damit sind bereits die Voraussetzungen für das Gedeihen von Steingartenpflanzen geschaffen. An einem Hang oder einer Böschung können Sie einen richtigen Steingarten anlegen. In anderen Fällen können Trockenmauern den Steingarten ersetzen. Auch ein Steinwall als Raumteiler oder als Begrenzung angelegt, erfüllt diese Funktion. In formalen Gärten besteht die Möglichkeit, Bankbeete und Terrassen mit Steinen zu gestalten. Steingärten sollten an einer sonnigen und trockenen Stelle angelegt werden. Wenn Sie keinen sonnigen Platz zur Verfügung haben, brauchen Sie trotzdem nicht ganz auf eine Steingartenanlage zu verzichten. Die Pflanzenauswahl ist im schattigen Bereich zwar nicht so groß wie im sonnigen, doch was hier wächst, hat auch seinen Reiz, beispielsweise verschiedene kleine Farne oder die Zwergformen von Funkie und Astilbe. Auch aus einem formal gestalteten Beet lässt sich ein eindrucksvoller kleiner Steingarten entwickeln. Auf einer rechtwinkligen Grundform lassen sich größere und kleinere Gesteinsbrocken – auch Tuffsteine – locker verteilen. Sie können das Steinmaterial flach einarbeiten oder die Fläche auch an einigen Stellen leicht anhügeln. Siedeln Sie dazwischen einzelne Zwerggehölze, alpine Stauden, kleine blaue oder graugrüne Gräser und verschiedene niedrige Zwiebel- und Knollenpflanzen an, so dass das Beet das ganze Jahr über interessante Aspekte aufzuweisen hat.

Sie können selbst noch auf kleinstem Raum Miniaturgärten in Steintrögen anlegen. Hier lassen sich auch Raritäten kultivieren, und zwar getrennt entsprechend ihrer Naturstandorte und Ansprüche mit dem passenden Gestein wie Kalk, Urgestein oder Tuff. In antiken oder auch modernen Steingefäßen werden ausgesucht schöne Gesteinsbrocken so natürlich wie möglich arrangiert und mit den alpinen Raritäten bepflanzt.

TROCKENMAUERN

Mit einer trocken – also ohne Mörtel – aufgerichteten Natursteinmauer, deren Fugen mit einem Gemisch aus Gartenerde, Kompost und Sand, eventuell auch Lehm, verfüllt sind, können Sie schnell den Charakter einer natürlich begrünten Wand erreichen: Durch Samenanflug und das Verschleppen von Fruchtkörpern durch Insekten geht dies ohne menschliche Hilfe in relativ kurzer Zeit vonstatten. Sie können aber auch ganz gezielt Ballenpflanzen in die Fugen einbringen. Ein Anschluss an dahinterliegendes Erdreich ist für stark wachsende Polsterstauden wie Phlox, Gänsekresse und Felsen-Steinkraut sehr hilfreich. Auch die immergrünen Blaukissen (*Aubrieta*-Sorten) und die Schleifenblume (*Iberis*) können sehr gut auf bzw. hinter der Mauerkrone Platz finden. Im Gegensatz zur aufgeschichteten Mauer werden für Steinwälle größere und runde Einzelsteine verwendet. Solche Steinwälle eignen sich vor allem für naturnahe Gärten. Mit ihnen lässt sich der Gartenraum gliedern, aber auch ein kleiner Lärmschutzwall gegen die Straße errichten. Auf der Außenseite können Gehölze und Rosen wachsen (Substratstärke ca. 50 cm), auf der sonnigen, dem Garten zugewandten Innenseite wird der Wall dann zum Steingarten. Der Frühlingsaspekt eines Steingartens ist beeindruckend, denn die roten, blauen, gelben und weißen Blütchen lassen kaum mehr etwas vom Blattgrün entdecken. Ab Juni verliert sich die Blütenpracht. Glockenblumen (*Campanula*), Thymian und Nelken (*Dianthus*), Fetthenne (*Sedum*) und Hauswurz (*Sempervivum*) bringen im Hochsommer wieder Farbe. Einen praxisnahen Überblick können Sie sich in einem Botanischen Garten verschaffen.

Auf diesem quadratischen Hochbeet aus hellem Naturstein werden alpine Raritäten optimal in Augenhöhe präsentiert.

Ein Garten in Felsspalten

Immer größere Kreise ziehen wir auf den Reisen durch die Naturlandschaften unserer Erde. Da entsteht schnell der Wunsch, ein Stück dieser wunderbaren Gebirgswelten in unsere Gärten zu holen. Aber nicht nur die Pflanzen, auch die Felsformationen in ihrer Vielgestaltigkeit faszinieren. Aus dieser Begeisterung heraus entwickelte sich eine neuartige, besondere Form des Steingartens, die sich von der althergebrachten Bauweise gänzlich unterscheidet – der Felsspaltengarten!

Dabei handelt es sich um eine sehr natürliche Methode der Steinsetzung. Was im Moment durchaus künstlich wirkt, ist jedoch von der Natur abgeschaut: Die Auffaltung horizontaler Gesteinsschichten in diagonale und sogar senkrechte Positionen – wie wir es aus den Alpen kennen. Wissenschaftler haben herausgefunden, dass in solchen vertikal verlaufenden Steinfugen das Pflanzenwachstum gefördert wird. So können im Flachland bessere Ergebnisse mit der Hochgebirgsflora erzielt werden. Für die Liebhaber alpiner Flora ergeben sich mit der Kreation dieses neuen Steingartentyps interessante Möglichkeiten. Eine Anlage auf dem flachen Land kommt sicher nur für den experimentierfreudigsten Liebhaber infrage. Grundsätzlich ist es besser, nicht gegen den Charakter des natürlichen Umfeldes zu arbeiten. Geeignete Standorte sind dort zu suchen, wo das Grundstück bereits natürliche Geländesprünge aufweist. Wohnen Sie in einer Landschaft, in der Felsen an bestimmten Stellen hervortreten, oder leben Sie auf felsigem Untergrund, dann steht auch nichts im Wege, sich diesen ungewöhnlichen Gestaltungswunsch zu erfüllen. Sie müssen jedoch darauf achten – wenn keine anderen topografischen Vorgaben existieren –, dass die Richtung des Platten-und Fugenverlaufes immer diagonal zur Hauptwegeachse angelegt wird. Wenn Sie die Felsspalten wegeüberspringend planen und bauen, gewinnen Sie, aus dem Blickwinkel eines Hohlweges betrachtet, den besten Eindruck von Ihrer »Gebirgslandschaft«.

Pflanzplan

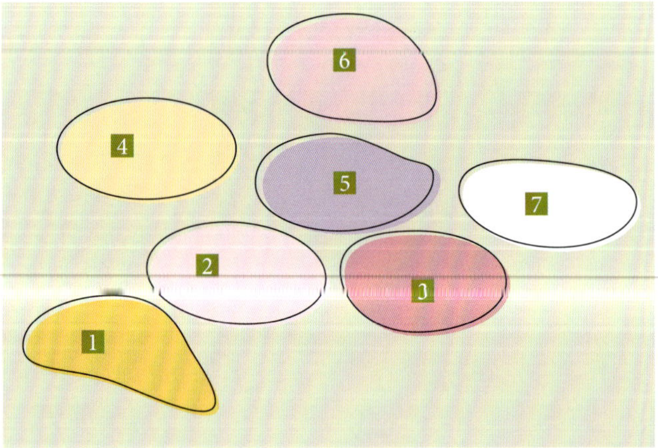

Beetgröße 2 x 3 m

STEINE UND PFLANZEN

Welches Steinmaterial Sie verwenden, ist eine Frage des geologischen Umfeldes und der Beschaffungsmöglichkeiten. Das Ausgangsmaterial hat, je nach mineralischem Gehalt, immer Auswirkungen auf das Pflanzenwachstum.

Die Euphorie eines »Felsengärtners« kennt keine Grenzen, wenn er die Namen all der botanischen Raritäten aufzählt, die er in seinem neu gestalteten Steingarten unterbringen will: Rosmarin-Seidelbast (*Daphne cneorum*), viele verschiedene Glockenblumen(*Campanula*-Arten), von denen auch einige etwas schattigere Standorte bevorzugen. Enzian, Polsterphlox und Seifenkraut sind alte Bekannte, die Büschelglocke (*Edraianthus dalmaticus*) ist dagegen eine Besonderheit. Wie sie haben viele alpine Pflanzen ihre Heimat in Südost- und in Süd-Europa, und man wird all die Raritäten auch nur aus Spezial-Gärtnereien beziehen können. Die Beschäftigung mit diesem Thema ist eine echte Liebhaberei und auch eine Wissenschaft für sich. Pflanzen als Urlaubserinnerungen aus der Natur sind übrigens tabu!

Pflanzliste

1	3–5	Velebit *Degenia velebitica*
2	3	Grasnelke *Armeria caespitosa* 'Six Hills'
3	5	Polster-Phlox *Phlox subulata* '*Petra*'
4	5	Goldprimel *Vitaliana primuliflora* ssp. *assoana*
5	3	Blaukissen *Aubrieta canescens* ssp. *cilicica*
6	5	Steinbrech *Saxifraga edithae* 'Edith'
7	7	Gänsekresse *Arabis bryoides*

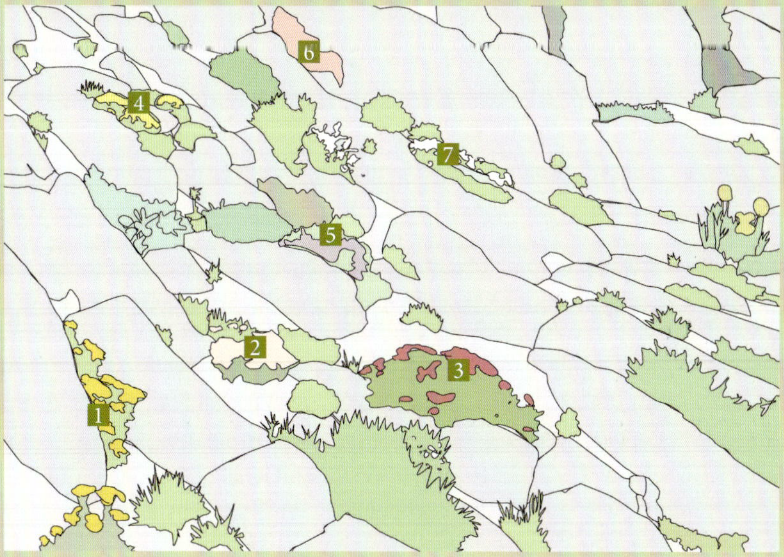

Ein Kiesgarten braucht viel Sonne

Voraussetzung für einen Kiesgarten ist ein vollsonniges Grundstück. Einen großflächigen Kiesgarten werden aber sicher nur ausgesprochene Liebhaber dieser eher zurückhaltend, in Pastelltönen blühenden und graugrün schimmernden Vegetation anlegen und Gartenbesitzer, deren Grundstück auf Sand oder Fels gebaut und nach Süden exponiert ist.

Wie lebendig ein Garten nur durch seine unterschiedlichen Strukturen wirkt, zeigt sich hier.

Auf einer Dachterrasse oder einer Fläche über der Tiefgarage bietet der Kiesgarten oft die einzige Möglichkeit, gärtnerisch erfolgreich zu sein. Ein Kiesgarten lässt sich komplett oder als Teil eines Gartens anlegen. Wenn eine Verbindung mit der Terrasse, also einer gebauten Situation, besteht, dann ist eine formale Gestaltung angebracht. Andererseits eignet sich das Thema besonders für einen naturnahen Garten.
Eines sollten Sie auf jeden Fall vermeiden: das direkte Nebeneinander von typischer Trockenvegetation, mit hauptsächlich kleinblättrigen, silbrigen und graugrünen Blatttexturen und einer frischgrünen Rasenfläche!
Je nach Gegebenheiten und Wunschvorstellungen kann die Gestaltung sparsam ausfallen – mit nur wenigen Pflanzenarten, aber mit großzügigen Kiesflächen, in die im Naturgarten zur Strukturierung noch einzelne Gesteinsbrocken eingebracht werden.

★ Für Flächen, die begangen oder anderweitig genutzt werden sollen, ist Natursteinmaterial immer erste Wahl. Gleiches gilt für Umrandungen von Beeten, Trittplatten und Treppen. Verwenden Sie das Material möglichst Ton in Ton mit dem gebrochenen Stein (Kies oder Splitt).

★ Flusskiesel zeigen häufig die schönste Mischung hinsichtlich Form und Farbe. Erkundigen Sie sich nach Kiesgruben in Ihrer Umgebung – dieses Material ist meist preiswerter und auch qualitätsvoller als Ware aus dem Baustoffhandel, zudem ist es landschaftstypisch.

★ Eine weitere reizvolle natürliche Flächengestaltung entsteht in freier Form, wenn das Niveau des Gartens leicht dünenartig modelliert wird. Größere Erhebungen sind mit den rollenden Materialien aber nicht möglich!

★ Findlinge, Steinblöcke oder Stelen haben die Aufgabe, besondere Plätze zu markieren und gemeinsam mit ausgesuchten Gehölzen und Gräsern die sonst kaum vorhandene Höhe zu betonen. Verwenden Sie Solitärpflanzen aber sparsam, um die Großzügigkeit der gesamten Anlage zu betonen. Denn ebenso wie mit einer großen Rasenfläche kann man mit einer Kiesfläche Weite erzeugen.

PFLANZEN IM KIESGARTEN

Den Frühling können Sie mit Adonisröschen (*Adonis vernalis*) und Küchenschellen (*Pulsatilla vulgaris*) beginnen lassen. In der steinigen Umgebung fühlen sie sich gemeinsam mit Silberdistel (*Carlina acaulis*), Kugelblume (*Globularia*) und Fingerkraut (*Potentilla cineraria*) wohl.
Auf keinen Fall dürfen hier Zwiebelblumen fehlen: die besonders frühen *Iris reticulata* (blau) und *Iris danfordiae* (gelb) sowie viele kleinblütige Wildtulpen in roten und gelben Farbtönen –

In diesem üppig bewachsenen Kiesgarten vereinen sich die Kontraste von Laub- und Blütenfarben zu vollkommener Harmonie.

Die Herbststauden wie Astern und Fetthenne lassen jetzt nur noch wenig von den Kiesflächen übrig, die sie sich während des Sommers erobert haben.

ihre Heimat sind die sommertrockenen Felssteppen des Vorderen Orients. Die folgende Blühphase – vom Spätfrühling bis zum Frühsommer – stellt einen Höhepunkt im Kiesgarten dar. Neben den schon vielfach beschriebenen duftenden mediterranen Kräutern kommt der blauen Katzenminze (*Nepeta* in Sorten) eine Sonderstellung zu. Sie nimmt häufig den Platz von Lavendel ein, weil sie (nach einem Rückschnitt) noch üppiger blüht und wächst! Ähnliches gilt auch für alle Steppensalbei-Sorten. Verschiedene Ehrenpreis- und Wermut-Arten fügen sich als Gruppen ebenfalls gut in die silbriggraugrüne und blaue Gesellschaft ein. Diese vornehmen Farben und der buschige niedrige Wuchs der genannten Pflanzen rufen jedoch nach Kontrasten.

SOLITÄRPFLANZEN IM KIESBETT

Herausragende Solitärpflanzen – was Höhe, Form und Farbe betrifft – sind die Fackellilien (*Kniphofia*). Ihre steifen gelben und orangefarbenen Blütenkerzen kontrastieren bestens mit allen Blau- und Violetttönen. Die Heimat dieser Pflanze ist Südafrika, wie die der Schmucklilie (*Agapanthus*), von der es auch winterharte Sorten gibt (*Headburn*-Hybriden). Die Herkunft soll hier aber keine Rolle spielen, nur der Anspruch an Klima und Boden. Zeitlich und farblich passend dazu bieten sich die pastellfarbenen Steppenkerzen (*Eremurus*) an. Ihre Besonderheit sind die seesternähnlichen verdickten Wurzelstöcke (gegen Nässe empfindlich!). In diesen Kontext passt auch die Junkerlilie (*Asphodeline lutea*). Grasartiges hübsches Laub und ebenfalls kerzenförmige Blütenstände in Gelb zeichnen sie aus. Alle genannten Arten sind durch ihren schlanken Habitus prädestiniert, für eine gewisse Zeit gruppenweise eine Art Leitfunktion im Beet zu übernehmen. In einer teppichartigen Pflanzung von niedrigen Gräsern, Sukkulenten und Stauden – die dann die vergilbenden Blätter gut verdecken – kommen sie am besten zur Geltung. Herausragende Funktion hat auch die Palmlilie (*Yucca*). Sie wirkt in Einzelstellung und in kleinen Gruppen mit weniger dominanten Partnern am schönsten. Zu wunderbaren Solitärpflanzen können die Königskerzen (*Verbascum*) heranwachsen. Die

Schlafmützchen oder Kalifornischer Mohn (*Eschscholtzia*) sind fröhliche »flüchtige Gäste« auf trockenen Standorten. Sie besiedeln auch ungebeten rasch jedes freie Plätzchen.

Die Fackellilie (*Kniphofia*-Hybriden) war fast vollkommen aus unseren Gärten verschwunden, weil sie als unmodern galt. Ihre Wiederentdeckung hat sie dem Kiesgarten zu verdanken.

Seidenhaar-Königskerze (*Verbascum bombycife-rum*) mit ihren großen, weißfilzigen Blattrosetten und teilweise verzweigten Blütenständen gehört zu den eindruckvollsten Gestalten. Es gibt sie in den verschiedensten Sorten.
Für ein besonderes Bild in einem etwas anders gearteten Kiesgarten können Wilder Wein oder eine Kletterhortensie sorgen, wenn sich ihre Triebe krakenförmig ausbreiten, auf der erfolglosen Suche nach Klettermöglichkeiten.

KURZLEBIGE BEGLEITER

Als Begleiter im Kiesgarten bietet sich die Ochsenzunge (*Anchusa azurea*) mit ihrem rauen Blattwerk und der unvergleichlich blauen Farbe an. Weitere wenig ausdauernde Stauden sind Färberkamille (*Anthemis tinctoria*) mit ihren gelben Margeritenblüten und das zarte hohe Leinkraut (*Linaria purpurea*) in Pastelltönen. Das Hohe Eisenkraut (*Verbena bonariensis*) ist aus diesen Gärten nicht mehr wegzudenken. Im Grunde gilt es als Sommerblume, versamt sich aber häufig im Staudenbeet und wird durch die unaufdringliche Schleierwirkung zum willkommenen Begleiter vieler Pflanzen-Kompositionen. Eine ähnliche Erfolgsstory hat die Prachtkerze (*Gaura lindheimeri*) zu verzeichnen, die auch Sommerblumenbeete, Rosen- und Staudenrabatten erobert hat und alles verzaubert.

PFLEGE – JA ODER NEIN?

Nach dem Einwachsen braucht die Pflanzung im Kiesgarten nur noch eine extensive gelegentliche Pflege. Je mehr Sie da tun, umso üppiger entwickelt sich die Vegetation, Sie haben es also selbst in der Hand, wie sich das Bild wandelt.
Im Kiesgarten können Sie dem »Wildwuchs« auch freien Lauf lassen, sind dann jedoch auch vor unangenehmen Überraschungen nicht sicher, wenn sich beispielsweise Gräser unverhältnismäßig versamen oder die charmante Spornblume plötzlich explodiert und Sie nur noch Rot sehen..

Ein Kiesbeet im Garten

Wenn Sie nicht gleich die ganze Fläche in einen Kiesgarten umwandeln wollen, wie wäre es dann mit einem Kiesbeet?
Schwertlilien (*Iris-Barbata*-Hybriden) bieten sich für eine Pflanzung im steinigen Milieu geradezu an. Die Mulchschicht aus Schotter und Kies trägt zur Erwärmung des Bodens bei und fördert die Durchlässigkeit, so dass eine Vernässung und damit das Faulen der fleischigen Rhizome verhindert werden. Etwa ein Drittel des Rhizoms sollte unbedeckt bleiben. Denken Sie daran: Die blau- und graugrünen, schwertförmigen Blätter sind zwar wintergrün, aber nach der relativ kurzen Blütezeit vergilben sie teilweise und sind dann nicht mehr attraktiv.
Darum sind die Begleitpflanzen so wichtig. Dazu eignen sich wieder einmal die Gräser, vorzugsweise die niedrigen blaugrauen Schwingel-Arten wie *Festuca glauca* und *Festuca amethystina*, aber auch die zarten Federgräser *Stipa tenuissima* und *Stipa barbata*. Als hübsche Partner können niedriges Schleierkraut (*Gypsophila repens*), Walzenwolfsmilch (*Euphorbia myrsinites*), Wollziest (*Stachys byzantina*), ebenso fungieren wie die unverzichtbaren mediterranen Kräuter Lavendel, Oregano, Salbei und Thymian – nicht zu vergessen der zarte, hellblaue Staudenlein (*Linum perenne*), der sich grazil mit den Gräsern zwischen dem steifen Laub der Schwertlilien bewegt.

Pflanzplan

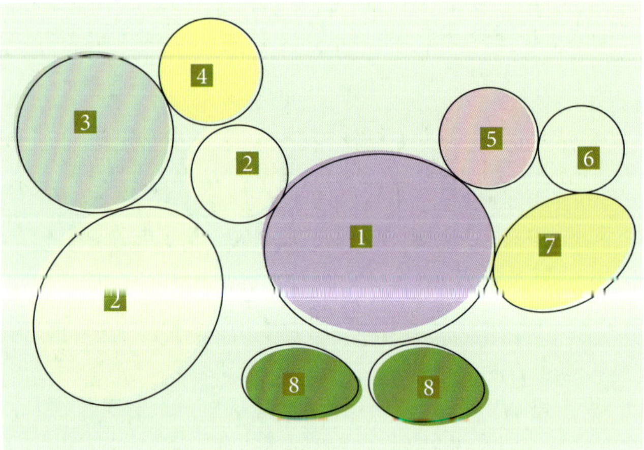

Beetgröße 2 x 2,5 m

LAUCH IN VIELEN VARIATIONEN

Zur gleichen Zeit schaffen Kugel-Lauch (*Allium sphaerocephalon*) und andere Zierlauch-Arten und -Sorten in unendlich vielen Variationen regelrechte Höhepunkte im Kiesgarten. Die meist violetten voluminösen Blütenkugeln schweben auf hohen oder niedrigen straffen Stielen über und zwischen Gräsern und niedrigeren Pflanzen und bilden einen Blickfang in Form und Farbe. Das Lila und auch das Weiß vertragen sich hervorragend mit den gelben, orangefarbenen und blauvioletten Tönen der übrigen Steppengesellschaft. Neben den großblütigen hohen gibt es eine Reihe kleinblütiger hübscher Sorten, die man entsprechend in größeren Stückzahlen verwenden muss.
Aber auch die hohen kostbaren Exemplare wie der Riesen-Lauch (*Allium* 'Purple Sensation' oder 'Globemaster') wirken am schönsten in größeren Gruppen. Bei aller Euphorie, die diese Beinahe-Modepflanze auslöst, darf auch ein Nachteil nicht verschwiegen werden: Das Laub vergilbt oft schon vor oder während der Blüte. Zum Glück befindet sich die Blattrosette in Bodennähe, und mit geschickter Wahl der Nachbarschaft lässt sich der Mangel kaschieren. Ist das Laub fast trocken, dann lässt es sich leicht entfernen. Die abgeblühten kugeligen Fruchtstände auf ihren unterschiedlich hohen Stielen können jedoch noch wochenlang stehenbleiben – wenn Wind und Regen es zulassen –, denn auch ohne Farbe sind sie attraktiv und tragen durch ihre Struktur dazu bei, dass die Kiesbeet-Pflanzung ihren speziellen Charakter behält. Die metallisch glänzenden Blütenstände des Stern-Kugellauches (*Allium christophii*), die bis zu 25 cm Durchmesser haben, lassen sich auch sehr gut trocknen.

Pflanzliste

1	3–7	Hohe Bartiris *Iris germanica* Barbata-Elatior-Gruppe
2	5	Pferdeschweifgras *Nassella* (*Stipa*) *tenuissima*
3	1	Palmlilie *Yucca filamentosa*
4	1–3	Brandkraut *Phlomis russelliana*
5	10	Zierlauch *Allium* 'Purple Sensation'
6	1–3	Lavendel *Lavandula angustifolia*
7		Gewöhnliches Leinkraut *Linaria vulgaris* (versamt sich)
8		Jungfer im Grünen *Nigella damascena* (versamt sich)

Mediterranes Flair im Garten

Der Mittelmeerraum zählt zu den Traumzielen vergangener wie heutiger Zeit. Wer ist nicht verzaubert von der Toskana mit ihren Olivenhainen und den großen, weithin duftenden Lavendelfeldern oder vom Inselcharme Griechenlands mit seinen weißblauen Häusern. Doch lässt sich das mediterrane Flair auch in unseren Breiten erzeugen? Ja, allerdings nur in beschränktem Umfang. Versuchen Sie also gar nicht erst, Ihren gesamten Garten in südländischem Stil anzulegen, sondern suchen Sie einen Platz in Ihrem Garten, an dem durch Windschutz und wärmespeichernde Wände und Mauern das Klima günstig beeinflusst wird. Da bieten sich natürlich Innenhöfe und Patios als erstes an, aber auch im Schutz von höheren Hecken oder Mauern können mediterrane Pflanzen gedeihen. Mit Hilfe möglichst authentischer Materialien und Accessoires können Sie an diesen geschützten Plätzen die passende Atmosphäre schaffen. Hier bietet sich dann natürlich ein Sitzplatz an, an dem Sie im Sommer abends die südländische Stimmung genießen und in Urlaubserinnerungen schwelgen können.

STIMMUNGSMACHER: FARBE UND NAÜRLICHE MATERIALIEN

Eine wichtige Rolle bei der Inszenierung südlicher Impressionen spielt die Farbe. Die erdigen Töne von Bodenbelägen und Gefäßen, orange- oder ockerfarben gestrichene Wände und das unterschiedliche Grün der Pflanzen tragen schon dazu bei, sich in mediterrane Sphären versetzt zu fühlen. Und wer verbindet mit der Farbe Blau nicht Urlaubserinnerungen an Griechenland? Verwenden Sie Natursteinmauern und Bodenbeläge aus Naturstein- oder Terrakottaplatten, Wege aus Kies, Kieselsteinen und

Die Pflanzenwahl und die Platzierung der Tonvase zeigen deutlich, welche Erinnerung hier wachgehalten wird.

Wer eine so alte Natursteinmauer in seinem Garten hat, wird fast zwangsläufig Gärten aus dem Mittelmeerraum zum Vorbild nehmen.

Klinker. Vervollständigt wird das charakteristisch südländische Gartenbild durch die sparsame Verwendung von Pflanzen, dafür ziehen formschöne Terrakotten, antike Skulpturen, Säulen oder Laubengänge den Blick auf sich. Auch Wasser ist wichtig, in Becken, als kleine Springbrunnen oder Grotten.

MEDITERRANE BEPFLANZUNG

Es gibt eine ganze Reihe von Pflanzen, die im Mittelmeerraum wachsen und auch bei uns an geschützten Plätzen gedeihen und ihre Blütenpracht entfalten.

★ Die beliebtesten Kletterpflanzen, die rund ums Mittelmeer Häuser und Pergolen begrünen und auch in unserem Klima recht gut gedeihen, sind Blauregen (*Wisteria*), Italienische Waldrebe (*Clematis viticella*), Wein (*Vitis vinifera*) und Trompetenblume (*Campsis radicans*).

Links: In sehr moderner Form ist hier mit mediterranen Pflanzen ein fast perfekter Gartenraum entstanden – nur die Bank aus Stein fehlt noch.

Typisch sind grau- und silberlaubige Gehölze und Stauden wie Bartblume (*Caryopteris x clandonensis*), Blauraute (*Perovskia*), Königskerze (*Verbascum*), Katzenminze (*Nepeta*) und Vexiernelke (*Lychnis coronaria*).

★ Duftende Kräuter dürfen auf gar keinen Fall fehlen: Basilikum, Oregano, Salbei und Thymian sind an erster Stelle zu nennen. Von diesen Pflanzen gibt es eine ganze Reihe schöner Sorten. Sie sind Nutz- und Zierpflanzen zugleich!

TERRAKOTTEN SIND UNVERZICHTBAR!

Die einfachste Art, südländisches Flair herbeizuzaubern, ist, sich mit möglichst vielen mediterranen Pflanzen in Töpfen zu umgeben. Originale frostharte Terrakotten aus der Toskana können den Eindruck südlicher Stimmung noch verstärken. Setzen Sie die Pflanzen mit ihrem Container in die Terrakotten, dann erleichtern Sie sich den Transport beim Ein- und Ausräumen. Die edlen Tongefäße bleiben an Ort und Stelle.

Südländische Gartenimpression

Viele Pflanzen in unseren Gärten haben ihre Heimat rund um das Mittelmeer oder sind dorthin eingeführt worden. Einige dieser typisch mediterranen Pflanzen wie Feigen, Hanfpalmen oder Myrten gedeihen mit etwas Winterschutz auch in unserem gemäßigten Klima, während andere wie Bleiwurz (*Plumbago auriculata*), Lorbeer (*Laurus*) und Oleander (*Nerium*) in unseren Breiten nur in Kübeln und Gefäßen gehalten werden können, weil sie über Winter eingeräumt werden müssen.

An der hier gezeigten Pflanzung lässt sich gut ablesen, welche Pflanzensortimente südlicher Herkunft wir verwenden können, um mediterrane Stimmung zu verbreiten. Viele Zwiebelgewächse gehören dazu, besonders die zahlreichen Zierlauch-Arten. Gräser – als verbindendes Element zwischen den unterschiedlichen Formen und Strukturen – verhelfen immer zu einer gelungenen Gartenszenerie – auch im Süden! Das graublaue Laub von Wermut (*Artemisia*) und Roter Spornblume (*Centranthus ruber*) bildet den reizvollen Kontrast zum übrigen Grün und steigert die Wirkung der roten und violetten Blüten. Der passende Wegebelag aus grobem Kies und Bruchsteinplatten trägt darüber hinaus zur Harmonie dieses Gartenbildes bei.

Pflanzplan

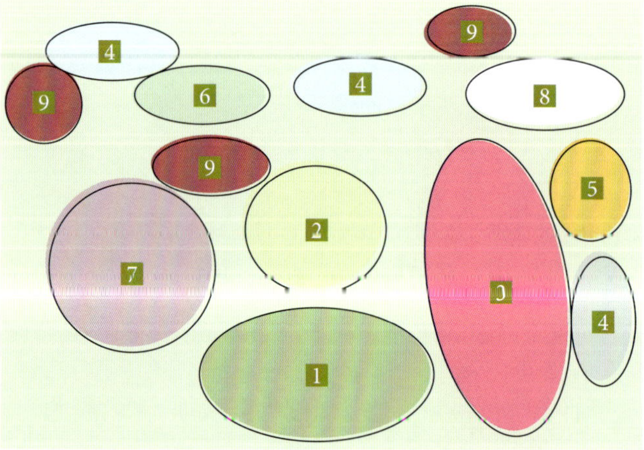

Beetgröße 3 x 2,5 m

ORIGINALE ODER TÄUSCHEND ECHTE IMITATE?

Neben den frostgefährdeten mediterranen Pflanzen gibt es auch Pflanzen, die durch ein ähnliches Erscheinungsbild sowie ähnliche Struktur und Textur in unseren Gärten als Ersatz dienen können. Hier ein paar Beispiele:

★ Klassische mediterrane Gehölze wie Zypressen können Sie durch säulenförmige Eiben (*Taxus*) und Lebensbäume (*Thuja*) ersetzen. Auch die Blaue Säulenzypresse (*Chamaecyparis lawsoniana* 'Columnaris') oder der Raketen-Wacholder (*Juniperus virginiana* 'Skyrocker') gedeihen in unserem Klima. Anstatt einer Olive können Sie die Ölweiden (*Elaeagnus*) oder besser noch die Weidenblättrige Birne (*Pyrus salicifolia*) pflanzen, sie kommt mit ihrem schmalen, graugrünen Laub und dem etwas bizarren Wuchs dem Original recht nah.

Das frische, oft metallisch glänzende Laub der Zitrusgewächse lässt sich am besten durch wintergrüne Laubgehölze wie Kirschlorbeer (*Prunus lusitanica*), Buchs, Kamelien und Ilex ersetzen.

★ Trockenheit und Hitzeverträglichkeit werden durch kleines und schmales, oftmals nadelförmiges Laub charakterisiert. Die Farben variieren zwischen Grau, Graugrün, silbrig behaart und bläulich bereift. Beispiele sind Lavendel, Salbei und Rosmarin, Heiligenkraut (*Santolina chamaecyparissus*) und Wollziest (*Stachys byzantina*) – Originale, die auch bei uns gedeihen.

★ Rosettenförmige, fleischige und bereifte Pflanzen wie Echeverien und Palmlilie (*Yucca*) sind gut an die südlichen Klimabedingungen angepasst – bestimmte Sorten dieser Gattungen können auch bei uns im Garten kultiviert werden. Ein wunderbar flirrendes hochsommerliches Bild liefert *Yucca filamentosa* gemeinsam mit den locker üppigen Blütentrieben des lilablauen Muskatellersalbeis (*Salvia sclarea*) und vielen zarten Gräserhorsten.

Pflanzliste

1	2	Brautmyrte *Myrtus communis*
2	1	Reiherfedergras *Stipa barbata*
3	5–7	Spornblume *Centranthus ruber*
4	3 x 3	Edelraute *Artemisia ludoviciana* 'Silver Queen'
5	7	Edelgarbe *Achillea* \`Moonshine\`
6	10	Spanisches Gänseblümchen *Erigeron karvinskianum*
7	7	Zierlauch *Allium christophii*
8	10	Zierlauch *Allium nigrum*
9	3 x 5	Karthäusernelke *Dianthus carthusianorum*

Mediterrane Stimmung im Garten erzeugen

2 **Lavendel** hat alles, was eine Leitpflanze für den mediterranen Garten braucht: Duft und Farbigkeit. Hier wächst sie zusammen mit dem zartgelb blühenden, silbergrauen Heiligenkraut (*Santolina chamaecyparissus*).

1 **Schon die Wandfarbe** weist den Weg in mediterrane Gefilde zusammen mit den typischen Tontöpfen, in denen sich die Mittagsblume (*Gazania*) und verschiedene Kräuter wohlfühlen.

3 **Vasen** kommen optisch besonders gut zur Geltung, wenn sie frei stehen – am besten auf einem passenden Sockel.

4 **Steinbank und Wand** haben einen gemeinsamen Farbanstrich, der mediterrane Stimmung schon aus der Ferne spüren lässt – das Zitrusbäumchen rundet diesen Eindruck ab.

5 **Der Lorbeerbaum** setzt in diesem kleinen Kräutergärtchen deutlich wahrnehmbare Akzente. Es sorgt nicht nur für Schattenspiele, sondern lässt den Betrachter auch sofort an die köstliche mediterrane Küche mit ihren vielfältigen Gewürzen denken.

6 **Ein Agapanthus** in voller Blüte sorgt überall für dezenten Glamour. Noch schöner wirken Pflanzen dieser Größe in qualitätsvollen Terrakotten und wenn sie einen exklusiven Platz erhalten – am besten in Sitzplatznähe – und allseitig bewundert werden können.

Gärten im asiatischen Stil

Die asiatische Gartenkunst betont die Reinheit und Schlichtheit der Form, die Sparsamkeit der Linien und verwendet Farbe zurückhaltend – im Grund Aspekte, die auch im modernen Garten wieder lebendig sind. Zu einer modernen Architektur passt der reduzierte, ans Abstrakte grenzende Entwurf eines modernen Japanischen Gartens gut. Reizvoll wäre es auch, einen Innenhof – abgeschottet von der Außenwelt – im asiatischen Stil zu gestalten. Vielleicht gibt es aber auch auf Ihrem großen eingewachsenen Grundstück einen schattigen Bereich, den Sie als Moosgarten umgestalten können. Am besten, Sie versuchen es zuerst einmal mit passenden Pflanzen aus dem ostasiatischen Formenkreis; unsere Gartenwelt ist voll davon – und sie ist nicht nur auf Rhododendren und Bambus beschränkt.

★ Denken Sie nur an die einzigartigen japanischen Zierkirschen. Pflanzen Sie davon einige schöne Exemplare in Ihren Garten, und Sie werden für einige Wochen im April und Mai einen wunderbaren japanischen Garten besitzen. Einen weiteren Höhepunkt erleben Sie dann im Herbst, wenn sich die Blätter der Kirschen orangerot verfärben. Im Grunde sind aber gerade Farben- und Formenfülle untypisch für die asiatischen Gärten. Ihre besondere Atmosphäre beziehen sie aus den ruhigen, harmonischen Farbtönen der Pflanzen. Sie versprühen nur zu ganz bestimmten Zeiten im Jahr ein Farbenfeuerwerk, wie beispielsweise die Azaleen.

★ Um auf Ihren Wunsch nach einem Stück China nicht verzichten zu müssen, laden Sie doch die »Drei Freunde des Winters« in Ihren Garten ein: eine immergrüne Kiefer – Symbol für hohes Alter, Ausdauer, Kraft; den bieg- und bruchfesten Bambus, der für Widerstand und Anpassungsfähigkeit steht, sowie die Aprikose, die schon im Spätwinter rosafarbene Blüten treibt. Sie symbolisiert vor allem Lebenskraft.

Japanischer Garten im Stil des Zen-Buddhismus. Das Thema des Gartens lautet: Harmonie zwischen Mensch und Natur.

★ Steine und Felsen als Sinnbild der Natur werden ebenfalls hoch verehrt. Die Kunst der Steinsetzung spielt eine wichtige Rolle. Für Ihren Garten bedeutet das, dass diese Elemente auch verehrungswürdig gestaltet sein müssen, das heißt zerfurcht, durchlöchert, in irgendeiner Weise außergewöhnlich. Handwerkliche Bearbeitung beschränkt sich immer auf ein geringes Maß. Das Wesen des jeweiligen Materials soll so wenig wie möglich verfälscht werden, damit seine natürliche Ausstrahlung zur Geltung kommt.

IM EINKLANG MIT DER NATUR

Asiatische Gärten sind ein Abbild der Landschaft. Sie werden bestimmt durch das Gleichmaß und eine ruhige Atmosphäre voller Respekt vor der Natur. Der Mensch ist Teil eines Ganzen – gemeinsam mit anderen Elementen, die das Universum ausmachen, mit diesen teilt er die von den Göttern geschenkte Natur. Wenn Sie diese Prinzipien zugrunde legen und vielleicht auf rote Bogenbrücken und Steinlaternen aus dem Baumarkt verzichten und sich in die fernöstliche Denkweise einzufühlen versuchen, dann sind Sie sehr nah am Ideal aller asiatischen Gärten – dem Einklang mit der Natur!
Der Einstieg in das große und schöne Thema gelingt uns Europäern sicher am besten über die Pflanzen und über einen äußerst sparsamen Umgang mit den typischen Schmuckelementen asiatischer Gärten, den Steinen und Felsen.

Links: Die Höhepunkte in diesem Ambiente bilden Frühling und Herbst, wenn Azaleen und andere Laubgehölze ihr Farbenfeuerwerk versprühen.

Gehölze für den fernöstlichen Garten

Botanischer Name	Deutscher Name	Wuchs
Acer palmatum in Sorten	Fächer-Ahorn	Ziergehölz
Chaenomeles speciosa	Scheinquitte	Blütengehölz
Hydrangea-Arten	Hortensie	Blütengehölz
Juniperus chinensis	Chinesischer Wacholder	immergrünes Gehölz
Magnolia-Sorten	Magnolien	Blütengehölz
Pinus parviflora	Mädchen-Kiefer	immergrünes Gehölz
Prunus-Sorten	Zierkirschen	Blütengehölz
Prunus mume	Japanische Aprikose	Blütengehölz
Rhododendron-Sorten	Azalee	Blütengehölz

Ein Stück Asien im Garten

1

2

3

2 Wasserbassin oder Steingefäße findet man im japanischen Teegarten. Dieser dient im Zen-Buddhismus der Meditation. Mit dem Wasser aus der Schöpfkelle werden nur die Hände leicht befeuchtet – ein Ritual!

1 Die steinerne Bogenbrücke ist ein typisches Element im chinesischen Landschaftsgarten. Hier ist alles sorgfältig komponiert, hat einen tiefen spirituellen Sinn. So werden in einem Bachbett wie hier nur rund geschliffene Steine verwendet, während in der höheren Region kantiges Felsgestein ein Gebirge symbolisiert.

3 Der meditierende Buddha strahlt Ruhe und Kraft aus. Wo er ursprünglich einmal gestanden hat, das wird man nicht herausfinden, aber man spürt, dass sein heutiger Standort unter Kamelien mit Bedacht und Einfühlungsvermögen gewählt wurde.

4 **Steinlaternen** weisen auf japanische Gartentradition hin. Chinesische Gärten kannten diesen Gartenschmuck nicht, sehr wohl aber Brücken, die von dort ihren Eingang in die japanische Gartenkunst fanden.

4

5

5 **Die Aprikose** (*Prunus mume*) wird in China hochverehrt. Sie wird dort 'Meihua' genannt und ist ein beliebtes Objekt ostasiatischer Malerei und Lyrik. Ihr Erscheinen symbolisiert den beginnenden Frühling.

6 **Die kleine Pagode** »behütet« einen Garten, den wir uns stilgerecht in fernöstlichem Ambiente vorstellen können. Pagoden ›en miniature‹ haben nicht nur dekorative Aufgaben – sie sollen auch helfen, böse Geister zu vertreiben.

6

Glossar

Allgemeine, botanische und pflanzlich-gärtnerische Fachausdrücke und ihre Bedeutung.

alpine Pflanzen: Pflanzen, die sich für den Steingarten eignen und in der Natur oberhalb der Waldgrenze im Gebirge vorkommen.

Art: Der Artname bezeichnet eine ganz spezifische Pflanze. *Salvia officinalis* z. B. ist der Salbei, der als Gewürz benutzt wird, während *Salvia farinacea*, der Mehlsalbei, eine einjährige Sommerblume ist. *Salvia* ist die Gattung, die auf die verwandtschaftliche Beziehung der Pflanzen verweist.

Begleitstauden: In Gestalt, Formen, Farben und Blütezeit passende Begleiter zu den gerüstbildenden Gehölzen und Stauden – sie ergänzen die Pflanzung erst zum Gesamtbild.

Bestandsplan: Grundlage der Planung (Maßstab 1 : 100/1 : 200). Alle wesentlichen, relevanten auf dem Grundstück vorhandenen Gegebenheiten sind hier eingetragen: die Gebäude, Bäume etc. sowie die Grenzen.

Blattschmuckstaude: Stauden, die durch besonders attraktives Blattwerk (Farbe, Form, Größe) Ausdruckskraft und herausgehobene optische Wirkung entfalten – unabhängig von der Blüte.

Bodendecker: Gehölze /Stauden, die durch Ausläufer- und Rhizombildung großflächig den Boden überziehen und ihn befestigen können.

Charakterarten: Pflanzen, die fast stets oder ausschließlich an einen bestimmten Standort oder eine bestimmte Pflanzengemeinschaft gebunden sind.

Cortenstahl: Ein Werkstoff, der in der modernen Gartengestaltung wegen seiner unverwechselbaren Farbe (Rostrot) und seiner extremen Haltbarkeit gerne Verwendung findet.

Cottage-Garten: Der klassische englische Bauerngarten mit üppigen, bunten Blumenbeeten, die hauptsächlich aus einer Mischung von Stauden mit ein- und zweijährigen Pflanzen bestehen. Rosen, Clematis und andere Zierghölze begleiten sie.

Driftpflanzung: Streifenförmige Bepflanzung einer Rabatte. Im Gegensatz zu kissenartigen runden Tuffs werden die Pflanzen hier in schmalen, langgezogenen Reihen – am besten leicht diagonal – gesetzt. Auf diese Weise erscheinen die Lücken nach der Blüte weniger groß.

Einjährige: Echte Einjährige sind Pflanzen, deren Lebenszyklus sich von der Samenkeimung über Blüte und Frucht bis zum Absterben innerhalb einer Wachstumsperiode vollzieht.

Farbkreis: Farbschema in Kreisform mit den drei Grund-(Primär-)Farben (Rot, Blau Gelb, die sich im Kreis gegenüber liegen) und den Sekundärfarben (Orange, Grün, Violett, einer Mischung der benachbarten Farben).

Formgehölz: Gehölze (Bäume und Sträucher), die die Fähigkeit besitzen, nach einem Schnitt rasch neue Triebe zu bilden, z. B. Buchs, Eibe und Liguster. Seit Jahrhunderten wird diese Kunstform gepflegt. In Baumschulkatalogen finden Sie diese Exemplare unter einer eigenen Rubrik.

Füllstauden: Neben Leit- und Begleitstauden sind als dritte Kategorie noch die Füllpflanzen zu nennen, meist kurzlebige Stauden oder ein-und zweijährige Frühlings- und Sommerblumen wie Goldlack oder Königskerze.

Gabionen: Drahtummantelte Steinpackungen, die in modernen Gärten häufig anstelle von Mauern verwendet werden. Ursprünglich im Straßenbau als Hangsicherung eingesetzt.

Gattung: Eine Gruppe von verwandten Arten, die durch gemeinsame Merkmale verbunden sind (siehe Art).

Gebrauchsrasen: Strapazierfähiger Rasen, aus unterschiedlichen Grasarten mit hohem Regenerationspotenzial bestehend, z. B. Sportplatzmischung.

Gehölze: Pflanzen, die in ihren ausdauernden, oberirdischen Teilen Holzgewebe erzeugen. Sie werden unterteilt in Bäume und Sträucher.

Gerüstbildende Pflanzen: Sie bestimmen den Charakter einer Pflanzung durch ihren Wuchs, ihr Blattwerk, die Form oder Farbe. An ihnen orientiert sich die Wahl der weiteren Begleitpflanzen.

Goldener Schnitt: Uraltes Ordnungsprinzip in der Kunst und Architektur. Bestimmt das Verhältnis einer größeren zu einer kleineren Einheit.

Halbimmergrüne: Pflanzen, die einen Teil ihrer Blätter oder ihrer Nadeln länger als eine Vegetationsperiode halten (siehe Immergrüne).

Halbsträucher: Nur teilweise verholzende Pflanzen mit weichen Trieben, die je nach Klimazone auch zurückfrieren und im Frühjahr zurückgeschnitten werden. Dazu gehören Lavendel, Blauraute (*Perovskia*) und Bartblume (*Caryopteris*).

Harmonie: Im Bereich der Gartenkunst spricht man von Harmonie, wenn es um die gelungene Verbindung der unterschiedlichen Bestandteile eines Gartens geht, wie Licht, Farbe, Duft, Wasser und Pflanzen, Weite und Nähe u. v. m. und dies vom Betrachter als wohltuend empfunden wird.

Hauptwege: In der Hierarchie des Wegesystems eines Gartens sind es die Wege, die zu den wichtigsten Zielen führen (Haus, Sitzplatz u. a.) und sich durch besondere Breite und einen besonders strapazierfähigen Belag auszeichnen (siehe auch Nebenwege).

Hochstamm: Baum (Gehölz) mit einem geraden Stamm, der sich erst in zwei Meter Höhe verzweigt, d. h., eine Baumkrone entwickelt. Im Gegensatz zum Strauch, der sich von Grund auf verzweigt und keinen Stamm als Hauptachse entwickelt.

Hybriden: Gärtnerische Züchtungen (Kreuzungen), bei denen bestimmte Eigenschaften der Elterngeneration (verschiedene Arten, aber auch Gattungen) gezielt verfolgt werden, z. B. Blütengröße und Farbe, Gesundheit und Standfestigkeit. Die neu entstandene Art (der Bastard) wird mit einem x zwischen Gattungs- und Artnamen gekennzeichnet. In der Hybridzüchtung gibt es keine stabile Generationsfolge bei der Fortpflanzung, die Nachkommen gleichen wieder den ursprünglichen Eltern.

Immergrüne: Pflanzen, die ihr Laub länger als eine Vegetationsperiode halten, d. h. ihre Blätter oder Nadeln nach und nach über mehrere Jahre erneuern.

Innenhof: Patio oder Atrium sind vergleichbare Begriffe, die alle einen von Mauern, Wänden oder auch Gebäuden umgebenen, geschützten Raum/Hof meinen. Siehe auch Mikroklima

Kalte Farben: Blau und Violett bezeichnet man als kühle, auch kalte Farben. Sie haben auch die Eigenschaft, mit zunehmender Entfernung »zu verschwimmen«, d. h., die Konturen verlieren ihre Schärfe, aber Blau im Hintergrund vermittelt auch das Gefühl von Ferne – vergrößert optisch einen kleinen Garten.

Kletterpflanzen: Einjährige oder ausdauernde, krautige oder verholzende Pflanzen mit langen, biegsamen Trieben, die für vertikalen Wuchs eine Stütze benötigen, frei wachsend überhängen oder den Boden bedecken. Je nach Kletterart unterscheidet man Ranker, Schlinger, Selbstklimmer oder Spreizklimmer.

Knollenpflanzen: Besser Knollengewächse, da wir auch von Zwiebelgewächsen reden. Sie bilden fleischig verdickte, unterirdische Speicherorgane – umgewandelte Sprosse wie bei der Kartoffel oder umgewandelte Wurzeln wie bei Dahlie oder Gladiole.

Knotengarten: Hier werden ornamentale Schmuckbeete ausschließlich mit schnittverträglichen immergrünen Stauden, Halbsträuchern und Gehölzen angelegt (*Teucrium*, *Santolina*, *Buxus*). Die bandartigen Strukturen und Flechtmuster harmonieren auch farblich miteinander – sie verleihen dem Garten Lebendigkeit.

Koniferen: Nadelgehölze mit nadel- oder schuppenförmigem Laub. Der Samen ist nicht von einem Fruchtknoten umgeben (bot: Nacktsamer im Gegensatz zum Bedecktsamer = Laubgehölze). Meistens immergrüne Gehölze, Ausnahmen Lärche, Sumpfzypresse, Mammutbaum.

Kübelpflanze: Mediterrane und exotische Pflanzen, die in transportablen Gefäßen wachsen, im Sommer im Freien stehen und im Winter in frostfreien Räumen untergebracht werden müssen.

Laube: Kleinarchitektur im Garten (mit einem gebauten oder mit Blätter-Dach).

Legstufe: Stufe, bei der eine Platte auf einen Unterbau »gelegt« wird. Dabei soll die Platte leicht vorspringen – eine elegante Treppenlösung. Das Gegenteil ist die Block- oder Stellstufe, bei der die Stufe aus einem Material besteht.

Leitstaude: Stauden, die durch ihre Größe, ihre Farbe, ihren Charakter eine »Hauptrolle« in Beet oder Rabatte spielen. Sie bilden das Gerüst, und mit ihrer Wahl wird der Charakter der gesamten Pflanzung bestimmt.

Mikroklima: Das Mikroklima, auch Kleinklima genannt, unterscheidet sich von dem großräumigen und regional relevanten Klima oft sehr stark, da es beeinflusst wird von Gebäuden, Mauern, Hecken und Großgehölzen, die Wind und Kaltluft abhalten , die Sonnenstrahlung einfangen, so dass etwa in einem so geschützten Innenhof auch frostempfindlichere Pflanzen gehalten werden können (siehe Innenhof).

Nebenwege: Schmale Wege von untergeordneter Bedeutung als Verbindung einzelner Objekte im Garten.

Pavillon: Kleines freistehendes Gebäude mit leichter, aber fester Überdachung und seitlich häufig geschlossenen Wänden – dann wird er zum Gartenhaus.

Pergola: Horizontal über senkrechten Stützen liegendes Rankgerüst. Auch wegbegleitende, schattenspendende Kleinarchitektur ohne regendichtes Dach – meist von Kletterpflanzen hübsch umspielt.

Pflanzengemeinschaften: Eine Zusammenstellung solcher Gewächse, die aufgrund ihrer pflanzensoziologischen Zusammengehörigkeit (natürliche Gegebenheiten wie Boden, Wasser, Nährstoffe, Licht) eine standortgerechte, ausdauernde Gemeinschaft bilden (Lebensbereiche der Pflanzen).

Pflanzenname: Die Benennung von Wild- und Kulturpflanzen wird durch den Internationalen Code der Botanischen Nomenklatur geregelt: z. B. der Zwerg-Rittersporn – Gattung: *Delphinium*, Art: *grandiflorum*, ggf. noch die Sorte 'Blauer Zwerg' – lautet der wissenschaftliche Pflanzenname.

Rabatte: Im Gegensatz zum einfachen unregelmäßigen Beet wird die Rabatte als lang gestreckte Pflanzfläche mit unterschiedlicher Bepflanzung (Gehölze/Stauden, Sommerblumen/Zwiebelpflanzen) beschrieben, die einen Weg begleitet oder auch eine Hecke oder Mauer säumt.

Ranker: Kletterpflanzen, die sich an der Unterlage mit Hilfe ihrer zu Ranken umgebildeten Blätter festhalten, z. B. Waldrebe (*Clematis*).

Rhizom: Unterirdisch oder dicht am Boden wachsendes Sprossachsensystem (Triebe – keine Wurzeln). Maiglöckchen, Iris und auch der gefürchtete Giersch besitzen Rhizome, mit deren Hilfe sie sich ausbreiten.

Schlinger: Kletterpflanzen, die sich rechts- oder linksdrehend an Stäben, Stangen oder Gittern nach oben winden (Bohnen, Winden).

Schmuckstaude: Populärer Sammelbegriff für Stauden mit besonders prächtigem Habitus wie Rittersporn und Phlox. Dabei handelt es sich auch um Beet- und Solitärstauden.

Schrittlänge: Durchschnittliches Schrittmaß eines normal großen Menschen (= 0, 62 cm) – für den Bau von Treppen ein unerlässliches Maß.

Selbstklimmer: Kletterpflanzen, die durch Haftwurzeln oder Haftscheiben Halt finden.

Solitärpflanze: Einzelstehendes Gehölz oder eine Staude, die sich durch ihre Sonderstellung besonders gut und vorteilhaft entwickeln konnte. Oder aber man erwirbt so eine Pflanze, um ihr einen besonderen Platz im Garten/Beet an prominenter Stelle zuzuweisen und schafft damit einen Blickfang.

Sommerblumen: Allgemeine Bezeichnung für echte Einjährige sowie in unseren Breiten nicht frostharte Zierpflanzen wie Heliotrop und Wandelröschen u. v. m., die ab Mitte Mai bis zum Herbst Beete und Rabatten schmücken.

Sorte: Die besondere Zuchtform einer bestimmten Art unterscheidet sich in einem oder mehreren Merkmalen von der Art. Dies können Farbnuancen sein, aber auch Wuchsmerkmale. Der Zusatzname ist ein Fantasiebegriff des Züchters und wird in einfache Anführungszeichen gesetzt z. B. *Salvia coccinea* `Lady in Red`.

Spaliere: Gittergerüste an denen Obstgehölze in horizontaler Richtung gezogen werden oder Kletterpflanzen sich stützen können nennt man auch Spaliere (siehe auch Treillage).

Spreizklimmer: Kletterpflanzen, die nur mit Hilfe ihrer Triebe Halt an einer entsprechenden Unterlage finden und sich dort anlehnen (Kletterrosen).

Stauden: Mehrjährige, krautige, nicht verholzende Pflanzen, deren oberirdische Teile im Winter meist absterben und die im Frühjahr aus dem Wurzelstock bzw. aus bodennahen Knospen wieder austreiben.

Steppenpflanzen: Sammelbegriff für besonders robuste Pflanzen, deren Heimat die Steppe, Prärie oder die Pampa ist, wo sie mit extremen Klimabedingungen zurechtkommen müssen; viele Gräser gehören dazu.

Strukturpflanzen: Ein- oder mehrjährige Pflanzen, die besonders durch attraktives Blattwerk, sei es Form, Farbe oder Textur des Laubes (z. B. auch Gräser), der übrigen Pflanzung über einen längeren Zeitraum Halt geben – ihr Struktur verleihen.

Teichzonen: Unterschiedliche Wasserstände führen zu deutlich differenzierten Lebensräumen für bestimmte Pflanzen. Dem sanft abfallenden Uferrand und der Sumpfzone (bis 15 cm Wassertiefe) folgen der Flachwasserbereich (bis 30 cm Wasserhöhe) und die Tiefwasserzone (ab 30 cm und mit mehr als 50 cm), in der auch größere Schwimmblattpflanzen wie Seerosen wachsen können. Wer Fische ganzjährig im Teich halten will, muss mit einem Wasserstand von 80–100 cm rechnen.

Terrakotta: Werkstoff aus Ton für Gefäße, Kleinplastiken, Fliesen u. v. m., der ein sehr typisches mediterranes Flair besitzt. In der Regel nur eingeschränkt frosthart. Qualitativ hochwertig und empfehlenswert ist die Imprunata-Ware aus der Toskana.

Treillage: Übersetzt bedeutet dieser Begriff Gitterwerk. Es kann sich dabei um ein zierendes Spalier an der Hauswand handeln, aber auch um einen Laubengang aus Gitterwerk, meist weiß oder grün gestrichen und auch mit Bewuchs, der als schattiger Spazierweg im Garten genutzt wurde. In historischen Gärten sieht man solche filigranen Architekturen auch manchmal in Verbindung mit einem Pavillon.

Unterpflanzung: Niedrige Stauden und Gehölze werden unter Bäumen und Sträuchern zur Bodenbedeckung, Bodenbefestigung, aber auch aus Schönheitsgründen angepflanzt.

Versorgungsleitungen: Wichtige Leitungen für Frischwasser, Abwasser, Gas und Elektrik, die möglichst frühzeitig – vor Anlage des Gartens – in der Erde zu verlegen sind.

Warme Farben: Gelb, Orange und Rot sind die typischen warmen Farben, die optisch aus allen Farbnuancen hervortreten – sie wirken auch noch auf größere Entfernung.

Winterhärte: Die Winterhärtezonen sind in einer international anerkannten Tabelle von 1–10 erfasst, wobei Berlin mit minus 12–15 °C als Zone 7, das Rhein-Maingebiet (Weinbauklima) – dagegen als Zone 8 mit minus 7–12 °C als gemittelter Wintertemperatur angegeben wird.

Winterharte Pflanzen: Stauden und Gehölze, die ohne besondere Schutzmaßnahmen die Frostperiode überstehen. Nur eine relative Frosthärte besitzen z. B. bestimmte Sorten bei Rosen, die jedoch durch Anhäufeln und Abdecken mit Reisig geschützt werden können.

Ziersträucher: Sammelbegriff für alle blühenden oder anderweitig wirkungsvollen (z. B. panaschierte) Gartenformen der einheimischen und aus anderen Teilen der Welt eingeführten strauchartig wachsenden Gehölze.

Zweijährige: Pflanzen, die am Ende des zweiten Jahres und der erfolgten Samenreife absterben (z. B. Bartnelke). Im ersten Jahr entwickeln viele zweijährige Pflanzen ausschließlich Laub, erst im zweiten Jahr erfolgt die Ausbildung der Blüte.

Zwergstrauch: Niedrig bleibende Gehölze, auch mattenbildend wie Heidekräuter (*Calluna, Erica*) und viele Formen des Wacholders (*Juniperus horizontalis, J. hornbrookii*).

Zwiebelgewächse: Botanisch gesehen ist die Zwiebel ein Speicherorgan – der unterirdische Spross einer Pflanze, der aus meist fleischig verdickten Blättern, den Zwiebelschuppen, besteht. Die Außenhaut schützt vor Austrocknung und verleiht der Zwiebel zusammen mit der Form das spezifische Aussehen. Tulpen, Hyazinthen, Narzissen, Zierlauch, Lilien u .v. m. sowie die zahlreichen früh blühenden Kleinzwiebeln (Schneeglöckchen) gehören dazu.

Nützliche Adressen

Hier finden Sie Pflanzen, Mobiliar und Accessoires sowie Institutionen und Organisationen, die Ihnen bei der Suche nach Ansprechpartnern weiterhelfen.

Wichtige Nachschlagewerke/ Kataloge

Hans-Dieter Warda: Das große Buch der Garten- und Landschaftsgehölze
Herausgeber Baumschule Bruns, D-26160 Bad Zwischenahn
www.bruns.de

Jonas Reif, Wolfgang Härtel: Foerster-Staudenkompendium
Herausgeber Foerster-Stauden GmbH, D-14469 Potsdam
www.foerster-stauden.de

Institutionen/Organisationen

BDLA Bund Deutscher Landschaftsarchitekten Bundesgeschäftsstelle
Köpenicker Str. 48/49
D-10179 Berlin
www.bdla.de

BGL Bundesverband Garten-, Landschafts-und Sportplatzbau e.V.
Alexander-von-Humboldt-Str. 4
D-53604 Bad Honnef
www. galabau.de

Gärtner von Eden, Zusammenschluss von Garten- und Landschaftsbau-Betrieben in D, A, CH (mit gemeinsamen Qualitätsstandards)
www.gaertner-von-eden.de

Bund deutscher Staudengärtner BdS
im Zentralverband Gartenbau
Godesberger Allee 142-148
D-53175 Bonn
www.stauden.de

Internet-Links:
www.stauden.de/
www. staudenring.com/
staudensichtung.de/
staudenverwendung.de/
gds-staudenfreunde.de/perenne.de/

Bund deutscher Baumschulen BdB e.V.
Kleine Präsidentenstr. 1
D-10178 Berlin
www.gruen-ist-leben.de
Internet-Link: www. adr-rose.de

Gartenakademien in acht Bundesländern: unabhängige, kompetente Beratung und Informationen
www.gartenakademien.de

Verband Deutscher Landwirtschaftlicher Untersuchungs- und Forschungsanstalten e.V.(Bodenanalysen)
c/o LUFA Speyer
Obere Langgasse 40
D-67346 Speyer
www.vdlufa.de

Pflanzenliebhaber Gesellschaften

Deutsche Gartenbau-Gesellschaft 1822 e.V. Geschäftsstelle
Claire-Waldoff-Str. 7
D-10117 Berlin
www.dgg1822.de

Deutsche Dendrologische Gesellschaft DDG e.V. Geschäftsstelle
Hugo-Schilling-Weg 5
D-22926 Ahrensburg
www.ddg-web.de

Gesellschaft Deutscher Rosenfreunde e.V. Geschäftsstelle
Pariser Ring 37
D-76532 Baden-Baden
www.rosenfreunde.de

Deutsche Rhododendron-Gesellschaft DRG e.V. Geschäftsstelle
Marcusallee 60
D-28359 Bremen
www.rhodo.org

Deutsche Kamelien-Gesellschaft e.V.
Arndtstr. 1A
D-52064 Aachen
www.kamelien-online.de

Gesellschaft der Staudenfreunde GdS e.V. Geschäftsstelle
Sonnenberg 4
D-77955 Ettenheim
www.gds-staudenfreunde.de

Deutsche Dahlien-, Fuchsien- und Gladiolengesellschaft DDFGG e.V.
Bettina Verbeek Geschäftsstelle
Maasstr. 153
D-47608 Geldern-Walbeck
www.ddfgg.de

DGGL Deutsche Gesellschaft für Gartenkunst und Landschaftskultur e.V.
Wartburgstr. 42
D-10823 Berlin
www.DGGL.org

Gesellschaft zur Förderung der Gartenkultur e.V.
Wöddelkamp 9
24558 Henstedt-Ulzburg
www.gartengesellschaft.de

Royal Horticultural Society RHS, London
www.rhs.org.uk

Als Mitglied dieser Gesellschaften erhalten Sie auch interessante wissenswerte Jahrbücher und Magazine!

Lieferadressen können Sie über die einschlägigen Berufsverbände erfahren – z. B. gibt es ein Verzeichnis der Mitgliedsbetriebe des Bundes deutscher Staudengärtner mit deren Leistungsspektrum und Spezialitäten – aber nicht alle Gartenbaubetriebe versenden ihre Ware!
Außerdem haben die einschlägigen Gartenzeitschriften Online-Portale, in denen Sie zu allen Themen auch entsprechende Adressen finden.

Bambus

BambusCentrum Deutschland
Saarstr. 3-5
D-76532 Baden-Baden
www.bambus.de

Clematis

Clematiskulturen F.M. Westphal
Peiner Hof 7
D-25497 Prisdorf
www.clematis-westphal.de

Kübelpflanzen/Kamelien/Raritäten

Flora Mediterranea GbR
Königsgütler 5
D-84072 Au /Hallertau
www.flora-mediterranea.de

Baumschule Huben
Schriesheimer Fußweg 7
D-68526 Ladenburg
www.huben.de

Sämereien aller Art

Blauetikett Bornträger GmbH
D-97591 Offstein
www.blauetikett.de

Kiepenkerl / Sperli
Bruno Nebelung GmbH
Freckenhorster Straße 32
D-48351 Everswinkel
www.nebelung.de

Thompson & Morgan
www.tandmworldwide.com

N.L.Chrestensen
Postfach 1000
D-99079 Erfurt
www.gartenversandhaus.de

Syringa
Bachstraße 7
D-78247 Hilzingen-Binningen
www.syringa-samen.de

Zwiebelblumenvertrieb

Horst Gewiehs
Italienischer Weg 1
D-37287 Wehretal
www.gewiehs-blumenzwiebeln.de

Albrecht Hoch
Potsdamer Str. 40
D-14163 Berlin
www.albrechthoch.de

Bernd Schober
Stätzlinger Str. 94a
D-86165 Augsburg
www.der-blumenzwiebelversand.de

Treppens
Berliner Str. 84-88
D-14169 Berlin
www.treppens.de

Gartenzubehör/Gartenmöbel

Garpa Garten & Park GmbH
Kielmwiese 1
D-21039 Escheburg bei Hamburg
www.garpa.de

Weishäupl Werkstätten GmbH
Neumühlweg 9
D-83071 Stephanskirchen
www. weishaeupl.de

Ward Gartenbedarf
Ottobeurer Str. 46A
D-87733 Markt Rettenbach
www.gartenbedarf-versand.de

Sach- und Pflanzenregister

Bildnachweis

Blickwinkel: 127; **Elke Borkowski:** 006-2, 007-2, 026-1, 028, 035, 038-1, 039-3, 040, 068, 072, 086-1, 086-3, 087-1, 087-2, 088-1, 098-2, 104, 107, 108, 113-1, 113-3, 117-1, 118, 121-1, 128, 130-1, 131-1, 134-1, 134-2, 137-1, 139, 143-1, 147-3, 155-1, 158, 163-2, 178, 179-1, 180-3, 185-1, 185-2, 187-1, 193, 194-1, 194-2, 199-2, 200-3, 203-1, 206, 207-1, 208, 210-2, 211-1, 211-2, 214-2, 214-3, 218, 223-1, 224-2, 225-2, 230, 235-1, 235-2, 236, 237-1, 237-2, 238, 239, 242, 243-1, 244-1, 244-2, 244-3, 245-2, 246, 248-1, 249-2, 252, 253, 257, 263-1, 270-2, 270-1, 271-2, 271-3, 274-2, 275-1; **Ursel Borstell:** 017, 018, 025, 036-2, 048, 055-3, 087-3, 099-1, 110, 111-1, 115, 142, 143-2, 146, 157-1, 176, 181-1, 181-2, 207-2, 225-3, 231-2, 245-1, **botanikfoto:** 084-1, 199-1, 240; **Christa Brand:** 004-1, 012, 014, 016, 022-1, 037, 038-2, 047-1, 060, 061, 065-2, 094, 103-1, 124-125 (Design: Jens Tippel), 138, 144, 148-149 (Design: Jens Tippel), 156-1, 156-3, 162, 168, 200-1, 235-3, U4-3 (Design: Jens Tippel), U4-4 (Design: Jens Tippel); **Corbis:** 140; **Petra Ender:** 069; **Florapress/GAP:** 031-1, 031-2, 033, 039-2, 041, 049, 053; **Florapress/Noack:** 083; **GAP Photos:** 027-1, 027-3, 030, 064-2, 086-2, 091, 101, 109, 130-2, 147-1, 159, 161, 175, 180-1, 191-1, 210-1, 216, 221-1, 228, 249-3, 250, 255, 256-1, 256-2, 263-2, 267-2; **The Garden Collection:** 019-1, 095-2, 105-3, 181-3, 248-2, 248-3; **Manuela Göhner:** 036-1, 095-1, 112-2, 172-3, 184, 200-2, 201-1, 215-1, 215-2, 219; **Grün Berlin GmbH:** 272, 273, 275-2; **Modeste Herwig:** 054; **Jalag:** 123, 229; **living4media:** 100, 155-2, 201-3; **MMGI/Andrew Lawson:** 172-1, 210-3, 211-3 (RHS Garden, Rosemoor); **MMGI/Bennet Smith:** 089-2 (Design: Studio Lasso); **MMGI/Marianne Majerus:** 008-009 (Design: Coworth Garden Design), 010 (Garten: Wollerton Old Hall, Shropshire), 019-2 (Design: Shades of Green), 024 (Design: Philip Nash), 026-2 (Design: Arterra Landscape Architects), 027-2 (Garten: The Novelli Academy), 032 (Design: Barbara Hunt), 034 (Design: Claire Mee Designs), 039-1, 042 (Design: Tom Stuart-Smith), 045 (Design: Tom Stuart-Smith), 050 (Design: Tom Stuart-Smith), 051 (Design: Ian Kitson Landscape Architecture), 052 (Design: Andrew Wilson), 055-2 (Design: Luciano Giubbilei), 062, 063-1 (Design: Andy Sturgeon), 063-2 (Design: Christopher Bradley-Hole), 064-1 (Design: Arterra Landscape Architects), 066 (Design: Julie Toll, Paul Cooper), 067 (Design: Susanne Blair), 070 (Design: Selina Botham), 074 (Design: Claire Mee Designs), 079 (Design: Claire Mee Designs), 082 (Design: Kathy Brown), 084-2 (Design: Sara Jane Rothwell), 085-1 (Design: Frances Hainsworth), 089-1 (Design: Adam Frost), 090 (Design: Frances Hainsworth, Steve Myburgh), 092 (Design: Ian Kitson, Julie Toll), 093 (Design: William Quarmby), 096-2 (Design: Rosemary Alexander), 097-1 (Design: Patrick Rampton), 099-3 (Design: Sara Jane Rothwell), 103-2 (Design: Randle Siddeley), 105-1 (Design: Bunny Guinness), 111-2 (Design: Joe Swift), 112-1 (Design: Alastair Howe Architects), 113-2, 121-2 (Design: Nicola Gammon), 126 (Design: Acres Wild), 130-3 (Design: Adam Frost), 131-2 (Design: Tom Stuart-Smith), 131-3 (Design: Declan Buckley), 132 (Design: Gilbert Folschette), 135 (Design: Acres Wild), 141, 145 (Design: Mark Anthony Walker), 147-2 (Garten: Poppy Cottage, Cornwall), 150 (Design: Piet Oudolf), 152 (Design: Jane Brockbank), 153-1 (Design: Acres Wild), 153-2 (Design: Del Buono Gazerwitz Landscape Architecture), 154 (The Olympic Park, London), 167 (Garten: Doddington Place, Kent), 169 (Garten: Bankton Cottage, Sussex), 171-1 (Design: Selina Botham), 172-2 (Design: Greenes of Sussex Ltd), 173-1, 173-2, 173-3, 174 (Design: Jill Foxley), 175-1, 180-2 (Design: Jenny and Richard Raworth), 183 (Garten: St Michael's Mount, Cornwall), 188, 189, 197-1 (RHS Garden, Wisley), 209 (Design: Ian Dexter), 222 (Design: Nick Williams-Ellis), 223-2 (Design: Jon Wheatley, Anita Foy), 233 (Garten: Grafton Cottage, Staffs), 234-1 (Design: Sue Whittington), 241-1 (Design: Jenny and Richard Raworth), 241-2, 247 (Design: Randle Siddeley, John Cullen Lighting), 249-1 (Design: Charlotte Rowe), 251, 254-2 (Design: Julie Toll), 261 (Garten: Crossbills, Suffolk), 265-1 (Beth Chatto Gardens, Essex), 266 (Design: Lynne Marcus), 267-1 (Garten: Arundell, Cornwall), 269-1 (Design: Cleve West), 271-1 (Design: Jonathan Baillie), 275-3 (Design: Earl Hyde, Susan Bennett), U4-1 (Design: Coworth Garden Design); **Mauritius:** 151; **Volker Michael:** Cover (Garten: Elfriede & Peter Cremer, Grefrath), 002-003 (Garten: Piet Oudolf, Hummelo), 004-2 (Garten: Roger & Edith Vermeiren-Moerman, Zingem-Ouwegem), 021 (Garten: Iris & Patrik Dryepondt, Westkapelle), 022-2 (Garten: Helga & Franz-Josef Weber, Weilerswist), 023 (Garten: Helga & Franz-Josef Weber, Weilerswist), 043 (Garten: Magda & Alex Verbraeken-Vanderoye, Zolder), 044 (Garten: R. Gillespie, Holywell), 046 (Garten: Ans Krikke, Harderwijk), 047-2 (Garten: Mieke & Werner Coudyzer, Jabbeke), 055-1 (Arboretum Ellerhoop-Thiensen), 056 (Garten: Griet Mertens, Westerlo-Oevel), 059-1 (Garten: Maurice Vergote, Oostkamp), 077-1 (Design: Leen J. Goedegebuure), 078 (Garten: Maurice Vergote, Oostkamp), 080-081 (Garten: Elfriede & Peter Cremer, Grefrath), 088-2 (Garten: Rita & Michael Wiese Aachen), 096-1 (Schau- und Sichtungsgarten Hermannshof, Weinheim), 098-1 (Garten: Keukenhof, Lisse), 099-2 (Design: Dina Deferme), 102 (Garten: Nel & Theo Verheggen, Lottum), 105-2 (Garten: De Tuinen van Appeltern), 106 (Garten: Elisabeth & Arno Schaffrath, Gangelt), 114 (Garten: Nettie & Piet Kokke, Groede), 119 (Garten: Roger & Edith Vermeiren-Moerman, Zingem-Ouwegem), 120 (Design: Leen J. Goedegebuure), 129 (Design: Leen J. Goedegebuure), 156-2 (Garten: Griet Mertens, Westerlo-Oevel), 182 (Garten: Carine Holvoet, Tielt-Aarsele, Design: Chris Ghyselen), 192 (Garten: Herbert & Jenny Whitton, Gainsborough), 205 (Garten: Maurice Vergote, Oostkamp), 213-1 (Wisley Garden, Surrey), 217 (Garten: Rosamund Wallinger, Upton Grey, 226-227 (Garten: Willeke & Ruud Verschuur, Ritthem), 231-1 (Garten: Karin & Wolfram Greitsch, Aachen), 232 (Garten: Stefanie & Bernd Heuters, Wassenberg, Design: Willy Reinders), 234-3 (Garten: Ulrike Grün, Bonn-Poppelsdorf), U4-2 (Garten: Elfriede & Peter Cremer, Grefrath), U4-5 (Garten: Willeke & Ruud Verschuur, Ritthem); **Marion Nickig:** 013, 015-1, 015-2, 020, 029, 057, 065-1, 065-3, 085-2, 098-3, 112-3, 157-2, 157-3, 160, 163-1, 165-1, 166, 177, 179-2, 195, 198, 201-2, 204, 214-1, 215-3, 224-1, 224-3, 225-1, 243-2, 245-3, 254-1, 260, 262, 270-3, 274-1; **Philippe Perdereau:** 006-1, 058; **photolibrary.ae:** 133, 234-2; **Picture Press:** 122; **Christoph Ruby:** 259-1 (Botanischer Garten Hof); **Martin Staffler:** 064-3; **Friedrich Strauß:** 011; **Annette Timmermann:** 059-2; **Zoonar:** 005-2, 274-3.

Pflanzenillustrationen: Claudia Lieb

Pläne: Wolfgang H. Niemeyer

Syndication: www.seasons.agency

Die Autorin

Herta Simon, Diplomgärtnerin. Langjährige Tätigkeit bei Bundesgartenschauen und internationalen Gartenbauausstellungen und als Fachjournalistin. Seit Jahren freie Mitarbeiterin im Britzer Garten, Berlin – ehemalige BUGA 85 – für Pflanzenthemen wie Frühlings- und Sommerblumen, Kübelpflanzen, Tulpen- und Dahlienschauen.

Danksagungen

Meinen Dank als Autorin möchte ich in erster Linie meinen »alten« Teamkollegen Dr. Michael Eppinger und Sonnhild Bischoff aussprechen, mit deren fachkompetenter Beratung bereits die erste Ausgabe dieses Buches vor 15 Jahren entstand.
Die Bildredakteurin Adriane Andreas hat mit sehr viel Engagement und unendlicher Geduld unser Werk unterstützt.
Auch bei all meinen mitfühlenden und mitdenkenden Freunden möchte ich mich vielmals bedanken, insbesondere bei Hendrik Gottfriedsen, der mit seiner über 50jährigen Garten-Erfahrung meine Arbeit immer kritisch begleitet hat.

Impressum

Umwelthinweis: Dieses Buch ist auf PEFC-zertifiziertem Papier aus nachhaltiger Waldwirtschaft gedruckt.

Idee und Konzept:
Dr. Michael Eppinger
Lektorat: Sonnhild Bischoff
Bildredaktion: Adriane Andreas, Petra Ender (Cover)
Umschlaggestaltung und Layout: independent Medien-Design, München, Horst Moser
Produktion: Susanne Mühldorfer
Grafik: griesbeckdesign, München
Reproduktion: Longo AG, Bozen
Druck: aprinta, Wemding
Bindung: Conzella, Pfarrkirchen
ISBN 978-3-8338-2108-0
5. Auflage 2017

www.facebook.com/gu.verlag

QUALITÄTS G|U GARANTIE

DIE GU-QUALITÄTS-GARANTIE

Liebe Leserin, lieber Leser,
wir möchten Ihnen mit den Informationen und Anregungen in diesem Buch das Leben erleichtern und Sie inspirieren, Neues auszuprobieren. Alle Informationen werden von unseren Autoren gewissenhaft erstellt und von unseren Redakteuren sorgfältig ausgewählt und mehrfach geprüft. Deshalb bieten wir Ihnen eine 100%ige Qualitätsgarantie. Sollten wir mit diesem Buch Ihre Erwartungen nicht erfüllen, lassen Sie es uns bitte wissen. Wir tauschen Ihr Buch jederzeit gegen ein gleichwertiges zum gleichen oder ähnlichen Thema um.
Wir freuen uns auf Ihre Rückmeldung, auf Lob, Kritik und Anregungen, damit wir für Sie immer besser werden können.

GRÄFE UND UNZER Verlag
Leserservice
Postfach 86 03 13
81630 München
E-Mail:
leserservice@graefe-und-unzer.de

Telefon: 00800 – 72 37 33 33*
Telefax: 00800 – 50 12 05 44*
Mo–Do: 9.00–17.00 Uhr
Fr: 9.00–16.00 Uhr
(gebührenfrei in D, A, CH)*

Ihr GRÄFE UND UNZER Verlag
Der erste Ratgeberverlag – seit 1722.

GRÄFE UND UNZER

Ein Unternehmen der
GANSKE VERLAGSGRUPPE